Rüdiger Kampl.
8.3.97

Heinz Schütte

Glaube im ökumenischen Verständnis

HEINZ SCHÜTTE,
ÖKUMENISCHER KATECHISMUS

Glaube im ökumenischen Verständnis

Kirche im ökumenischen Verständnis
(bereits erschienen: [5]1996)

Christsein im ökumenischen Verständnis
(in Vorbereitung)

Heinz Schütte

Glaube im ökumenischen Verständnis

Grundlage christlicher Einheit

Ökumenischer Katechismus

BONIFATIUS DRUCK · BUCH · VERLAG PADERBORN
VERLAG OTTO LEMBECK FRANKFURT AM MAIN

Imprimatur. Paderbornae, d. 28 m. Novembris 1995
Nr. A 58-21.002/405 Vicarius Generalis i. V. Dr. Schmitz

Die Deutsche Bibliothek – CIP-Einheitsaufnahme

Schütte, Heinz:
Ökumenischer Katechismus / Heinz Schütte. – Paderborn:
Bonifatius; Frankfurt am Main: Lembeck.
Schütte, Heinz: Glaube im ökumenischen Verständnis. – 11.,
aktualisierte Aufl. – 1996

Schütte, Heinz:
Glaube im ökumenischen Verständnis: Grundlage christlicher
Einheit / Heinz Schütte. – 11., aktualisierte Aufl. – Paderborn:
Bonifatius; Frankfurt am Main: Lembeck, 1996
(Ökumenischer Katechismus / Heinz Schütte)
ISBN 3-87088-904-7 (Bonifatius)
ISBN 3-87476-315-3 (Lembeck)

13., aktualisierte Auflage 1996

ISBN 3-87088-904-7 (Bonifatius)
ISBN 3-87476-315-3 (Lembeck)

Gesamtherstellung: Bonifatius GmbH Druck · Buch · Verlag Paderborn

Inhalt

Geleitworte

Griechisch-Orthodoxe Metropolie von Deutschland
Exarchat von Zentraleuropa

Nach seinem wichtigen und vielbeachteten Buch „Kirche im ökumenischen Verständnis“ legt Prof. Dr. Heinz Schütte nun den zweiten Band seines ökumenischen Katechismus vor mit dem Titel „Glaube im ökumenischen Verständnis“.

In Weisheit und zugleich mit Leidenschaft breitet der Verfasser eine Ökumenische Theologie vor uns aus, die allen denen, die sich ernsthaften ökumenischen Bemühungen verpflichtet wissen, eine unentbehrliche Hilfe und ein lebendiger Wegweiser sein wird. Ein lebendiger Wegweiser in dem Sinne, daß der Verfasser selbst nicht stehenbleibt, sondern den Weg des Glaubens mit uns geht. Der Glaube, den wir glauben, und der Glaube, durch den wir glauben und uns zum dreieinen Gott bekennen, – beide sind hier eine nicht zu trennende, bezwingende Bindung eingegangen. Damit wird das Buch zur Glaubens- und Lebenshilfe überhaupt, öffnet andererseits den Lesern aber auch die Augen für die Gemeinschaft aller Christen. Denn die Offenbarung göttlicher Wahrheit bringt nicht nur Rettung des einzelnen, sondern schafft wahre Gemeinschaft des Glaubens und Bekennens. Gemeinsam ist uns das Ziel wahren Christseins, des Lebens in Christus. Jede ökumenische Bestrebung hat hier ihren Ursprung und mündet wieder in sie ein.

In diesem Geist ist das Buch geschrieben, und wir danken seinem Verfasser dafür, daß er ohne Scheu auf das hinweist, was wir auf unserem Weg zur Einheit so dringend brauchen, nicht nur für die Theologen, sondern auch in den Gemeinden.

Unser Dank ist groß, daß uns dieses Buch geschenkt wurde!

Metropolit Augoustinos von Deutschland
und Exarch von Zentraleuropa

Der Erzbischof von Paderborn

„Höchstes Vorbild und Urbild“ des Geheimnisses der Einheit der Kirche „ist die Einheit des einen Gottes, des Vaters und des Sohnes im Heiligen Geist in der Dreiheit der Personen“ (UR 2): Von dieser Erkenntnis hat sich Professor Heinz Schütte in dem Buch „Kirche des dreieinigen Gottes“ leiten lassen und zugleich entsprechend dem Zeugnis der Heiligen Schrift sowie unter Hinweis auf Texte aus der Ökumene gezeigt, was „Kirche im ökumenischen Verständnis“ ist.
In der neuen Veröffentlichung „Glaube im ökumenischen Verständnis“ wendet er sich der entscheidenden Voraussetzung sichtbarer Einheit zu: Ohne Glaubensgemeinschaft – ohne Einheit in der Wahrheit und ohne Überwindung von trennenden Gegensätzen – kann es keine volle Kirchengemeinschaft geben.
Das Buch ist übersichtlich und verständlich geschrieben; es ermutigt und wehrt einer Resignation.
Es macht die tiefe Gemeinschaft bewußt, die trotz aller Trennungen aufgrund der einen Taufe und aufgrund des Glaubens an den dreieinigen Gott und den einzigen Erlöser Jesus Christus erhalten blieb.
Es zeigt die gewachsene Übereinstimmung, die durch theologische Forschung und verantwortlichen ökumenischen Dialog seit dem Zweiten Vatikanischen Konzil zustande gekommen ist.
Es ruft zu verstärktem Bemühen um Behebung aller noch vorhandenen Hindernisse.
Es veranlaßt vor allem zum Gebet um Überwindung des Ärgernisses der Spaltung und um volle Kirchengemeinschaft.
Ich wünsche diesem Buch aufmerksame Leser mit offenen, liebenden Herzen und betender Sehnsucht nach der Einheit der Gläubigen, wie Jesus Christus sie will.

Paderborn, den 27. Januar 1993

Dr. Johannes Joachim Degenhardt

Der Landesbischof der Evangelisch-Lutherischen Kirche in Bayern

Es ist ein Herzensanliegen vieler Christen, eben das Verbindende der Konfessionen zu erspüren, zu benennen und im gemeinsamen Vollzug zu vertreten. Das nun vorliegende Werk von Professor Heinz Schütte gibt allen, die sich von dem ökumenischen Miteinander begeistern lassen, eine wertvolle Hilfe an die Hand.

Es ist als ein Beitrag auf dem Weg zur Glaubensgemeinschaft der großen Konfessionen konzipiert und möchte als ein im wörtlichen Sinne katholischer, weil ökumenischer Katechismus angenommen werden.

Wer sich den einzelnen Abschnitten dieses Buches zuwendet, wird einfühlsam durch eine immense Stoffülle geleitet. Jeder Abschnitt beginnt mit einem Einblick in das Zeugnis der Heiligen Schrift und enthält dann – kommentierend, verdeutlichend und vertiefend – Texte aus der Ökumene, weise gewählt und zusammengestellt. Professor Schütte nimmt sich in der von ihm gewohnten verständigen Art und in profunder Kenntnis ökumenischer Verlautbarungen der reformatorischen Positionen an. So wird das reformatorische „Allein Christus", „Allein durch den Glauben", „Allein durch Gottes Gnade" ausführlich dargestellt und als ein für alle Christen verbindlicher Glaubenssatz entfaltet. „In der Rechtfertigungslehre gibt es keine trennenden Gegensätze mehr", so lautet das ermutigende Votum, das Professor Schütte mit einschlägigen Texten belegt.

Leserinnen und Leser bekommen vielfältige Anregungen, die geistige Auseinandersetzung mit den einzelnen Themen der christlichen Lehre aufzunehmen und dabei stets des Bezugs zu der grundlegenden Wahrheit der Offenbarung gewahr zu bleiben. Die beeindruckende Präzision der Formulierungen und die Übersichtlichkeit der Anordnung sind gerade hier überaus hilfreich.

Als evangelischer Christ habe ich dieses Buch gerne gelesen und wünsche mir, daß es in der Tat einen Beitrag dazu leisten möge, die Christen der Konfessionen miteinander noch intensiver ins Gespräch zu bringen und einen neuen Impuls zur gelebten Gemeinschaft der Glaubenden zu geben.

Im Januar 1993

Johannes Hanselmann

D. Dr. Johannes Hanselmann D. D.

Lippische Landeskirche
Landessuperintendent

Jahrhundertelang haben die großen christlichen Konfessionen beziehungslos nebeneinander hergelebt oder gar feindselig gegeneinander gestritten. Jahrhundertelang haben Theologen viel Geist und Kraft aufgewandt, die trennenden Unterschiede hervorzukehren und zu verteidigen. Welche Wohltat ist dagegen nun ein Buch, das sich konzentriert darum bemüht, das Gemeinsame und Verbindende in der Glaubenserkenntnis der christlichen Kirchen herauszustellen!
Als kenntnisreicher und gewissenhafter Ökumeniker hat sich Heinz Schütte längst ausgewiesen. Sein „Ökumenischer Katechismus" wird viele Christen verstärkt dazu bewegen, „auf dem Weg zu sichtbarer Einheit" (Meißener Erklärung) unbeirrt fortzuschreiten. Noch viele Schritte sind zu tun, bis die Kirchen in „versöhnter Verschiedenheit" glaubwürdiger als bisher der zerstrittenen Welt das Zeugnis von dem einen, dem dreieinigen Gott ausrichten können.
Gewiß bestehen noch tiefgreifende Divergenzen zwischen den unterschiedlichen Traditionen und Bekenntnissen. Schütte weist nach, daß sie nicht bis an das gemeinsame Fundament reichen.
Überraschend mag es für manchen Leser sein festzustellen, wie weitreichend die Kirchen in ihren Aussagen über den Artikel übereinstimmen, mit dem nach Meinung der Reformatoren die Kirche steht und fällt. Die Rechtfertigung des Sünders allein durch Glauben durch die Gnade Gottes ist dieser „articulus stantis et cadentis ecclesiae". Als reformierter Christ denke ich, daß es um die Einheit der Kirche nicht schlecht bestellt sein kann, wenn tatsächlich die Erkenntnis Jesu Christi und also die Erkenntnis der freien und freibleibenden Gnade Gottes in der Mitte des Glaubens steht.
Möge Heinz Schüttes großartiges Kompendium der Glaubenseinheit dazu beitragen, daß die Kirchen weiter zusammenwachsen, um gemeinsam Gott anzubeten und seiner Gerechtigkeit durch gemeinsames Zeugnis und gemeinsamen Dienst die Ehre zu geben.

Im Februar 1993

Dr. Ako Haarbeck

D.Dr. Ako Haarbeck

Der Präses der Evangelischen Kirche von Westfalen

Nach einer Zeit des ökumenischen Aufbruchs werden die Stimmen immer lauter, die von einem Stillstand oder gar einem Rückschritt in der ökumenischen Bewegung und den zwischenkirchlichen Beziehungen reden. Manche Hoffnungen, die gehegt wurden, haben sich bisher nicht erfüllt. Und so kann es nicht verwundern, daß mancherorts eine resignative Stimmung um sich greift.

Heinz Schütte setzt in seinem Buch andere Akzente. Orientiert an den alten Bekenntnissen der Christenheit, hat er Material aus konfessionellen Texten und ökumenischen Gesprächen zusammengestellt und kommentiert. Deutlich wird hierdurch, welche großen und weitgehenden Übereinstimmungen es gibt, die es uns ermöglichen, unseren Glauben gemeinsam zu bekennen. So kann dieses Buch im interkonfessionellen Dialog eine Hilfe sein. Es kann zur Standortbestimmung für das Verhältnis der Kirchen zueinander dienen. Zugleich kann es aber auch Ermutigung sein, den begonnenen Weg fortzusetzen, Gemeinsames festzuhalten und darauf aufbauend der Einheit näher zu kommen.

Dieser „Ökumenische Katechismus“ eröffnet Perspektiven, die im Gespräch und in der Reflexion aufgenommen werden sollten. Möge die Absicht des Verfassers, das Gemeinsame vor das Trennende zu stellen, zum Tragen kommen und Resonanz finden.

Ich wünsche dem Buch von Heinz Schütte eine interessierte und engagierte Leserschaft und spürbare Wirkungen im Dialog der Kirchen auf allen Ebenen.

Bielefeld, den 9. 2. 1993

(D. Hans-Martin Linnemann)

Einführung

Warum ein Ökumenischer Katechismus?*

1. Voraussetzungen für volle Kirchengemeinschaft sind

- eine gemeinsame Zielvorstellung sichtbarer Einheit;
- gegenseitige Anerkennung der Taufe und damit der Zugehörigkeit zur Kirche als dem „Leib Christi“ (1 Kor 12,13);
- geistliche Gemeinschaft: Einheit des Geistes (Eph 4,3; vgl. UR 7), einander lieben (Kol 3,14; Joh 13,34f.), gemeinsam um die Einheit beten (mit Joh 17,21ff.), gemeinsam Zeugnis geben in Wort und Tat;
- Glaubensgemeinschaft, Überwindung trennender Gegensätze, daraufhin Außerkraftsetzen früherer gegenseitiger Verwerfungen;
- „gemeinsame Strukturen für Zeugnis und Dienst sowie für Entscheidungsfindung und autoritatives Lehren“ (COF E 1).

2. Auf dem Weg zur vollen Kirchengemeinschaft

Trotz aller Spaltungen besteht eine – nie verlorengegangene – tiefe Gemeinschaft, eine von Gott erhaltene Einheit der Kirche[1]: Durch die eine Taufe sowie durch den Glauben an den dreieinigen Gott und an den Erlöser Jesus Christus gehören ihr alle Christen an.
Der ökumenische Dialog ist bestrebt, noch trennende Gegensätze zu beheben und die Einheit in der Wahrheit, die zur *vollen* Kirchengemeinschaft notwendige Glaubensgemeinschaft, zu finden.[2]
Der Dialog zwischen den Kirchen erfolgt „unter dem Zeichen der ‚ungeduldigen Erwartung‘, die weiß, daß ‚die Stunde gekommen ist‘“.[3]

---

* Das gleichnamige Buch von Hanfried Krüger hat ein anderes Ziel und einen anderen Inhalt: Es will eine „kurze Einführung in Wesen, Werden und Wirken der Ökumene“ bieten.

1 „Die Einheit, die wir suchen, ist in ihren Anfängen *bereits verwirklicht*“ (L-RK/3,6).

2 Siehe unten 1.6.

3 J. Ratzinger, Theologische Prinzipienlehre, 230.

3. Ökumenischer Katechismus

Das Mühen um Glaubensgemeinschaft als Grundlage christlicher Einheit hat zu wachsender Gemeinsamkeit geführt; es hat „Übereinstimmung in zentralen Glaubenswahrheiten“ (DBK), eine „in die Tiefe reichende Übereinstimmung“ (VELKD) erbracht. Der Ökumenische Katechismus soll helfen, daß dies allgemein bekannt und anerkannt wird: „*Ein* Leib und *ein* Geist, wie euch durch eure Berufung auch *eine* gemeinsame Hoffnung gegeben ist; *ein* Herr, *ein* Glaube, *eine* Taufe, *ein* Gott und Vater aller“ (Eph 4,4-6). Dadurch wird auch die verbreitete Meinung, die Ökumene stagniere, als unbegründet erwiesen.

Der **Ökumenische Katechismus** umfaßt drei Teile:
- **Glaube** im ökumenischen Verständnis
- **Kirche** im ökumenischen Verständnis (bereits erschienen: ^{4}1992)
- **Christsein** im ökumenischen Verständnis (in Vorbereitung)

Das Buch **Glaube im ökumenischen Verständnis** folgt in der Gliederung dem Ökumenischen Glaubensbekenntnis von Nizäa-Konstantinopel (381). Ausführlichere Darlegungen geschehen zur Rechtfertigungslehre (weil es darüber in der Reformationszeit zur Trennung kam) und über die Sakramente (von denen im Credo nur die Taufe genannt wird). Die Aussagen über die Kirche sind eine kurze Zusammenfassung dessen, was in dem Band **Kirche im ökumenischen Verständnis** zur Sprache gekommen ist.
Das Buch **Christsein im ökumenischen Verständnis** wird dem Leben und Handeln aus dem Glauben gelten.

4. Aufbau der einzelnen Kapitel

In den Überschriften wird versucht, thesenhaft das auszudrücken, was sich aus der Heiligen Schrift als Erkenntnisquelle und Maßstab des christlichen Glaubens und aus den entsprechenden Lehren der Kirche ergibt. Nach den Thesen steht zuerst das biblische Zeugnis – ist doch die Heilige Schrift „ein ausgezeichnetes Werkzeug, um jene Einheit zu erreichen, die der Erlöser allen Menschen anbietet“ (UR 21).
Die dann folgenden „Texte aus der Ökumene“ dienen einerseits der Erläuterung und Vertiefung; sie bieten andererseits Information und ermöglichen ein eigenes Urteil, ob der Glaube der Kirchen zutreffend zum Ausdruck kommt.
Wenn erforderlich, werden Erklärungen bzw. Verständnishilfen geboten.

5. Katechismus des Gebets

Vielfach schließen die „Texte aus der Ökumene" mit Gebeten aus der Heiligen Schrift oder Liturgie bzw. mit ökumenischen Liedern – als einem Ausdruck des gemeinsamen Glaubens. So wird zugleich ein **Katechismus des Gebets** begonnen, der in dem Buch „Christsein im ökumenischen Verständnis" weitergeführt werden soll.

6. Kurzkatechismus

Am Schluß des Buches werden in einem ausführlichen Inhaltsverzeichnis alle Überschriften angeführt. Dadurch entsteht eine Art **Kurzkatechismus**, in dem eine schnelle Information über Glaubensinhalte erfolgen kann.

* * *

Das Manuskript dieses Buches hat vor der Drucklegung Theologen aus den verschiedenen Kirchen vorgelegen. Ihnen schulde ich Dank: Ohne ihren ökumenischen Rat und ihre aufbauende Kritik wäre dieser Ökumenische Katechismus nicht zustande gekommen. Mein Dank gilt Repräsentanten der Kirchen, die nach Lesen des Buches ermutigende Geleitworte geschrieben haben und damit den Pauschalvorwurf entkräften, die Kirchenleiter seien Hindernis der Einigung. Dank gebührt vielen Ungenannten, die beim Werden des Buches geholfen haben.

Im Februar 1993 *Heinz Schütte*

Abkürzungsverzeichnis zu den Texten aus der Ökumene

A	Anglikanisch
AAS	Acta Apostolicae Sedis (Päpstliches Amtsblatt)
AK	Altkatholisch
Apol	Apologie der CA
AS	Schmalkaldische Artikel (1537)
BSLK	Die Bekenntnisschriften der evangelisch-lutherischen Kirche. Göttingen ^{3}1956
CA	Confessio Augustana, Augsburger Bekenntnis (1530)
Cath	Catholica (Vierteljahresschrift für ökumenische Theologie)
CCEE	Consilium Conferentiarum Episcopalium Europae (Rat der Europäischen Bischofskonferenzen)
CIC	Codex Juris Canonici. Kevelaer ^{2}1984
COF	Confessing the One Faith: Gemeinsam den einen Glauben bekennen. Eine ökumenische Auslegung des apostolischen Glaubens, wie er im Glaubensbekenntnis von Nizäa-Konstantinopel (381) bekannt wird, Studiendokument von FO. Frankfurt/Paderborn 1991
DBK	Deutsche Bischofskonferenz
DiG	K. Barth, Dogmatik im Grundriß. München 1947
DNK	Deutsches Nationalkomitee des Luth. Weltbunds
DS	Urkunden katholischer Lehrverkündigung (H. Denzinger – A. Schönmetzer). Barcelona u.a. ^{36}1976
DWÜ	Dokumente wachsender Übereinstimmung. Sämtliche Berichte und Konsenstexte interkonfessioneller Gespräche auf Weltebene. Hg. und eingeleitet von H. Meyer / Damaskinos Papandreou / H. J. Urban / L. Vischer. Paderborn/Frankfurt I 1983; II 1992
EEKat	Evangelischer Erwachsenenkatechismus. Kursbuch des Glaubens. Hg. von H. Jetter / H. Echternach / R. Reller und M. Kießig. Gütersloh ^{5}1989
EG	Evangelisches Gesangbuch. Vorentwurf 1988
EKD	Evangelische Kirche in Deutschland
EKG	Evangelisches Kirchen-Gesangbuch
EKL	Evangelisches Kirchenlexikon
EKiRh	Evangelische Kirche im Rheinland
EKU	Evangelische Kirche der Union
FO	Faith and Order: Kommission für Glauben und Kirchenverfassung des Ökumenischen Rats der Kirchen
FO/A	Konvergenz-Erklärung der Kommission für Glauben und Kirchenverfassung über das Amt („Lima-Dokument"): in DWÜ
FO/E	Konvergenz-Erklärung über die Eucharistie: in DWÜ
FO/T	Konvergenz-Erklärung über die Taufe: in DWÜ

GKL	Gemeinsame Kirchenlieder. Gesänge der deutschsprachigen Christenheit. Berlin u. a. ^{2}1979
GL	Gotteslob, Katholisches Gebet- und Gesangbuch
GzB	Gesänge zur Bestattung, ökumenische Lieder
Heid	Heidelberger Katechismus
Inst	J. Calvin, Institutio Christianae Religionis, Unterricht in der christlichen Religion. Nach der letzten Ausgabe übersetzt und bearbeitet von O. Weber. Neukirchen ^{5}1988
KD	K. Barth, Die Kirchliche Dogmatik. Zürich 1932ff.
KEK	Konferenz Europäischer Kirchen (darin sind die meisten evangelischen und orthodoxen Kirchen in Europa vertreten)
KEKat	Katholischer Erwachsenen-Katechismus. Hg. von der Deutschen Bischofskonferenz. Kevelaer u. a. 1985
KGWS	Kirchengemeinschaft in Wort und Sakrament: Dialogdokument der Bilateralen Arbeitsgruppe der DBK und der VELKD, Paderborn und Hannover 1984
KiöV	Kirche im ökumenischen Verständnis (Bd. 2 des Ökumenischen Katechismus)
KKD	J. Auer / J. Ratzinger, Kleine Katholische Dogmatik
KKK	Katechismus der Katholischen Kirche
KNA-ÖKI	Kath. Nachrichten Agentur, Ökumen. Information
KuD	Kerygma und Dogma
L	Lutherisch
LbR	Leuchte, bunter Regenbogen, ökumenische Lieder
LkD	Lexikon der katholischen Dogmatik, hg. von W. Beinert. Freiburg ^{3}1987
LG	Lumen gentium: II. Vatikanisches Konzil, Dogmatische Konstitution über die Kirche
LK	Leuenberger Konkordie
LThK	Lexikon für Theologie und Kirche, 10 Bde. und Register-Bd. Freiburg ^{2}1957-1967. ^{3}1993ff.
LWB	Lutherischer Weltbund
LWI	Lutherische Welt-Information
M	Methodistisch
MD	Materialdienst des Konfessionskundlichen Instituts des Evangelischen Bundes
Meißen	Auf dem Weg zu sichtbarer Einheit. Eine gemeinsame Feststellung zwischen der Kirche von England, dem Bund der Evangelischen Kirchen in der DDR und der EKD. Berlin und Hannover ^{2}1989
NR	J. Neuner – H. Roos, Der Glaube der Kirche in den Urkunden der Lehrverkündigung, neubearb. von K. Rahner und K. H. Weger, Regensburg ^{11}1983
O	Orthodox
ÖL	Ökumene-Lexikon ^{2}1987
R	Reformiert
RK	Römisch-Katholisch

ThWNT	Theologisches Wörterbuch zum Neuen Testament, 10 Bde. Hg. von G. Kittel und G. Friedrich, Stuttgart 1933-1978
UGl	Unser Glaube. Die Bekenntnisschriften der evangelisch-lutherischen Kirche. Hg. vom Lutherischen Kirchenamt, erarbeitet von H. G. Pöhlmann, Gütersloh ^{3}1991
UR	Unitatis redintegratio: Dekret über den Ökumenismus des II. Vatikanischen Konzils
US	Una Sancta. Zeitschrift für ökumenische Begegnung. Meitingen 1946ff.
UUS	Ut Unum Sint. Enzyklika Papst Johannes Pauls II. über den Einsatz für die Ökumene. 1995
VELKD	Vereinigte Evangelisch-Lutherische Kirche Deutschlands
WA	Martin Luther, Gesamtausgabe, 60 Bde. Weimar 1883-1982

1. „Ein Herr, ein Glaube, eine Taufe, ein Gott und Vater aller"

1.1 Ökumenische Erklärungen: Unser gemeinsamer Glaube

Die Christen sind – trotz aller Trennungen – tief miteinander verbunden:
- durch gemeinsame Glaubensbekenntnisse, durch „Übereinstimmung in zentralen Glaubenswahrheiten" (DBK 1980),
- durch die Heilige Schrift: „Sie ist die Ur-kunde unseres Glaubens, an der sich jegliche kirchliche Verkündigung nähren und orientieren muß" (KEKat 47),
- durch die eine Taufe: Sie bewirkt die Aufnahme in die eine Kirche (1 Kor 12,13),
- durch gemeinsames Gebet und Gotteslob.

Das haben Repräsentanten der anglikanischen, evangelischen, katholischen und orthodoxen Kirchen mit Freude und Dank konstatiert.

TEXTE AUS DER ÖKUMENE

„Gemeinsam bekennen wir den die ganze Christenheit verbindenden Glauben an den dreieinigen Gott und die Heilstat Gottes durch Jesus Christus im Heiligen Geist ... In dieser zentralen und wichtigsten Wahrheit des christlichen Glaubens blieben lutherische und katholische Christen eins – bei allen Streitigkeiten und Differenzen des 16. Jahrhunderts" (L-RK/4,13).
„Freuen wir uns, daß wir nicht nur einen Teilkonsens [Konsens = Übereinstimmung] in einigen Wahrheiten entdecken können, sondern eine Übereinstimmung in zentralen Glaubenswahrheiten. Das läßt uns die Einheit auch in den Bereichen unseres Glaubens und Lebens erhoffen, in denen wir bis zur Stunde noch getrennt sind" (Papst Johannes Paul II. mit der DBK, 1980).
„Im Lichte unserer Liebe zu Christus und unserer Bruderliebe entdecken wir die tiefe Identität unseres Glaubens" (Papst Paul VI., 1967, zur Gemeinsamkeit mit der orthodoxen Kirche).
„Das gemeinsame Credo: Wir können unseren Glauben an den dreieinen Gott gemeinsam aussprechen." Das Bekenntnis von Nizäa-Konstantinopel „ist ein Band, das die getrennten Kirchen eint. Diese Kirchen, die sich alle zu dem im Neuen Testament bezeugten Evangelium bekennen, können auch das Glaubensbekenntnis von Konstantinopel gemeinsam sprechen. Daß sie dieses tun zu können immer überzeugt waren und auch heute sind, stellt sie nach-

drücklich vor die Forderung, die immer noch kirchentrennenden Unterschiede in seinem Verständnis zu überwinden." (KEK/CCEE, Unser Credo, Quelle der Hoffnung, 1984, 9; ähnlich EKiRh/E II,3)
„Wir erkennen das Nizäno-Konstantinopolitanische und das Apostolische Glaubensbekenntnis an und bekennen die grundlegenden trinitarischen und christologischen Dogmen, welche diese Glaubensbekenntnisse bezeugen ... Wir feiern diesen Glauben in der gottesdienstlichen Liturgie" (A-EKD, Meißen 15,2-3).
„Die Taufe begründet ein sakramentales Band der Einheit zwischen allen, die durch sie wiedergeboren sind" (UR 22).
Durch die Taufe erfolgt „die Eingliederung in die Kirche" (O-RK I/7,49).
„Wir glauben, daß die Taufe mit Wasser im Namen des dreieinigen Gottes den Getauften mit dem Tod und der Auferstehung Jesu Christi vereint, die Aufnahme in die eine, heilige, katholische und apostolische Kirche vermittelt" (A-EKD, Meißen 15,4).
„Unsere gemeinsame Taufe ... ist so ein grundlegendes Band der Einheit (Eph 4,3-6)" (FO/T 6).
„Einigkeit im Glauben. Wir erkennen die Autorität der kanonischen Schriften des Alten und Neuen Testamentes an" (A-EKD, Meißen 15,1).

1.2 Ökumenisches Glaubensbekenntnis

1.2.1 Gemeinsame Erklärung zum Bekenntnis von Nizäa-Konstantinopel (1981)

(1) „Um die Wahrheit des Evangeliums zu bezeugen und die Liebe des dreieinigen Gottes zu preisen, hat die Kirche vor 1600 Jahren mit feierlichen Worten den christlichen Glauben bekannt. Aus einem die damalige Christenheit zutiefst erschütternden Streit um die Person Jesu Christi und um die Wirklichkeit des Heiligen Geistes ging auf den Konzilien von Nizäa (325) und Konstantinopel (381) das sogenannte ‚Nizänische Glaubensbekenntnis' hervor. In ihm bekannte die Kirche, wer der Gott ist, an den die Christen glauben und dem wir im Leben und im Sterben vertrauen dürfen: ‚Wir glauben an den einen Gott, den Vater, den Allmächtigen ... und an den einen Herrn Jesus Christus, Gottes eingeborenen Sohn, ... Gott von Gott, Licht vom Licht, wahrer Gott vom wahren Gott. ... Wir glauben an den Heiligen Geist, der Herr ist und lebendig macht.'
(2) Dieses Bekenntnis zum dreieinigen Gott ist das einzige ökumenische Glaubensbekenntnis, das die östliche und die westliche, die römisch-katholische und die reformatorische Christenheit durch alle Trennungen hindurch verbindet. Es ist der Gemeinde heute vor allem aus dem Gottesdienst vertraut. Von alten und neuen Meistern ist es immer wieder für die musikalische Darbietung in der Messe vertont worden.

Diese gemeinsam bezeugte Wahrheit des Evangeliums zeigt, daß die Trennung unserer Kirche nicht bis in die Wurzel gegangen ist.
Die Gemeinsamkeit im Bekenntnis zum dreieinigen Gott ist unaufgebbare Bedingung für die Einheit der einen, heiligen, katholischen und apostolischen Kirche.
(3) Die Kirche formuliert ihren Glauben immer dann in feierlichen Bekenntnissen, wenn sie die Wahrheit des Evangeliums und damit die Identität [d.h. das Wesen, das Eigentliche] des Christentums gegen Unglauben, Irrglauben oder Aberglauben verteidigen muß. Solche Bekenntnisse sagen die Wahrheit des Evangeliums in der Sprache ihrer Zeit verbindlich aus. Ihre Wahrheit muß immer wieder durch die Verkündigung des Evangeliums ausgelegt und durch unseren eigenen Lebensvollzug bezeugt werden. Dann gewinnt der alte Text auch in unseren Gemeinden neue Kraft.
(4) Mit dem Nizänischen Glaubensbekenntnis glauben und bekennen wir, daß der Allmächtige, der Schöpfer des Himmels und der Erde, der von Ewigkeit her der Vater Jesu Christi ist, auch unser Vater ist. Nach seinem väterlichen Willen dürfen wir uns der Welt als Gottes guter Schöpfung erfreuen. Von ihm sind wir in die Verantwortung zur Gestaltung der Welt gerufen. In der zerstörerischen Bedrohung der Welt als Schöpfung müssen wir die Macht der Sünde erkennen. Sie ruft nach der erlösenden Kraft Christi, der in Gott seine Treue zur Schöpfung durchhält. Mit dem Nizänischen Glaubensbekenntnis glauben und bekennen wir, daß in der Person Jesu Christi Gott selbst Mensch geworden und im Leben und Sterben dieses einen Menschen aus dem Volk Israel für alle Menschen da ist. Gegen die welt- und selbstzerstörerische Macht unserer Sünde hat Gott selbst in der Person Jesu Christi seine schöpferische Liebe durchgesetzt, als er das Kreuz von Golgotha auf sich nahm, um mit uns und für uns zu leiden. Im Sterben und in der Auferweckung Jesu Christi hat Gott selbst dem Tode die Macht genommen, um in das Dunkel unseres Lebens und in die Finsternis unseres Sterbens das Licht des ewigen Lebens zu bringen. Als wahrer Gott und wahrer Mensch vertritt er uns als unser Mittler und Fürsprecher beim Vater. Deshalb glauben wir an Jesus Christus als unseren Herrn und Gott und preisen ihn als ‚Gottes eingeborenen Sohn', ‚Licht vom Licht, wahrer Gott vom wahren Gott, gezeugt, nicht geschaffen, eines Wesens mit dem Vater; ... Für uns Menschen und zu unserem Heil ist er vom Himmel gekommen, hat Fleisch angenommen durch den Heiligen Geist von der Jungfrau Maria und ist Mensch geworden.'
Mit diesen und mit unseren eigenen Worten bekennen wir, daß Jesus Christus nicht nur Lehrer und Vorbild für unser Tun, sondern die unser Dasein von Grund auf erneuernde Liebe Gottes in Person ist. Wer sich

auf ihn verläßt, hört auf, sich selbst der Nächste zu sein. Er wird in christlicher Freiheit sein Leben als Dienst für Gott und für den Nächsten leben und sich so für Gerechtigkeit, Frieden und Freiheit aller Menschen einsetzen.
Mit dem Nizänischen Glaubensbekenntnis glauben und bekennen wir, daß im Heiligen Geist Gott selbst in unsere Herzen kommt und in befreienden Worten und Taten unter uns wirkt. Es ist der Geist Gottes, der inmitten einer sich mit kleinen und großen Lebenslügen betrügenden Menschheit für die Wahrheit spricht, die uns frei macht. Es ist Gott selbst, der als Geist der Einheit seine Kirche sammelt und sendet, in ihr wirkt durch Wort und Sakrament, der Charismen [d. h. Gnadengaben] erweckt, in Ämter beruft und als schöpferischer Geist seine Kirche immer wieder erneuert.
Es ist Gott selbst, der als lebendigmachender Geist in unserer immer stärker gefährdeten Welt Menschen zur Hoffnung beruft auf sein ewiges Reich, auf ‚die Auferstehung der Toten und das Leben der kommenden Welt', und der uns darin zum Dienst in seiner Schöpfung ermutigt.
In dieser Zuversicht bekennen wir mit der Alten Kirche, daß Christus vom Vater her den Heiligen Geist sendet, ‚der mit dem Vater und dem Sohn zugleich angebetet und verherrlicht wird'.
(5) Die christliche Kirche hat seinerzeit in Nizäa und Konstantinopel mit dem trinitarischen Bekenntnis die Wahrheit des Evangeliums verteidigt. Wie damals, so legt die Kirche auch heute die Heilige Schrift aus, wenn sie Gott als Vater, Sohn und Heiligen Geist anbetet und ihre Gottesdienste im Namen des dreieinigen Gottes feiert. Die Christenheit bezeugt damit, daß diese Welt und die Menschheit in ihr nicht sich selber überlassen sind, sondern einen göttlichen Schöpfer, Versöhner und Erlöser haben. So wie Gott als Vater, Sohn und Geist in sich selbst kein einsames Wesen ist, so überläßt er auch uns nicht unserer sei es frommen, sei es gottlosen Selbstbezogenheit und Einsamkeit. Der dreieinige Gott ist ewige Liebe. Er macht seine Kirche zum Zeichen und Werkzeug neuer versöhnter Gemeinschaft. Das Bekenntnis zum dreieinigen Gott ist deshalb die stärkste Verpflichtung, nach der vollen Einheit der getrennten Kirchen zu suchen.
Wie vor 1600 Jahren das Nizänische Bekenntnis die zerstrittene Christenheit einte, so sollte es auch für uns Anlaß sein, dafür zu beten und zu arbeiten, daß die noch vorhandenen Kirchentrennungen überwunden werden. Der dreieinige Gott will durch eine einige Christenheit geehrt sein."

Pfingsten 1981[1]

---

1 Diese Erklärung unterschrieben die Vorsitzenden des Rates der EKD und der DBK; der griechisch-orthodoxe Metropolit von Deutschland; der Bischof der Altkatholiken;

1.2.2 Das Glaubensbekenntnis von Nizäa-Konstantinopel (381)

Wir glauben an den einen Gott,
den Vater, den Allmächtigen,
der alles geschaffen hat, Himmel und Erde,
die sichtbare und die unsichtbare Welt.

Und an den einen Herrn Jesus Christus,
Gottes eingeborenen Sohn,
aus dem Vater geboren vor aller Zeit:
Licht vom Licht,
wahrer Gott vom wahren Gott,
gezeugt, nicht geschaffen,
eines Wesens mit dem Vater;
durch ihn ist alles geschaffen.

Für uns Menschen und zu unserem Heil
ist er vom Himmel gekommen,
hat Fleisch angenommen durch den Heiligen Geist
von der Jungfrau Maria
und ist Mensch geworden.

Er wurde für uns gekreuzigt unter Pontius Pilatus,
hat gelitten und ist begraben worden,
ist am dritten Tage auferstanden
nach der Schrift
und aufgefahren in den Himmel.
Er sitzt zur Rechten des Vaters
und wird wiederkommen in Herrlichkeit,
zu richten die Lebenden und die Toten;
seiner Herrschaft wird kein Ende sein.

Wir glauben an den Heiligen Geist,
der Herr ist und lebendig macht,
der aus dem Vater hervorgeht,
der mit dem Vater und dem Sohn
angebetet und verherrlicht wird,
der gesprochen hat durch die Propheten,

---

die Vertreter des Bundes Evang.-Freikirchl. Gemeinden, der Evang.-Methodist. Kirche, der Evang.-Altreformierten Kirche, der deutschen Mennonitengemeinden, der Brüderunität und der Heilsarmee.

und die eine, heilige, katholische und apostolische Kirche.
Wir bekennen die eine Taufe zur Vergebung der Sünden.
Wir erwarten die Auferstehung der Toten
und das Leben der kommenden Welt. Amen.[2]

1.2.3 Das Apostolische Glaubensbekenntnis

Ich glaube an Gott,
den Vater, den Allmächtigen,
den Schöpfer des Himmels und der Erde,
und an Jesus Christus,
seinen eingeborenen Sohn, unsern Herrn,
empfangen durch den Heiligen Geist,
geboren von der Jungfrau Maria,
gelitten unter Pontius Pilatus,
gekreuzigt, gestorben und begraben,
hinabgestiegen in das Reich des Todes,
am dritten Tage auferstanden von den Toten,
aufgefahren in den Himmel;
er sitzt zur Rechten Gottes, des allmächtigen Vaters;
von dort wird er kommen,
zu richten die Lebenden und die Toten.

Ich glaube an den Heiligen Geist,
die heilige katholische Kirche,
Gemeinschaft der Heiligen,
Vergebung der Sünden,
Auferstehung der Toten
und das ewige Leben. Amen.[3]

---

2 Deutscher Text in: Glaubensbekenntnis und Gotteslob der Kirche. Eine Handreichung zu den ökumenischen Neuübersetzungen, Hg. W. Beinert / K. Hoffmann / H. von Schade, Freiburg 1971, 11.

3 Deutscher Text in: Glaubensbekenntnis und Gotteslob der Kirche. Eine Handreichung zu den ökumenischen Neuübersetzungen, Hg. W. Beinert / K. Hoffmann / H. von Schade, Freiburg 1971, 10.
Das Apostolische Glaubensbekenntnis wird in der abendländischen Christenheit bei der Taufe gebetet. In den reformatorischen Kirchen benutzt man es auch im sonntäglichen Gottesdienst.

TEXT AUS DER ÖKUMENE

Dank sei dir, Vater, für das ew'ge Leben
und für den Glauben, den du uns gegeben,
daß wir in Jesus Christus dich erkennen
und Vater nennen.
(Maria Luise Thurmair 1969; EG 227 / GL 634)

1.3 Die gemeinsame Heilige Schrift

1.3.1 Die Heilige Schrift des Alten und Neuen Testaments ist das alle Christen verbindende Grunddokument des Glaubens; sie ist Erkenntnisquelle der Offenbarung

TEXTE AUS DER ÖKUMENE

„Es gibt keine Kirche, die nicht in der Heiligen Schrift Grundlage und Norm ihres Handelns sähe" (EEKat 988).
Zur Gemeinsamkeit der Kirchen gehört „die Heilige Schrift als Grundlage und Norm des Lebens und Handelns" (KEKat 282).
Die Heilige Schrift ist „die Norm christlichen Glaubens und Lebens", steht in der Erklärung von Meißen 1988, in der die Kirche von England und die Evangelischen Kirchen in Deutschland ihre Gemeinsamkeit „Auf dem Weg zu sichtbarer Einheit" bekunden (A-EKD, Meißen 9; vgl. EKiRh/E II,3).
Die Heilige Schrift ist „ein ausgezeichnetes Werkzeug in der mächtigen Hand Gottes, um jene Einheit zu erreichen, die der Erlöser allen Menschen anbietet" (UR 21).

1.3.2 Die Heilige Schrift hat unbedingte Autorität. Sie ist Maßstab von Lehre und Verkündigung (vgl. KEKat 237)

TEXTE AUS DER ÖKUMENE

„Unbestritten ist unter Christen, daß die Heilige Schrift grundlegendes Maß des christlichen Glaubens ist, die zentrale Autorität, durch die Christus selbst seine Autorität über die Kirche und in der Kirche ausübt. Deshalb ist alles Lehren in der Kirche letztlich Auslegen der Heiligen Schrift, so wie diese freilich ihrerseits nur Auslegung des lebendigen Wortes Jesu Christi ist."[4]
Die Heilige Schrift „ist die Ur-kunde unseres Glaubens, an der sich jegliche kirchliche Verkündigung nähren und orientieren muß" (KEKat 47).
Die Bibel ist „die Richtschnur für die kirchliche Verkündigung", „die Grundlage kirchlicher Lehre" (EEKat 1283).

---

4 Joseph Kardinal Ratzinger, Kirche, Ökumene und Politik, 72.

„Wir erkennen die Autorität der kanonischen Schriften des Alten und Neuen Testamentes an“ (A-EKD, Meißen 15,1).
„Die Hl. Schrift ist das Dokument des Grundes, des innersten Lebens der Kirche, das Dokument der Epiphanie des Wortes Gottes in der Person Jesu Christi. Wir haben kein anderes Dokument dieses Lebensgrundes der Kirche, und wo die Kirche lebendig ist, da wird sie sich selber immer wieder an diesem Maßstab messen müssen“ (K. Barth, DiG 11f.).

1.3.3 Die Heilige Schrift ist in Menschenwort sich bergendes Wort Gottes, unter Einwirkung des Heiligen Geistes geschrieben („inspiriert“)

„Jede von Gott eingegebene Schrift ist auch nützlich zur Belehrung, zur Widerlegung, zur Besserung, zur Erziehung in der Gerechtigkeit“ (2 Tim 3,16).
„Niemals wurde eine Weissagung ausgesprochen, weil ein Mensch es wollte, sondern, vom Heiligen Geist getrieben, haben Menschen im Auftrag Gottes geredet“ (2 Petr 1,21).

TEXTE AUS DER ÖKUMENE

„Unter der Einwirkung des Heiligen Geistes geschrieben“ (Inspiration), hat die Heilige Schrift „Gott selbst zum Urheber“ (KEKat 47).
„Menschen als Verfasser ... haben das Wort Gottes in der Sprache ihrer Zeit, den Bedingungen ihrer Zeit und Kultur entsprechend, mit Hilfe der damals üblichen literarischen Gattungen zum Ausdruck gebracht“ (KEKat 48).
„Die Texte der Bibel sind den Schreibern vom Heiligen Geist direkt eingegeben worden (‚inspiriert‘; 1 Kor 2,13; 2 Tim 3,16)“ (EEKat 1282).
Dabei hat Gott „sich des Wortes wirklicher Menschen bedient, um mit uns zu reden... Gottes Wort steht nicht hinter den Worten der Bibel, so daß wir es erst herausdestillieren müßten; Gott redet zu uns im Wort der Bibel, wie er ist; hier läßt er sich von uns finden“ (EEKat 1282).

1.3.4 Die Kirche hat kraft des ihr von Christus zugesagten Heiligen Geistes erkannt, welche Schriften zur Bibel gehören; so hat sie den Umfang der Bibel festgestellt und als Kanon, d. h. als Richtschnur, als Maßstab festgesetzt

Die Kirche hat andere Schriften als nicht zur Bibel gehörig erklärt.

TEXTE AUS DER ÖKUMENE

„Die mündliche und schriftliche Tradition [Überlieferung] der Propheten und Apostel führte unter der Leitung des Heiligen Geistes zur Bildung der Schrift und zur Kanonisierung des Alten und Neuen Testaments als Bibel der Kirche“ (FO Montreal 1963, II,5).

„Die frühe Kirche war es ..., die die verschiedenen Schriften des Neuen Testaments gesammelt und mit dem Alten Testament zusammen zum Kanon erklärt hat. So ist die Heilige Schrift ein Buch der Kirche“ (KEKat 48).
„Während zur Zeit der Urkirche die Sammlung der alttestamentlichen Schriften bereits abgeschlossen war, mußte die Kirche über den Umfang des Neuen Testamentes erst eine Entscheidung treffen. Maßstab hierfür war: Geht eine Schrift ihrem Ursprung und Inhalt nach auf die Verkündigung der Apostel zurück, dann gehört sie zum Neuen Testament. Welche Schrift diese Maßstäbe erfüllte, erwies sich vor allem im Gottesdienst“ (EEKat 1285).
„Als erster hat Athanasius (etwa 295-373), der führende Bischof von Alexandria, die 27 Bücher, die wir heute in unserem Neuen Testament haben, und nur diese 27 als kanonisch bezeichnet. Dann haben im Abendland einige nordafrikanische Synoden um das Jahr 400 die Zahl und Reihenfolge der aufgenommenen Bücher genau festgelegt. So war ungefähr um 400 der Kanon des Neuen Testaments abgeschlossen“ (EEKat 167).[5]

1.3.5 Die Bibel will als Buch der Kirche verstanden und gelesen werden

„Verstehst du auch, was du liest?“ fragte Philippus den Hofbeamten der Königin von Äthiopien, der einen Text aus dem Propheten Jesaja vor sich hatte. Der Gefragte erwiderte: „Wie könnte ich, wenn mich niemand anleitet“ (Apg 8,30f.). Wer die Bibel „sachgemäß verstehen will, muß sich in die Gemeinschaft begeben, in der die Bibel entstanden ist, überliefert wurde und bis heute gelesen und ausgelegt wird. Das war zur Zeit des Alten Testamentes das Volk Israel, das ist heute die Kirche“ (EEKat 1290).

TEXTE AUS DER ÖKUMENE

Die Heilige Schrift ist „ein Buch der Kirche. Man kann sie nur dann recht verstehen, wenn man sie aus dem Leben, dem Geist und dem Glauben der Kirche, in dem sie entstanden ist, interpretiert [auslegt, erklärt]. Im Hören auf die Heilige Schrift gilt es also, die Glaubenszeugen aller Jahrhunderte mitzuhören“ (KEKat 48).
„Wie die Kirche im Licht des Zeugnisses der heiligen Offenbarung lebt, so wird auch die Heilige Schrift in Verbindung mit der in der Kirche lebenden Überlieferung und den von ihr formulierten Glaubensentscheidungen verstanden und ausgelegt. Daher ist nur jene Lehre wahr, die ... in ihrem Wesen mit der Hl. Schrift und der heiligen Überlieferung übereinstimmt“ (AK-O/3,37).

---

5 Der Kanon des Neuen Testaments ist „ein Werk der Kirche. Die Kirche selbst hat festgesetzt, was bei ihr Gültigkeit haben sollte.“ (W. Marxsen, Das Neue Testament als Buch der Kirche, 22).

Auch reformierterseits bejaht man, „... daß in der Kirche das Zeugnis der Väter gehört und respektiert wird. Wir hören in ihm nicht Gotteswort wie bei Jeremia und Paulus, aber es hat für uns dennoch eine hohe und wichtige Bedeutung, und dem Gebot ‚Ehre Vater und Mutter' gehorsam, werden wir uns nicht weigern, in der Aufgabe der Verkündigung und darum auch in der wissenschaftlichen Aufgabe der Dogmatik zu respektieren, was unsere Väter gesagt haben" (K. Barth, DiG 12).

1.3.6 Es lassen sich gemeinsame Grundsätze der Schriftauslegung nennen

Christen suchen „sorgfältig (zu) erforschen, was die heiligen Schriftsteller wirklich zu sagen beabsichtigten und was Gott mit ihren Worten kundtun wollte" (DV 12). Wichtig ist es, die „literarische Gattung" zu erkunden, derer sich die jeweiligen Verfasser bedienen: „Die Wahrheit wird anders dargelegt und ausgedrückt in Texten ... geschichtlicher, prophetischer oder dichterischer Art oder anderen Redegattungen" (DV 12. Gen 1 etwa ist kein Bericht, wie u. a. aus der Zahlensymbolik hervorgeht: 10mal „Gott sprach"; vgl. 10 Gebote. 2 mal 4 Schöpfungswerke in 6 Tagen; der 7. Tag als Sabbat).
Wichtig ist auch, zwischen den mündlichen und schriftlichen Überlieferungen und deren Verarbeitung durch die Verfasser zu unterscheiden (vgl. DV 19).

1.3.7 In der Heiligen Schrift gibt es große Mannigfaltigkeit und Vielfalt, nicht aber unvereinbare Widersprüche

Äußere Vielfalt: Die Heilige Schrift besteht aus zahlreichen verschiedenartigen Einzelschriften (das Neue Testament allein umfaßt 27 Schriften: 4 Evangelien, die Apostelgeschichte, 21 Briefe und die Offenbarung des Johannes).
Innere Vielfalt: In der Heiligen Schrift finden sich sehr unterschiedliche Einzelaussagen, die teilweise in äußerster Spannung zueinander stehen, ja sogar einander zu widersprechen scheinen.[6]

---

6 Martin Luther hielt die Meinung des Jakobusbriefs für unvereinbar mit der Rechtfertigungslehre des Paulus. Wie jedoch evangelische und katholische Neutestamentler betonen, „ist Jakobus nicht gegen Paulus: er bewahrt uns vielmehr vor einem formelhaften Paulus" (G. Eichholz, EKL 1, 235). Der evangelische Theologe Ernst Käsemann, der die Ansicht vertreten hat, es gebe im Neuen Testament „eine Vielfalt von Christologien, die teilweise unvereinbar seien" (ähnliches gelte vom Kirchenverständnis), hat später erklärt, daß er mit dieser Behauptung „nicht das letzte Wort gesprochen wissen wollte" (E. Käsemann, Hg., Das NT als Kanon, 356).

Bei aller Mannigfaltigkeit und Vielfalt bildet die Bibel jedoch eine *Einheit.*
Die vom Heiligen Geist geleitete Kirche erkannte in den biblischen Schriften (die sie von anderen Schriften abgrenzte und die sie zusammensah) ihren Glauben. Sie kam zu der Überzeugung, daß diese Schriften vom gleichen Geist erfüllt sind. Darum erklärte sie die Heilige Schrift als „Kanon", als Norm des Glaubens.

TEXTE AUS DER ÖKUMENE

„Die Heilige Schrift bezeugt alles zum Heil Notwendige, vor allem die Mitte unseres Glaubens, das Heil Gottes in Jesus Christus durch den Heiligen Geist" (KEKat 53). Das ist das Verbindende.
„Was hält diese unterschiedlichen Stimmen in der Bibel zusammen? Es ist der eine Herr, den sie bezeugen, Jesus Christus. So sind z. B. alle Schriften des Neuen Testaments Antworten auf die Begegnung mit Jesus Christus" (EEKat 1284).

1.3.8 Der Streit „Allein die Schrift" – „Schrift und Tradition" ist weitgehend behoben

TEXTE AUS DER ÖKUMENE

Im lutherisch-katholischen Dialog wurde erklärt: „Seit Anbeginn war das Evangelium von Jesus Christus Gegenstand der Überlieferung. Aus der Evangeliumsverkündigung und in deren Dienst entstanden Schriften, die später als Neues Testament bezeichnet wurden. Damit stellt sich die alte kontroverstheologische Frage nach dem Verhältnis von Schrift und Tradition in neuer Weise. Es kann nicht mehr die Schrift exklusiv [ausschließlich] der Tradition gegenübergestellt werden, weil das Neue Testament selbst Ergebnis urchristlicher Tradition ist. Doch kommt der Schrift als Zeugnis der grundlegenden Überlieferung eine normative Funktion für die gesamte spätere Tradition der Kirche zu" (L-RK 1/17).
Zum reformatorischen Verständnis von „Allein die Schrift": „Luther wollte damit keineswegs den Wert der Tradition ablehnen. Er wollte nur Bibel und kirchliche Überlieferung einander sachgemäß zuordnen. Alles, was in der Linie der Heiligen Schrift liegt, ist echte Tradition; alles, was der Heiligen Schrift widerspricht, ist falsche Tradition" (EEKat 1283).
„Heute hat sich das Zweite Vatikanische Konzil klar für die einzigartige Stellung der Bibel ausgesprochen, während manche evangelische Theologen wieder ein Gespür gewinnen für den Wert der lebendigen Überlieferung der ganzen Kirche. Es zeichnet sich in der Ökumene eine Übereinstimmung darüber ab, daß die Bibel die Grundlage kirchlicher Lehre sein müsse" (EEKat 1283).
„Schrift und Überlieferung sind nicht verschiedene Aussagen der göttlichen Offenbarung, sondern unterschiedliche Aussageweisen der einen und selben apostolischen Überlieferung ... ‚Beide haben dasselbe Gewicht für die Fröm-

migkeit‘ (Basilius der Große ...). ‚Dabei wird die Schrift in der Überlieferung verstanden, die Überlieferung aber bewahrt ihre Unverfälschtheit und das Kriterium [unterscheidendes Merkmal] ihrer Wahrheit durch die Schrift und aus deren Inhalt‘ ... Die apostolische Überlieferung wird im Heiligen Geist von der Kirche unverfälscht festgehalten, erklärt und weitergegeben“ (AK-O/1,6).

1.3.9 Es gibt gemeinsame ökumenische Übersetzungen und Auslegungen der Heiligen Schrift, ebenso gemeinsame biblische Untersuchungen

- 1979/80 wurde die Einheitsübersetzung des Neuen Testaments und der Psalmen gemeinsam veröffentlicht. Im Vorwort heißt es: „Die Tatsache, daß katholische und evangelische Christen nunmehr die Psalmen und ein Neues Testament besitzen, die Exegeten beider Kirchen im offiziellen Auftrag übersetzt haben, kann nicht hoch genug veranschlagt werden. Mehr als einzelne gemeinsame Aktionen führt gemeinsames Hören auf das Wort der Schrift dazu, daß die getrennten Kirchen aufeinander zugehen, um einmal zusammenzufinden unter dem *einen* Herrn der Kirche, Jesus Christus. Die ökumenische Übersetzung der Psalmen und des Neuen Testaments leistet dazu einen wichtigen Beitrag.“
- Evangelisch-Katholischer Kommentar zum Neuen Testament (EKK), hg. von N. Brox, R. Schnackenburg, E. Schweizer und U. Wilckens, 1980ff.
- Ökumenischer Taschenbuchkommentar zum Neuen Testament (ÖTK), hg. von E. Gräßer und K. Kertelge, 1984ff.
- Maria im Neuen Testament. Eine ökumenische Untersuchung, hg. von R. E. Brown u. a., 1981.
- Der Petrus der Bibel. Eine ökumenische Untersuchung, hg. von R. E. Brown u. a., 1976.
- Theologisches Wörterbuch zum Alten Testament. Begründet von G. J. Botterweck und H. Ringgren, hg. von H. J. Fabry und H. Ringgren.

TEXT AUS DER ÖKUMENE

Dein Wort, Herr, nicht vergehet; es bleibet ewiglich,
so weit der Himmel gehet, der stets beweget sich.
Dein Wahrheit bleibt zu aller Zeit,
gleichwie der Grund der Erde,
durch deine Hand bereit’t.
(Aus: Wohl denen, die da wandeln;
nach Cornelius Becker 1602; EKG 190,4 / GL 614,3)

1.4 Eins in Christus, in der einen Kirche durch die eine Taufe

„Durch den einen Geist werden wir in der Taufe alle in einen einzigen Leib aufgenommen" (1 Kor 12,13), in die Kirche als „Leib Christi". Die grundlegende Einheit der Kirche (als Volk Gottes, Leib Christi und Tempel des Heiligen Geistes) existiert, ist nie verlorengegangen.[7]

TEXTE AUS DER ÖKUMENE

„Die christlichen Kirchen bekennen ‚eine Taufe' als *Eingliederung in den Leib Christi* – die eine Kirche –, die ein für allemal geschieht. Die Einheit der Taufe, die im Glaubensbekenntnis bezeugt wird, erinnert uns an den ‚einen' Herrn Jesus Christus. Die ‚eine' Taufe, der ‚eine' Herr und der ‚eine' Geist (vgl. Eph 4,4-5) ruft die Kirchen dazu auf, den ‚einen' Glauben gemeinsam zu bekennen und einander trotz ihrer unterschiedlichen Lebensformen als Kirchen anzuerkennen. Durch die Taufe werden alle Gemeindeglieder zu dem einen ‚königlichen Priestertum' (1 Petr 2,9) aller Gläubigen berufen, um so in der ganzen Kirche und in ihrem Sendungsauftrag in der Welt gemeinsam Verantwortung zu tragen" (COF 249).
„Wir glauben, daß die Taufe mit Wasser im Namen des dreieinigen Gottes den Getauften mit dem Tod und der Auferstehung Jesu Christi vereint, die Aufnahme in die Eine, Heilige, Katholische und Apostolische Kirche vermittelt und die Gnadengabe neuen Lebens im Geist vermittelt" (A-EKD, Meißen 15,4).
„Taufe ist Eingliederung in die Kirche" (EEKat 1082).
Die Taufe ist „Eingliederung in die Kirche" (KEKat 334).
Die Taufe ist „ein wirksames Mittel der Gnade, das in der Tat vermittelt, was es verheißt: die Vergebung der Sünden, die Vereinigung mit Christus in seinem Sterben und Auferstehen, Wiedergeburt, Erhebung in den Stand der Gotteskindschaft, Gliedschaft in der Kirche, dem Leibe Christi, neues Leben im Geist, die wahre Auferstehung des Leibes" (B-R 21).

1.5 Gemeinsames Gebet und Gotteslob

Glaube ist Antwort auf Gottes Wort. Sie geschieht im Bekenntnis,[8] im Lob-, Dank- und Bittgebet.

- Gemeinsam sind allen Christen die alttestamentlichen Psalmen und die Lieder des Neuen Testaments, z. B. die Christushymnen: Phil 2,5-11; Kol 1,15-20; 1 Tim 3,16; das Loblied auf den Heilsplan

7 Vgl. H. Schütte, KiöV 90-93.

8 Vgl. unten 2.

Gottes: Eph 1,3-14; der Lobgesang Marias (Magnifikat): Lk 1,46-55; der Lobgesang des Zacharias (Benediktus): Lk 1,68-79 und der Lobpreis des Simeon: Lk 2,29-32.

- Gemeinsam ist allen Christen das Vaterunser: Mt 6,9-13, dazu die abschließende Doxologie [Lobpreis]: „Denn dein ist das Reich und die Kraft und die Herrlichkeit in Ewigkeit. Amen."
- Gemeinsam sind den Christen viele Gebete und Lieder aus der Zeit vor den Trennungen, z. B. das Tedeum: „Großer Gott, wir loben dich" (EG 326 / GL 257), zahlreiche Gebete der Liturgie und Gesänge, z. B. „Christ ist erstanden" (EG 98; vgl. EKG 75 / GL 213) – „Wir wollen alle fröhlich sein" (EG 99; vgl. EKG 82 / GL 223) – „Nun bitten wir den Heiligen Geist" (EG 124; vgl. EKG 99 / GL 248).
- Gemeinsam sind den Christen Gebete und Lieder, die im Auftrag der christlichen Kirchen des deutschen Sprachgebrauchs herausgestellt wurden: Es gibt mehr als 100 „gemeinsame Kirchenlieder" in ökumenischer Fassung, darüber hinaus gemeinsame „Gesänge zur Bestattung". Das Buch „Leuchte, bunter Regenbogen" enthält 301 gemeinsame geistliche Kinderlieder.

TEXTE AUS DER ÖKUMENE

„Gemeinsames Singen vertieft die Gemeinschaft im Glauben. Wir wünschen allen christlichen Gemeinden, daß sie sich diese Lieder in der vorliegenden Fassung zu eigen machen, um mit *einer* Stimme den dreieinigen Gott zu loben." Pfingsten 1972[9]

Es gibt eine „Ökumenische Einheit im Lied"[10], eine „Ökumene des Singens".[11]

„Das Luthertum besitzt ein reiches Erbe an Liedern und liturgischen Gesängen . . . Dieser Musikschatz ist eine unserer Gaben an die ökumenische Kirche, so wie wir uns die Lieder der vorreformatorischen Kirche und anderer christlicher Traditionen angeeignet haben" (Laudamus, Vorwort).

„Unsere beiden Kirchen" (die orthodoxe und die katholische Kirche) „sprechen ihre Überzeugung . . . gemäß dem Grundsatz aus: ‚Lex orandi, lex credendi' (Richtschnur des Gebetes ist Richtschnur des Glaubens). Die litur-

---

9 Diese Erklärung unterschrieben die Vorsitzenden des Rates der EKD und der DBK; der griechisch-orthodoxe Metropolit von Deutschland; der Bischof der Altkatholiken; die Vertreter des Bundes Evang.-Freikirchl. Gemeinden, der Evang.-Methodist. Kirche, der Evang.-Altreformierten Kirche, der deutschen Mennonitengemeinden, der Brüderunität und der Heilsarmee.

10 G. Wilmanns, Zwei Stimmen ein Gesang. Ökumenische Einheit im Lied.

11 H.-M. Barth, US 47 (1992) 121.

gische Tradition ist für sie also die maßgebliche Auslegung der Offenbarung und so Maßstab für das Bekenntnis des wahren Glaubens" (O-RK I/7,14).

1.6 Ziel: Volle Glaubens- und Kirchengemeinschaft

Von der gegebenen – nie verlorenen – grundlegenden Einheit der Kirche sind Christen und Kirchen unterwegs, hoffen auf volle Glaubensgemeinschaft, Eucharistie- und Kirchengemeinschaft.[12]
Ziel ist *nicht Rückkehr*, vielmehr Gemeinschaft von Schwesterkirchen; Einheit in versöhnter Verschiedenheit; Einheit der Kirchen – die Kirchen bleiben und eine Kirche werden.

TEXTE AUS DER ÖKUMENE

Die Kirche ist „ihrem Wesen nach *eine*. Daß die Spaltung in zahllose Konfessionen dem widerspricht, liegt auf der Hand. Die geistliche Einheit, die es durch die Trennungen hindurch gibt, drängt danach, sichtbare Gestalt anzunehmen" (EEKat 903).
„Wir Bischöfe wünschen sehnlichst, daß die noch unvollkommene, schon bestehende Gemeinschaft mit den nichtkatholischen Kirchen und Gemeinschaften durch Gottes Hilfe zu einer vollen Gemeinschaft werde" (Bischofssynode Rom 1985, II C 7).
Ökumenismus fragt „nicht nur ... ‚Dürfen wir miteinander kommunizieren?', sondern auch: ‚Dürfen wir einander die Kommunion verweigern?' Denn auch dies darf doch nur geschehen, wenn wirklich das Wesentliche des Glaubens und der Kirchenordnung dazu zwingt. Geschieht es ohne solchen zwingenden Grund, machen wir uns schuldig" (Metropolit Damaskinos Papandreou, Eucharistie, 91f.).

Laß uns eins sein, Jesu Christ,
wie du mit dem Vater bist,
in dir bleiben allezeit
heute wie in Ewigkeit.
Erbarm dich, Herr.
(Aus: Sonne der Gerechtigkeit; 15. Jh.; EG 262,7 / GL 644,7)

12 Ausführlich dazu: KiöV 171-174.

2. Gemeinsam glauben und bekennen

2.1 Glaube als Bekennen und Bekenntnis

2.1.1 Unter „Glauben" versteht man einerseits den Glaubensakt, die Gläubigkeit: das Sich-für-Gott-, Sich-für-Christus-Entscheiden; das Vertrauen, das Bekennen

Der Vater eines kranken Kindes sagt in seiner Not zu Jesus: „Ich glaube; hilf meinem Unglauben" (Mk 9,24). Darin kommt sein gläubiges Vertrauen auf Gottes Hilfe zum Ausdruck, ebenso das Wissen um eigene Angefochtenheit. Marta bekennt: „Herr, ich glaube, daß du der Messias bist, der Sohn Gottes" (Joh 11,27).

TEXTE AUS DER ÖKUMENE

„Mein persönliches Ja gehört zum Glauben. Und: daß ich dabei bleibe" (EEKat 118).
„Glauben bedeutet ein Sich-fest-Machen in Gott, ein Trauen und Bauen auf ihn, ein Gründen der Existenz und ein Stand- und Bestandfinden in ihm (vgl. Jes 7,9)" (KEKat 41f.).

2.1.2 Unter „Glauben" versteht man sodann den Glaubensinhalt: an wen ich glaube, was ich glaube. Dies wird im Glaubensbekenntnis ausgedrückt

Gemeinsame Formulierungen des Glaubens gibt es bereits im Neuen Testament:
„Wenn du mit deinem Mund bekennst: ‚Jesus ist der Herr' und in deinem Herzen glaubst: ‚Gott hat ihn von den Toten auferweckt', so wirst du gerettet werden" (Röm 10,9).
„Christus ist für unsere Sünden gestorben, gemäß der Schrift, und ist begraben worden. Er ist am dritten Tage auferweckt worden, gemäß der Schrift, und erschien dem Kephas, dann den Zwölf" (1 Kor 15,3-5, ähnlich Röm 4,25).

TEXTE AUS DER ÖKUMENE

Das Glaubensbekenntnis „ist die Zusammenfassung des zentralen Inhalts der Heiligen Schrift und deren verbindliche Auslegung" (KEKat 45).
Der Glaube findet „im Bekenntnis des Credo seinen Ausdruck" (COF 5).
„‚Ich glaube an. . .', so sagt das Bekenntnis, und alles liegt an diesem *an* . . . Der Glaube redet von Gott dem Vater, dem Sohn und dem Heiligen Geist als dem,

der uns begegnet, als dem Gegenstand des Glaubens ... Daß Gott uns gnädig ist, das ist es, was das Bekenntnis von Vater, Sohn und Heiligem Geist sagt" (K. Barth, DiG 15f.).
„Das Bekenntnis erwächst aus der Begegnung mit dem Evangelium von Jesus Christus. Im Bekenntnis antwortet die Kirche auf das Wort Gottes und drückt in dieser Antwort aus, was sie durch das Evangelium empfangen hat ... es verbindet die Kirche der Gegenwart mit den Christen anderer Zeiten und anderer Länder" (EEKat 996).
Das Glaubensbekenntnis ist „der Lobgesang der ganzen christlichen Kirche von den großen Taten Gottes" (EEKat 405).

2.2 Was heißt „glauben"?

(1) Glaube ist Geschenk Gottes, Gnade.
(2) Glaube ist – in und kraft der Gnade – personale Hingabe an den dreieinigen Gott.
(3) Zum Glauben gehört (bzw. Glauben besteht in)
- Umkehr: Abwendung von Gottwidrigem, Hinwendung zu Gott,
- Annehmen der Heilsbotschaft,
- Hoffnung und Vertrauen,
- Bekennen – als einzelner und in der Gemeinschaft der Kirche.

(4) Mit dem Glauben ist die Taufe verbunden.
(5) Lebendiger Glaube ist in der Liebe wirksam.
(6) Glaube ist ein Weg.

2.2.1 Glaube ist Gottes Geschenk, Gnade

Das geht aus dem Jesuswort hervor: „Niemand kann zu mir kommen, wenn nicht der Vater, der mich gesandt hat, ihn zu mir führt" (Joh 6,44; vgl. 6,65). Nach Paulus kann „keiner sagen: Jesus ist der Herr!, wenn er nicht aus dem Geist redet" (1 Kor 12,3; vgl. 1 Kor 4,7 und 1 Kor 15,10).

TEXTE AUS DER ÖKUMENE

„Die Gnade ist es, die den Glauben schafft – nicht allein, wenn der Glaube neu im Menschen Sein gewinnt, sondern auch solange der Glaube währt" (Thomas v. A. II/II 4,4 ad 3).
„So ist der Glaube Geschenk der erleuchtenden Gnade Gottes" (KEKat 42).
„Ich glaube, daß ich nicht aus eigener Vernunft noch Kraft an Jesus Christus, meinen Herrn, glauben oder zu ihm kommen kann; sondern der Heilige Geist hat mich durch das Evangelium berufen, mit seinen Gaben erleuchtet, im rechten Glauben geheiligt und erhalten ..." (Luther, Kl. Kat II,3: EEKat 887).

Der Glaube „ist eine Gabe Gottes durch den Heiligen Geist“ (COF 5).
„Der Glaube ist Gabe des Heiligen Geistes“ (O-RK I/7,7).
Den Glauben wirkt „der Heilige Geist durch das Evangelium“ (Heid 21, vgl. Genf 111ff.).
„Selbst die allerersten Regungen, die zur Rechtfertigung führen, wie Reue, die Sehnsucht nach Vergebung und auch der Glaube selbst, sind Werke Gottes, indem er unsere Herzen durch die Erleuchtung des Heiligen Geistes anrührt“ (A-RK/9,23).

Barmherziger Gott,
deine Kirche kann nicht bestehen ohne dich,
sie lebt allein von deiner Gnade.
Reinige und festige sie und führe sie mit starker Hand.
Darum bitten wir durch Jesus Christus.
(Liturgie vom Montag der 3. Fastenwoche)

Unser Wissen und Verstand ist mit Finsternis umhüllet,
wo nicht deines Geistes Hand uns mit hellem Licht erfüllet.
Gutes denken, tun und dichten
mußt du selbst in uns verrichten.
(Aus: Liebster Jesu, wir sind hier; Tobias Clausnizer 1663; EKG 127,2 / GL 520,2)

2.2.2 Glaube ist – in und kraft der Gnade – personale Hingabe an den dreieinigen Gott

Christlicher Glaube ist eine Grundhaltung. Sie entspricht dem Jesuswort „Glaubt an Gott und glaubt an mich“ (Joh 14,1) und besagt: „Ich glaube an Dich; ich glaube Dir“.[1]
Solcher Glaube kommt auch in der Antwort des Thomas zum Ausdruck: „Mein Herr und mein Gott!“ (Joh 20,28); ebenso in der Haltung Marias: „Ich bin die Magd des Herrn; mir geschehe, wie du es gesagt hast“ (Lk 1,38).
„Ohne Glauben ist es unmöglich, Gott zu gefallen; denn wer zu Gott kommen will, muß glauben, daß er ist und daß er denen, die ihn suchen, ihren Lohn geben wird“ (Hebr 11,6).

TEXTE AUS DER ÖKUMENE

Glaube besteht darin, daß der Mensch sich Gott „überläßt. Er läßt sich los und vertraut auf Gott“ (EEKat 1067).
„Im Glauben gründet der Mensch seine ganze Existenz auf Gott; er ist ihm Halt und Inhalt seines Lebens“ (KEKat 250; vgl. DV 5).

---

1 Vgl. J. Mouroux, Ich glaube an Dich.

„Das erste Wort des Glaubens ist ... nicht: Ich glaube, *daß* ..., sondern: Ich glaube *dir*" (KEKat 41).
„Der Glaube schließt ... eine bewußte und freie Antwort von seiten des Menschen und einen ständigen Wandel des Herzens ein. Er ist eine innere Umwandlung und Umgestaltung" (O-RK I/7,11).

2.2.3 Zum Glauben gehört (bzw. Glauben besteht in):

– Umkehr:[2] Abwendung von Gottwidrigem, Hinwendung zu Gott
Nach dem Markusevangelium beginnt die Verkündigung Jesu mit den Worten: „Kehrt um und glaubt an das Evangelium" (Mk 1,15).
Ohne Umkehr kein Christsein: Mt 18,3.

TEXTE AUS DER ÖKUMENE

„Das Gläubigwerden ist eine Bekehrung" (EEKat 118).
„Wenn unser Herr und Meister Jesus Christus spricht: ‚Tut Buße' usw., so hat er gewollt, daß das ganze Leben der Gläubigen Buße sein soll" (Martin Luther, Thesen 1517).
„Umkehr und Buße gehören ... unabdingbar zu jedem christlichen Leben. ... Das Entscheidende bei der Umkehr geschieht im Herzen des Menschen, d. h. in der Mitte und Tiefe seiner Person" (KEKat 364).

– Annehmen der Heilsbotschaft
Jesus fordert auf: „Glaubt an das Evangelium" (Mk 1,15).
„Jeder, der den Namen des Herrn anruft, wird gerettet werden. Wie sollen sie nun den anrufen, an den sie nicht glauben? Wie sollen sie an den glauben, von dem sie nichts gehört haben? Wie sollen sie hören, wenn niemand verkündigt? Wie soll aber jemand verkündigen, wenn er nicht gesandt ist? ... So gründet der Glaube in der Botschaft, die Botschaft im Wort Christi" (Röm 10,13-14.17).

TEXTE AUS DER ÖKUMENE

„Der Glaube ist Antwort des Menschen auf die Selbstoffenbarung Gottes" (KEKat 42).
Das Bekenntnis der Kirche geschieht „als Antwort auf Gottes Gnade und Liebe, wie sie in besonderer Weise im verkündigten Wort und in den gefeierten Sakramenten der Kirche gewährt wird" (COF 4).
„Der Glaube ist unauflöslich zugleich Gabe des sich offenbarenden Gottes und Antwort des Menschen, der diese Gabe annimmt" (O-RK I/7,5).

---

2 Das griechische Wort metanoia („Umdenken", „Sinnesänderung") wurde meist mit „Buße" übersetzt; darunter wird jedoch heute zumeist eine „Strafe" verstanden (vgl. „Bußgeld" bei Vergehen im Straßenverkehr).

„Glaube ist Gehorsam ... Glaube ist die Tat, in welcher der Mensch sich zu Gott so einstellt, wie es Gott entspricht“ (K. Barth, DiG 30).

– Hoffnung und Vertrauen
„Glaube ist: Feststehen in dem, was man erhofft, überzeugt sein von Dingen, die man nicht sieht“ (Hebr 11,1).
„Abraham hat gegen alle Hoffnung voll Hoffnung geglaubt. Er zweifelte nicht im Unglauben an der Verheißung Gottes“ (Röm 4,18.20).
In den Psalmen kommen Hoffen und Vertrauen deutlich zum Ausdruck: „Unsere Seele hofft auf den Herrn ... wir vertrauen auf seinen heiligen Namen“ (Ps 33,20f.).

TEXTE AUS DER ÖKUMENE

Glaube ist Antwort auf Gottes Wort. „Der Glaubende faßt Zutrauen zu diesem Wort und schenkt Gott und seinem Wort Vertrauen“ (KEKat 41).
„Was ist wahrer Glaube? Es ist nicht allein eine gewisse Erkenntnis ..., sondern auch ein herzliches Vertrauen“ (Heid 4).
„Einen Gott haben [ist] nichts anderes, denn ihm von Herzen trauen und glauben“ (Luther, Gr. Kat: EEKat 145).
An Gott glauben „schließt die persönliche Verpflichtung des sich Gott völlig Anvertrauens mit ein“ (COF 5, Komm).
„Glauben heißt Vertrauen ... Sich an Gott halten heißt, sich darauf verlassen: Gott ist für mich da und leben in dieser Gewißheit“ (K. Barth, DiG 14.19).

Wer nur den lieben Gott läßt walten,
und hoffet auf ihn allezeit,
den wird er wunderbar erhalten
in aller Not und Traurigkeit.
Wer Gott, dem Allerhöchsten, traut,
der hat auf keinen Sand gebaut.“
(Georg Neumark 1641; EG 369; vgl. EKG 298 / GL 295)

– Bekennen – als einzelner und in der Gemeinschaft
Jesus sagt: „Wer sich vor den Menschen zu mir bekennt, zu dem werde ich mich vor meinem Vater im Himmel bekennen. Wer mich aber vor den Menschen verleugnet, den werde ich vor meinem Vater im Himmel verleugnen“ (Mt 10,32f.).
Dem entspricht, was im 1. Johannesbrief steht: „Wer bekennt, daß Jesus der Sohn Gottes ist, in dem bleibt Gott, und er bleibt in Gott“ (1 Joh 4,15).

TEXTE AUS DER ÖKUMENE

Im Bekenntnis „stimmt der einzelne Mensch mit allen an jedem Ort, jetzt und durch die Jahrhunderte hindurch versammelten Getauften ein in die Verkündi-

gung des Glaubens der Kirche: ‚Wir glauben an‘. Das Bekenntnis ‚Wir glauben an‘ spricht nicht nur das Vertrauen des einzelnen Menschen auf Gottes Gnade aus, sondern es bekräftigt auch das Vertrauen der ganzen Kirche auf Gott. Es besteht ein Band der Gemeinschaft zwischen denen, die gemeinsam ihren Glauben bekennen“ (COF 3).
„Glauben heißt bekennen. Bekenntnis ist Lebensbekenntnis“ (K. Barth, DiG 29.36).
„Ein Glaube ist nicht stark, der sich nicht im Bekenntnis bezeugt“ (Apol 4,385).
„Die Anrede durch Gott führt so zur Anrede an Gott, zum Gebet als der wichtigsten Ausdrucksgestalt des Glaubens“ (KEKat 41).

2.2.4 Mit dem Glauben ist die Taufe verbunden (vgl. unten 8.1)

„Wer glaubt und sich taufen läßt, wird gerettet“ (Mk 16,1).

TEXTE AUS DER ÖKUMENE

Taufe und Glaube gehören zusammen. „Die Taufe ist nicht die Bestätigung und krönende Vollendung des Glaubens. Sie ist dessen Grundlage und Anfang. Mit der Taufe beginnt die Geschichte des Glaubens“ (EEKat 1068). „Mein Glaube macht nicht die Taufe, sondern empfängt die Taufe“ (Martin Luther).
Die Taufe ist „Sakrament des Glaubens . . . Der Glaube ist . . . für den Empfang der Taufe notwendig“ (KEKat 330f.).
„Der Glaube ist Voraussetzung für die Taufe“ (O-RK I/7,12).

2.2.5 Lebendiger Glaube ist „in der Liebe wirksam“ (Gal 5,6)

Wenn ich alle Glaubenskraft besäße, hätte aber die Liebe nicht, wäre ich nichts (1 Kor 13,2).

TEXTE AUS DER ÖKUMENE

„Unsere beiden Konfessionen bestätigen, daß die Rechtfertigung zu ‚guten Werken‘ führt und führen muß; echter Glaube bringt Liebe hervor“ (A-EKD, Meißen 16).
„Lebendiger Glaube ist durch die Liebe tätig“ (EEKat 911).
„Lebendiger Glaube ist von Liebe nicht zu trennen, führt zu guten Werken“ (A-RK 9,9).

2.2.6 Glaube ist ein Weg

In äußerster Bedrängnis kommt sich der Beter von Gott verlassen vor, findet aber zurück zur Gewißheit des Geborgenseins in Gott (Ps 22). Angesichts furchtbarer Schicksalsschläge ringt Ijob mit Gott und fragt: Warum stößt mir das alles zu? Er erkennt schließlich die Größe und

Unbegreiflichkeit Gottes und seine eigene menschliche Begrenztheit – auch Gottes Sorge für seine Geschöpfe (siehe Buch Ijob).
Im Sturm auf dem See rufen die Jünger: „Herr, rette uns, wir gehen zugrunde!" Er sagt zu ihnen: „Warum habt ihr solche Angst, ihr Kleingläubigen?" (Vgl. Mt 8,23-27)
Der Vater eines kranken Kindes bittet Jesus: „Wenn du kannst, hilf uns, hab Mitleid mit uns." Er gesteht jedoch zugleich: „Ich glaube; hilf meinem Unglauben!" (Vgl. Mk 9,14-27)

TEXTE AUS DER ÖKUMENE

Es gibt das „Mysterium der scheinbaren Ohnmacht Gottes. Durch die Erfahrung des Bösen und des Leidens kann der Glaube an den allmächtigen Vater auf eine harte Probe gestellt werden. Zuweilen erscheint Gott abwesend und nicht imstande, Schlimmes zu verhüten. Nun aber hat Gott der Vater seine Allmacht auf geheimnisvollste Weise in der freiwilligen Erniedrigung und in der Auferstehung seines Sohnes gezeigt, durch die er das Böse besiegt hat. Somit ist der gekreuzigte Christus ‚Gottes Kraft und Gottes Weisheit. Denn das Törichte an Gott ist weiser als die Menschen, und das Schwache an Gott ist stärker als die Menschen' (1 Kor 1,24-25). In der Auferweckung und Erhöhung Christi hat der Vater ‚das Wirken seiner Kraft und Stärke' entfaltet und zeigt, ‚wie überragend groß seine Macht sich an uns, den Gläubigen, erweist' (Eph 1,19)" (KKK Nr. 272).
„In Christus hat Gott selbst die Sinnlosigkeit des Leidens auf sich genommen und ist dadurch dem Menschen ganz nahe gekommen. In der Auferstehung Jesu hat Gott da, wo alles verzweifelt schien, einen neuen Anfang geschaffen und Grund zu wirklicher Hoffnung gegeben. Mit Christus wird Gott einst die neue Welt heraufführen, in der es weder Leid noch Tod gibt und die den Sinn dessen erkennen läßt, was jetzt so dunkel ist" (EEKat 214).
„Es gibt keinen Glauben an Gott ohne Zweifel und Anfechtung ...
Mit der Taufe beginnt die Geschichte des Glaubens ... Die Geschichte kann sehr bewegt sein: Der Glaube kann wachsen, aber auch abnehmen; er kann in Krisen geraten, in denen er fast zerbricht; er kann aus Krisen gestärkt hervorgehen; den Zeiten der Hochstimmung können Zeiten der Dürre folgen. Aber dieser so gefährdete Glaube hat in der Taufe ein Fundament, auf das er sich immer beziehen kann" (EEKat 151, vgl. auch 199ff.).
„Der Glaube ist also ein *Weg*. Man muß diesen Weg auf *Hoffnung* hin gehen" (KEKat 41).

Auf dich allein ich baue,
du lieber treuer Gott.
Da ich auf dich vertraue,
verlaß mich nicht in Not.
(Caspar Ulenberg 1582; GKL 43 / GL 293)

3. Wir glauben an den einen Gott

3.1 Gott – unergründliches Geheimnis

Gott überragt alles menschliche Denk- und Vorstellungsvermögen.
Gott ist ein einziger
– doch in der Einheit von Vater, Sohn und Geist.
Gott ist verborgen
– doch er offenbart sich, gibt sich uns zu erkennen.
Gott ist ewig, überzeitlich
– doch er ist in unsere Zeitlichkeit gekommen und Mensch geworden.
Gott ist überweltlich
– doch auch innerweltlich: „In ihm leben wir, bewegen wir uns und sind wir" (Apg 17,28); „Er ist jedem nah, der ihn anruft" (Apg 17,27).
Gott ist heilig
– und er will unser Heil.
Gott ist gerecht
– und er schenkt Gerechtigkeit, „Rechtfertigung".
Gott ist allmächtig
– doch er entäußert sich, erniedrigt sich bis zur Hingabe am Kreuz.
Gott ist die Liebe (1 Joh 4,8).

3.2 Gott offenbart sich selbst

3.2.1 Gott gibt sich den Menschen von jeher durch seine Schöpfung zu erkennen

Paulus schreibt über die Menschen und ihr Verhalten: „Denn was man von Gott erkennen kann, ist ihnen offenbar; Gott hat es ihnen offenbart. Seit Erschaffung der Welt wird seine unsichtbare Wirklichkeit an den Werken der Schöpfung mit der Vernunft wahrgenommen, seine ewige Macht und Gottheit. Darum sind sie unentschuldbar. Denn sie haben Gott erkannt, ihn aber nicht als Gott geehrt und ihm nicht gedankt" (Röm 1,19-21).
Die Schöpfung weist auf den Schöpfer, das Werk auf den Wirker: „Die Himmel rühmen die Herrlichkeit Gottes, vom Werk seiner Hände kündet das Firmament" (Ps 19,2; vgl. Ps 8,2).
„Dankt dem Herrn, . . . der den Himmel geschaffen hat in Weisheit, der die Erde über den Wassern gegründet hat" (Ps 136,1.5.6).

TEXTE AUS DER ÖKUMENE

„Es ist richtig, daß sich Gott auch in der Schöpfung und der Geschichte zum Ausdruck bringt, denn sie sind sein Werk (z. B. Ps 136)“ (EEKat 142).
„Luther nahm wie Paulus die Möglichkeit einer natürlichen Gotteserkenntnis an“ (EEKat 146).
„Gott, der durch das Wort alles erschafft und erhält, gibt den Menschen jederzeit in den geschaffenen Dingen Zeugnis von sich (vgl. Röm 1,19-20)“ (DV 3).
„Gott offenbart sich in seinen Werken . . . (Röm 1,20), und dies besonders in den Menschen, die nach seinem Bild und Gleichnis geschaffen wurden“ (AK-O/1,2).
„Die ganze Menschheit . . . erkennt in gewisser Weise die ewige Macht und Gottheit Gottes in seinem Werk (Röm 1,20)“ (COF 79).

3.2.2 Gott hat – durch Wort und Tat – sich und seinen Heilswillen offenbart. Das Zeugnis dieser Offenbarung ist uns in der Heiligen Schrift zugänglich

„Viele Male und auf vielerlei Weise hat Gott einst zu den Vätern gesprochen durch die Propheten; in dieser Endzeit aber hat er zu uns gesprochen durch seinen Sohn“ (Hebr 1,1f.).

TEXTE AUS DER ÖKUMENE

Gott hat sich „im Laufe einer langen Geschichte immer wieder bekannt gemacht. Von dieser fortschreitenden Offenbarung und der Aufnahme, die sie bei dem Volk Israel gefunden hat, legt das Alte Testament Zeugnis ab, bis dann in Jesus von Nazaret die Selbstkundgabe Gottes zu ihrer Vollendung kommt (Hebr 1,1)“ (EEKat 135).
„Gott hat in seiner Güte und Weisheit beschlossen, sich selbst zu offenbaren und das Geheimnis seines Willens kundzutun . . . In dieser Offenbarung redet der unsichtbare Gott in überströmender Liebe die Menschen an wie Freunde. . ., um sie in seine Gemeinschaft einzuladen und aufzunehmen. Das Offenbarungsgeschehen ereignet sich in Tat und Wort, die innerlich miteinander verknüpft sind. . . Die Tiefe der durch diese Offenbarung über Gott und über das Heil des Menschen erschlossenen Wahrheit leuchtet uns auf in Jesus Christus, der zugleich der Mittler und die Fülle der ganzen Offenbarung ist“ (DV 2; vgl. KEKat 37-40).
Gott „offenbarte sich . . . unmittelbar und wirklich, ‚vorzeiten den Vätern durch die Propheten‘ (Hebr 1,1), und zwar im Volke Israel . . . In Jesus Christus geschah die ganze und vollkommene Offenbarung Gottes“ (AK-O/1,2.3).

3.3 Wir glauben an den einen Gott

Allen Christen gemeinsam ist der Glaube an den einen und einzigen Gott. Jesus bekräftigt das Hauptgebot Israels: „Höre, Israel, der Herr, unser Gott, ist der einzige Herr. Darum sollst du den Herrn, deinen Gott, lieben mit ganzem Herzen und ganzer Seele, mit all deinen Gedanken und all deiner Kraft“ (Mk 12,29-30 wie Dtn 6,4-5).
„Es gibt nur den einen Gott“ (Jak 2,19; ähnlich 1 Kor 8,4; vgl. Ex 20,3).

TEXTE AUS DER ÖKUMENE

Glaubensbekenntnis von Nizäa/Konstantinopel.

3.4 Der eine Gott in der biblischen Botschaft

– *Der eine Gott ist der Gott Israels, der Gott unserer Väter.*
„Gepriesen sei der Herr, der Gott Israels!“ (Ps 72,18)
„Du sollst erkennen, daß ich der Herr bin, der dich bei deinem Namen ruft, ich, Israels Gott“ (Jes 45,3; vgl. Ex 3,6).
„Der Gott Abrahams, Isaaks und Jakobs, der Gott unserer Väter, hat seinen Knecht Jesus verherrlicht“ (Apg 3,13).

– *Er ist der Gott des Bundes.*
„Der Herr, unser Gott, hat am Horeb einen Bund mit uns geschlossen“ (Dtn 5,2).
„Ich will einen ewigen Bund mit euch schließen“ (Jes 55,3).
Christus ist „der Mittler eines neuen Bundes“ (Hebr 9,15).[1]

– *Gott ist der Schöpfer, durch den alles wurde.*
„Im Anfang schuf Gott Himmel und Erde“ (Gen 1,1).[2]

– *Er ist der Gott der Hoffnung.*
„Herr, mein Gott, du bist ja meine Zuversicht, meine Hoffnung von Jugend auf“ (Ps 71,5; vgl. Jer 17,13).
„Der Gott der Hoffnung aber erfülle euch mit aller Freude und mit allem Frieden im Glauben, damit ihr reich werdet an Hoffnung in der Kraft des Heiligen Geistes“ (Röm 15,13).

---

1 5.8.1 Jesus Christus, der einzige Mittler und Erlöser.

2 4.2 Wir glauben an Gott, der alles geschaffen hat.

– *Gott ist Güte und Liebe.*
„Herr, deine Güte reicht, so weit der Himmel ist, deine Treue, so weit die Wolken ziehn“ (Ps 36,6).
„Gott ist die Liebe, und wer in der Liebe bleibt, bleibt in Gott und Gott bleibt in ihm“ (1 Joh 4,16).[3]

– *Gott ist Vater.*
„Vater unser im Himmel“ (Mt 5,9).[4]

– *Gott ist Anfang und Ziel von allem.*
„Ich bin das Alpha und das Omega, spricht Gott, der Herr, der ist und der war und der kommt, der Herrscher über die ganze Schöpfung“ (Offb 1,8; vgl. Ex 3,14).

– *„Gott ist Geist,*
und alle, die ihn anbeten, müssen im Geist und in der Wahrheit anbeten“ (Joh 4,24).

– *„Gott ist Licht,*
und keine Finsternis ist in ihm“ (1 Joh 1,5).

– *Gott ist der Allheilige, der Gute.*
„Ich bin Gott, nicht ein Mensch, der Heilige in deiner Mitte“ (Hos 11,9).
„Heilig, heilig, heilig ist der Herr der Heere. Von seiner Herrlichkeit ist die ganze Erde erfüllt“ (Jes 6,3).
„Nur einer ist ‚der Gute‘“ (Mt 19,17).

– *Gott ist der Lebendige, Urheber allen Lebens.*
„Wie der Vater das Leben in sich hat, so hat er auch dem Sohn gegeben, das Leben in sich zu haben“ (Joh 5,26).
„Ich bin der Erste und der Letzte und der Lebendige“ (Offb 1,17).[5]

– *Gott ist ewig, überzeitlich.*
„Ehe die Berge geboren wurden, die Erde entstand und das Weltall, bist du, o Gott, von Ewigkeit zu Ewigkeit ... Denn tausend Jahre sind für dich wie der Tag, der gestern vergangen ist“ (Ps 90,2.4; vgl. 2 Petr 3,8).

---

3 3.6 Gott ist Liebe.

4 4.1 Gott, der Vater, der Allmächtige.

5 Im Gegensatz zu den leblosen Göttern und Götzen der Heiden ist Gott allein der wahrhaft Lebendige.

„Du bist seit Ewigkeit“ (Ps 93,2).
„Du aber bleibst, der du bist, und deine Jahre enden nie“ (Ps 102,28).

– *Gott ist allwissend.*
„Herr, du hast mich erforscht, und du kennst mich. Ob ich sitze oder stehe, du weißt von mir. Von fern erkennst du meine Gedanken ... Zu wunderbar ist für mich dieses Wissen, zu hoch, nie kann ich es begreifen“ (Ps 139,1f.6).
„Gott ist größer als unser Herz, und er weiß alles“ (1 Joh 3,20).

– *Gott ist allmächtig, ist Allmacht.*
„Ich bin Gott, der Allmächtige“ (Gen 17,1).
„Für Gott ist nichts unmöglich“ (Lk 1,37). (Das wurde Maria bei der Verheißung der Geburt Jesu kundgetan; vgl. Jer 32,17).
„Alles, was Gott gefällt, das vollbringt er“ (Ps 115,3).
Gottes Allmacht erweist sich in der Schöpfung des Alls (Gen 1; Ijob 38; Ps 19; Ps 104).

– *Gott ist gerecht.*
„Gott ist ein gerechter Richter, ein Gott, der täglich strafen kann“ (Ps 7,12).
„Er ist ein unbeirrbar treuer Gott, er ist gerecht und gerade“ (Dtn 32,4).
Gottes „Gerechtigkeit“ meint aber besonders seine gütige Zuwendung zum Menschen, seine schenkende Gerechtigkeit: „Gott erweist seine Gerechtigkeit durch die Vergebung der Sünden, die früher, in der Zeit seiner Geduld, begangen wurden; er erweist seine Gerechtigkeit in der gegenwärtigen Zeit, um zu zeigen, daß er gerecht ist und den gerecht macht, der an Jesus glaubt“ (Röm 3,25f.).

– *Gott ist „der Wahrhaftige“ (Röm 3,4).*

– *Gott ist treu.*
„Er ist ein barmherziger und gnädiger Gott, langmütig, reich an Huld und Treue“ (Ex 34,6).
„Die Treue des Herrn währt in Ewigkeit“ (Ps 117,2; auch 100,5).
„Der Herr ist treu; er wird euch Kraft geben und euch vor dem Bösen bewahren“ (2 Thess 3,3).

– *Gott ist gütig und barmherzig.*
Gott „ist gnädig und barmherzig, langmütig und reich an Güte“ (Joel 2,13; vgl. Jona 4,2).
Er ist „der Vater des Erbarmens und der Gott allen Trostes“ (2 Kor 1,3).

– *Gott ist ein Gott des Friedens.*
„Der Gott des Friedens sei mit euch allen!" (Röm 15,33; vgl. 2 Kor 13,11; Phil 4,9)

– *Gott ist der Unfaßbare und Unbegreifliche.*
„Meine Gedanken sind nicht eure Gedanken, und eure Wege sind nicht meine Wege – Spruch des Herrn. So hoch der Himmel über der Erde ist, so erhaben sind meine Wege über eure Wege und meine Gedanken über eure Gedanken" (Jes 55,8f.).
„O Tiefe des Reichtums, der Weisheit und der Erkenntnis Gottes! Wie unergründlich sind seine Entscheidungen, wie unerforschlich seine Wege! Denn wer hat die Gedanken des Herrn erkannt? Oder wer ist sein Ratgeber gewesen? Wer hat ihm etwas gegeben, so daß Gott ihm etwas zurückgeben müßte? Denn aus ihm und durch ihn und auf ihn hin ist die ganze Schöpfung. Ihm sei Ehre in Ewigkeit!" (Röm 11,33-36)

3.5 Geheimnis der Dreieinigkeit

Christen bekennen Gott als den Dreieinen, als Vater, Sohn und Heiligen Geist.
Auf den Konzilien zu Nizäa (325) und Konstantinopel (381) wurden als Irrlehren abgewiesen:
- der Sohn und der Heilige Geist seien dem Vater untergeordnet,
- Vater, Sohn und Heiliger Geist seien nicht Person, vielmehr erscheine der eine Gott einmal als Vater, ein anderes Mal als Sohn, wieder ein anderes Mal als Heiliger Geist.

Im Taufbefehl des Auferstandenen ist am klarsten von den drei Personen in Gott die Rede: „Darum geht zu allen Völkern, und macht alle Menschen zu meinen Jüngern; tauft sie auf den Namen des Vaters und des Sohnes und des Heiligen Geistes" (Mt 28,19).
Der zweite Korintherbrief schließt mit dem Gebetswunsch: „Die Gnade Jesu Christi, des Herrn, die Liebe Gottes und die Gemeinschaft des Heiligen Geistes sei mit euch allen!" (2 Kor 13,13)
„Es gibt verschiedene Gnadengaben, aber nur den einen Geist.
Es gibt verschiedene Dienste, aber nur den einen Herrn.
Es gibt verschiedene Kräfte, die wirken, aber nur den einen Gott" (1 Kor 12,4-6).
Andeutungen im Alten Testament:
Das Alte Testament vertritt in aller Strenge den Glauben an den einen Gott; es enthält noch nicht die neutestamentliche Offenbarung von dem einen Gott in drei Personen.

Das Alte und das Neue Testament bilden zusammen die Bibel der Kirche. Das Alte Testament muß von der endgültigen Offenbarung Gottes in Jesus Christus her verstanden werden. Das Alte Testament enthält „einen Schatten der künftigen Güter“ (Hebr 10,1). Daher wurden von den Kirchenvätern manche Aussagen des Alten Testaments als Andeutungen bzw. als „Voroffenbarungen“ der göttlichen Dreieinigkeit aufgefaßt:

Gen 18,1-16: Der Besuch der drei Männer bei Abraham.

Num 6,24-26: Der dreifache Segen:

„Der Herr segne und behüte dich.
Der Herr lasse sein Angesicht über dich leuchten und sei dir gnädig.
Der Herr wende sein Angesicht dir zu und schenke dir Heil.“

Jes 6,3: Das dreifache Heilig in der Anbetung Gottes.

TEXTE AUS DER ÖKUMENE

„Dies aber ist der katholische Glaube, daß wir den Einen Gott in der Dreiheit und die Dreiheit in der Einheit verehren, ohne die (drei) Personen zu vermischen und ohne das (eine göttliche) Wesen zu trennen. Eine andere nämlich ist die Person des Vaters, eine andere die des Sohnes, eine andere die des Heiligen Geistes“ (Athanasianisches Bekenntnis. Vgl. AK-O I/3; O-RK I/6).

Es „wird einträchtig laut Beschluß des Konzils von Nizäa gelehrt und festgehalten, daß ein einziges göttliches Wesen sei, das Gott genannt wird und wahrhaftig Gott ist, und (daß) doch drei Personen in diesem einen göttlichen Wesen sind, (alle drei) gleich mächtig, gleich ewig: Gott Vater, Gott Sohn, Gott Heiliger Geist“ (CA 1).

Der Ökumenische Rat ist „eine Gemeinschaft von Kirchen, die den Herrn Jesus Christus als Gott und Heiland bekennen und darum gemeinsam zu erfüllen trachten, wozu sie berufen sind, zur Ehre Gottes des Vaters, des Sohnes und des Heiligen Geistes.“ (Basisformel des ÖRK)

„Gott schafft und erhält als Schöpfer die Welt.
Gott versöhnt und befreit in Christus die Menschen.
Gott sammelt und heiligt durch den Geist sein Volk“ (EEKat 470).

„Gott ist kein einsames Wesen, sondern ein Gott, der aus der Überfülle seines Seins heraus sich schenkt und mitteilt, ein Gott, der in der Gemeinschaft von Vater, Sohn und Geist lebt und der darum auch Gemeinschaft schenken und begründen kann ...

Letztlich ist das Bekenntnis zum dreifaltigen Gott Auslegung des Satzes: ‚Gott ist Liebe‘ (1 Joh 4,8.16b)“ (KEKat 85).

„Wir glauben, daß Gott ein Gott in drei Personen, Vater, Sohn und Heiliger Geist, ist“ (A-EKD, Meißen 15,2).

Ehre sei dem Vater und dem Sohn und dem Heiligen Geist, wie im Anfang, so auch jetzt und alle Zeit und in Ewigkeit. Amen.

Allein Gott in der Höh sei Ehr und Dank für seine Gnade,
darum, daß nun und nimmermehr uns rühren kann kein Schade.
Ein Wohlgefalln Gott an uns hat;
nun ist groß Fried ohn Unterlaß, all Fehd hat nun ein Ende.
Wir loben, preisen, anbeten dich, für deine Ehr wir danken,
daß du, Gott Vater, ewiglich regierst ohn alles Wanken.
Ganz ungemessen ist deine Macht,
allzeit geschieht, was du bedacht. Wohl uns solch eines Herren!
O Jesu Christ, Sohn eingeborn des allerhöchsten Vaters,
Versöhner derer, die verlorn, du Stiller unsers Haders,
Lamm Gottes, heilger Herr und Gott:
nimm an die Bitt aus unsrer Not, erbarm dich unser aller!
O heilger Geist, du höchstes Gut, du allerheilsamst Tröster:
Vor Teufels Gewalt fortan behüt, die Jesus Christ erlöset,
durch große Marter und bittern Tod;
abwend all unsern Jammer und Not! Darauf wir uns verlassen.
(Nikolaus Decius 1522; EG 179; vgl. EKG 131 / GL 457)[6]

3.6 Gott ist die Liebe

Das innerste Wesen Gottes ist Liebe, absolute Güte.
Gott ist von Ewigkeit her in sich Leben und Liebe; er lebt in der Gemeinschaft von Vater, Sohn und Geist.
Gottes freie Zuwendung zu uns Menschen offenbart uns sein tiefstes Wesen, das Geheimnis seiner Liebe: Gott ist Liebe (vgl. KEKat 70 und 85).
„1 Joh 4,8 wagt die kühne Gleichung: Gott ist Liebe. Aber damit ist Gott nicht etwa zurückgeführt auf eine begrifflich unpersönliche Größe, er ist vielmehr zum Ursprung und Urmaß alles dessen erklärt, was Liebe heißen soll und darf. Nicht die Liebe ist eine Gottheit, sondern der persönliche Gott ist Liebe in all seinem Wollen und Werk, entscheidend im Christuswerk."[7]
Die Heilige Schrift ist reich an Bekundungen der Güte und Liebe Gottes: „Jahwe ist ein barmherziger und gnädiger Gott, langmütig, reich an Huld und Treue" (Ex 34,6; ähnlich Jona 4,2).
„Herr, du bist gütig und bereit zu verzeihen" (Ps 86,5).
„Danket dem Herrn; denn er ist gütig, denn seine Huld währt ewig" (Ps 136,1-26; ebenso 106,1; vgl. 25,7; 34,9).

---

6 Weiterführende Literatur: COF 15-20; EEKat 464-481; KEKat 83-85.

7 E. Stauffer, ThWNT III, 113.

„Gott ist (die) Liebe" (1 Joh 4,8 und 16).
„Wir haben die Liebe, die Gott zu uns hat, erkannt" (1 Joh 4,16).
„Der Gott der Liebe und des Friedens wird mit euch sein" (2 Kor 13,11).
„Darin besteht die Liebe, daß Gott uns geliebt und seinen Sohn als Sühne für unsere Sünden gesandt hat" (1 Joh 4,10).
„Erschienen ist die Güte und Menschenliebe Gottes, unseres Retters" (Tit 3,4; vgl. Eph 3,14-19; Joh 15,9).
„Die Liebe Gottes ist ausgegossen in unsere Herzen durch den Heiligen Geist, der uns gegeben ist" (Röm 5,5).
„Weder Tod noch Leben, weder Engel noch Mächte, weder Gegenwärtiges noch Zukünftiges, weder Gewalten der Höhe oder Tiefe noch irgendeine andere Kreatur können uns scheiden von der Liebe Gottes, die in Christus Jesus ist, unserem Herrn" (Röm 8,38f.).
Gott, der Güte, Huld, Erbarmen, ja, der die Liebe ist, bildet den Grund für unser Vertrauen.
„Furcht gibt es in der Liebe nicht, sondern die vollkommene Liebe vertreibt die Furcht" (1 Joh 4,18). Die Christen sind aufgerufen: „Werft alle eure Sorgen auf ihn, denn er kümmert sich um euch!" (1 Petr 5,7; vgl. Phil 4,6; Mt 6,25-31)

TEXTE AUS DER ÖKUMENE

„Das Neue Testament faßt Jesu Botschaft in dem Satz zusammen: ‚Gott ist Liebe'" (KEKat 148).
„Der menschgewordene Sohn offenbart, daß in Gottes ewiger Herrlichkeit, vor aller Zeit und Geschichte, sein göttliches Leben gegenseitige Selbsthingabe und Gemeinschaft ist, daß ‚Gott die Liebe ist' (1 Joh 4,8)" (COF 17).
„Daß Gott Liebe ist (1 Joh 4,9f.), ist keine Allerweltseinsicht, sondern eine an Jesus gewonnene Erkenntnis" (EEKat 387).
Das „Werk der Schöpfung, des Bundes und der Erlösung ... ist das Werk der freien Liebe Gottes" (K. Barth, DiG 42).

Nun saget Dank und lobt den Herren,
denn groß ist seine Freundlichkeit,
und seine Gnad' und Güte währen
von Ewigkeit zu Ewigkeit.
Du, Gottes Volk, sollst es verkünden:
Groß ist des Herrn Barmherzigkeit;
er will sich selbst mit uns verbünden
und wird uns tragen durch die Zeit.
(Ambrosius Lobwasser 1573; EG 294 / GL 269)

4. Wir glauben an Gott, den Vater, den Allmächtigen, der alles geschaffen hat

4.1 Gott, der Vater, der Allmächtige

4.1.1 Gott Vater ist von Ewigkeit her der Ursprung des Sohnes und des Heiligen Geistes

Gott Vater und Gott Sohn und Gott Heiliger Geist sind ein Gott. Sie sind gleich ewig. Ewig und ohne Anfang ist das Hervorgehen des Sohnes und des Heiligen Geistes aus dem Vater, der ursprungloser Ursprung ist.

Vom ewigen Ursprung des Sohnes und des Heiligen Geistes zeugt das Johannesevangelium. „Ich bin vom Vater ausgegangen und in die Welt gekommen. Ich verlasse wieder die Welt und gehe zum Vater" (Joh 16,28).

„Wenn aber der Beistand kommt, den ich euch vom Vater aus senden werde, der Geist der Wahrheit, der vom Vater ausgeht, dann wird er Zeugnis für mich ablegen" (Joh 15,26).

4.1.2 Gott Vater ist in einzigartiger Weise „Vater Jesu Christi" (2 Kor 1,3)

Jesus ist gekommen, den Willen seines Vaters zu erfüllen: „Abba, Vater, alles ist dir möglich. Nimm diesen Kelch von mir. Aber nicht, was ich will, soll geschehen, sondern was du willst" (Mk 14,36). Am Kreuz rief er laut: „Vater, in deine Hände lege ich meinen Geist" (Lk 23,46).

Jesus weiß sich eins mit dem Vater: „Ich und der Vater sind eins" (Joh 10,30; vgl. Joh 14,6.8f.). Ferner: „Mein Vater ist noch immer am Werk, und auch ich bin am Werk" (Joh 5,17).

Nur Jesus, *der* Sohn, kennt *den* Vater: „Niemand kennt den Sohn, nur der Vater, und niemand kennt den Vater, nur der Sohn und der, dem es der Sohn offenbaren will" (Mt 11,27).

4.1.3 Gott ist „unser Vater", voll Güte und Erbarmen. Bei ihm weiß sich der Glaubende geborgen

Das war schon im Alten Testament bewußt. „Ist er [Gott] nicht dein Vater, dein Schöpfer?" (Dtn 32,6; vgl. Mal 2,10). „Ein Vater der Waisen, ein Anwalt der Witwen ist Gott in seiner heiligen Wohnung" (Ps 68,6).

„Wie ein Vater sich seiner Kinder erbarmt, so erbarmt sich der Herr über alle, die ihn fürchten“ (Ps 103,13).
Jesus lehrt uns beten: „Unser Vater im Himmel“ (Mt 6,9).
„Ihr sollt vollkommen sein, wie es auch euer himmlischer Vater ist“ (Mt 6,32; vgl. 7,11), heißt es in der Bergpredigt. In den neutestamentlichen Briefen wird dies aufgenommen: „Gnade sei mit euch und Friede von Gott, unserem Vater, und dem Herrn Jesus Christus“ (Röm 1,7; 1 Kor 1,3; Phil 4,20).
„Ihr habt nicht einen Geist empfangen, der euch zu Sklaven macht, so daß ihr euch immer noch fürchten müßtet, sondern ihr habt den Geist empfangen, der euch zu Söhnen macht, den Geist, in dem wir rufen: Abba, Vater!“ (Röm 8,15; vgl. Gal 4,6).
„Seht, wie groß die Liebe ist, die der Vater uns geschenkt hat“ (1 Joh 3,1).
Das sog. „Gleichnis vom verlorenen Sohn“ ist das „Gleichnis vom barmherzigen Vater“: „Ein Mann hatte zwei Söhne. Der jüngere von ihnen sagte zum Vater: Vater, gib mir das Erbteil, das mir zusteht. Da teilte der Vater das Vermögen auf. Nach wenigen Tagen packte der jüngere Sohn alles zusammen und zog in ein fernes Land. Dort führte er ein zügelloses Leben und verschleuderte sein Vermögen. Als er alles durchgebracht hatte, kam eine große Hungersnot über das Land, und es ging ihm sehr schlecht. Da ging er zu einem Bürger des Landes und drängte sich ihm auf; der schickte ihn aufs Feld zum Schweinehüten. Er hätte gern seinen Hunger mit den Futterschoten gestillt, die die Schweine fraßen; aber niemand gab ihm davon. Da ging er in sich und sagte: Wie viele Tagelöhner meines Vaters haben mehr als genug zu essen, und ich komme hier vor Hunger um. Ich will aufbrechen und zu meinem Vater gehen und ihm sagen: Vater, ich habe mich gegen den Himmel und gegen dich versündigt. Ich bin nicht mehr wert, dein Sohn zu sein; mach mich zu einem deiner Tagelöhner. Dann brach er auf und ging zu seinem Vater. Der Vater sah ihn schon von weitem kommen, und er hatte Mitleid mit ihm. Er lief dem Sohn entgegen, fiel ihm um den Hals und küßte ihn. Da sagte der Sohn: Vater, ich habe mich gegen den Himmel und gegen dich versündigt; ich bin nicht mehr wert, dein Sohn zu sein. Der Vater aber sagte zu seinen Knechten: Holt schnell das beste Gewand, und zieht es ihm an . . .; bringt das Mastkalb her, und schlachtet es; wir wollen essen und fröhlich sein. Denn mein Sohn war tot und lebt wieder; er war verloren und ist wiedergefunden worden. Und sie begannen, ein fröhliches Fest zu feiern“ (Lk 15,11-24).
Zu diesem Gleichnis heißt es im KEKat (64): „Diese Botschaft von *Gott als grenzenloser Liebe* ist die innerste Mitte von Jesu Sprechen von Gott.“

4.1.4 „Gott ist Vater und Mutter“ (Johannes Paul I. / EEKat 156)

Die Bezeichnung bzw. Anrede als „Vater“ „muß bei Gott, der jenseits geschlechtlicher Unterscheidung ist, als Symbolwort verstanden werden“. Sie begründet keineswegs eine „patriarchale Vorherrschaft des Mannes“ (KEKat 72).
Die Heilige Schrift weist auf mütterliches Sorgen Gottes hin: „Kann denn eine Frau ihr Kindlein vergessen, eine Mutter ihren leiblichen Sohn? Und selbst wenn sie ihn vergessen würde: ich vergesse dich nicht“ (Jes 49,15).
„Wie eine Mutter ihren Sohn tröstet, so tröste ich euch“ (Jes 66,13).
„Ich war da für sie wie die (Eltern), die den Säugling an ihre Wangen heben“ (Hos 11,4).
„Wie oft wollte ich deine Kinder um mich sammeln, so wie eine Henne ihre Küken unter ihre Flügel nimmt; aber ihr habt nicht gewollt“ (Mt 23,37).

4.1.5 Gott ist der Allmächtige

„Gott sagte zu Abraham: Ich bin Gott, der Allmächtige“ (Gen 17,1).
„Gott hat gesprochen: Ich will euch aufnehmen und euer Vater sein, und ihr sollt meine Söhne und Töchter sein, spricht der Herr, der Herrscher über die ganze Schöpfung“ (2 Kor 6,16ff.).
„Ich bin das Alpha und das Omega, spricht Gott, der Herr, der ist und der war und der kommt, der Herrscher über die ganze Schöpfung“ (Offb 1,8).

TEXTE AUS DER ÖKUMENE

Der „ursprüngliche Sinn der Aussage über den Vater als Allmächtigen im Neuen Testament“ ist Lobpreis: „Er bezeugt die Treue und letztgültige Herrschaft Gottes als Grundlage des Glaubens, der Gewißheit und des Vertrauens“ (COF 47).
Gott ist „aus Gnade der Vater aller Menschen, die er in der Zeit in seinem Sohn und durch seinen Geist seine Kinder zu sein beruft.“ In Jesus Christus wird Gottes „Allmacht sichtbar und lebendig als heilsame und gerechte Macht“ (K. Barth, DiG 45.54).

Großer Gott, wir loben dich; Herr, wir preisen deine Stärke.
Vor dir neigt die Erde sich und bewundert deine Werke.
Wie du warst vor aller Zeit, so bleibst du in Ewigkeit.
(Ignaz Franz 1771 nach dem „Te Deum“; EG 331,1 / GL 257,1)

4.2 Gott, der alles geschaffen hat, die sichtbare und die unsichtbare Welt

4.2.1 Gott ist der Schöpfer des Alls, der sichtbaren Welt

In der Bibel gibt es eine Vielfalt von Schöpfungsaussagen (u. a. Gen 1,1-2,4a; 2,4b-25; 14,22; Ijob 26,7; 33,6; Ps 33,6.9; 104,24; Röm 4,17; Hebr 3,4; Joh 1,3).

Das Nebeneinander solcher verschiedener Schöpfungstexte der Bibel, die nicht harmonisiert werden, bekundet: Es geht in der Bibel nicht um das *Wie*; entscheidend ist vielmehr, *daß* Gott alles geschaffen hat.

„Im Anfang schuf Gott Himmel und Erde ...

Gott sprach: Es werde Licht. Und es wurde Licht. Gott sah, daß das Licht gut war. Gott schied das Licht von der Finsternis, und Gott nannte das Licht Tag, und die Finsternis nannte er Nacht. Es wurde Abend, und es wurde Morgen: erster Tag.

Dann *sprach Gott:* Ein Gewölbe entstehe mitten im Wasser und scheide Wasser von Wasser ... So geschah es, und Gott nannte das Gewölbe Himmel. Es wurde Abend, und es wurde Morgen: zweiter Tag.

Dann *sprach Gott:* Das Wasser unterhalb des Himmels sammle sich an einem Ort, damit das Trockene sichtbar werde. So geschah es ... Dann *sprach Gott:* Das Land lasse junges Grün wachsen ... So geschah es ... Es wurde Abend, und es wurde Morgen: dritter Tag.

Dann *sprach Gott:* Lichter sollen am Himmelsgewölbe sein ... So geschah es. Gott machte die beiden großen Lichter, das größere, das über den Tag herrscht, das kleinere, das über die Nacht herrscht, auch die Sterne. Gott setzte die Lichter an das Himmelsgewölbe ... Es wurde Abend, und es wurde Morgen: vierter Tag.

Dann *sprach Gott:* Das Wasser wimmle von lebendigen Wesen, und Vögel sollen über dem Land am Himmelsgewölbe dahinfliegen ... Gott segnete sie *und sprach*: Seid fruchtbar, und vermehrt euch ... Es wurde Abend, und es wurde Morgen: fünfter Tag.

Dann *sprach Gott*: Das Land bringe alle Arten von lebendigen Wesen hervor ... Gott sah, daß es gut war.

Dann *sprach Gott:* Laßt uns Menschen machen als unser Abbild ... als Abbild Gottes schuf er ihn. Als Mann und Frau schuf er sie ... Dann *sprach Gott:* Hiermit übergebe ich euch alle Pflanzen auf der ganzen Erde ... Gott sah alles an, was er gemacht hatte: Es war sehr gut. Es wurde Abend, und es wurde Morgen: der sechste Tag ...

Am siebten Tag vollendete Gott das Werk, das er geschaffen hatte, und er ruhte am siebten Tag ... Und Gott segnete den siebten Tag und erklärte ihn für heilig“ (Gen 1,1-2,3).

Dazu ist zu bemerken:
In Gen 1,1-2,4a handelt es sich nicht um einen „Bericht", vielmehr um eine Gott verherrlichende Ausdeutung des 1. Gebots; darauf weist u. a. folgendes hin:

- Den 10 Geboten entspricht das 10malige „Gott sprach"; Schöpfung und Bund sind verflochten.
- Sonne, Mond und Sterne, die im Umkreis von Israel als Götter verehrt wurden, werden in Gen 1 als nur geschaffen bezeichnet; erst am 4. Tag entstehen sie und werden wie „Lampen" am Himmel angebracht.
- Alles ist auf den Sabbat, den 7. Tag, hingeordnet. 7 ist die Zahl Gottes, 35mal erscheint der Gottesname in der Schöpfungserzählung, 35mal im Paradiesgeschehen, also 10 mal 7.

„Durch das Wort des Herrn wurden die Himmel geschaffen ... Denn der Herr sprach, und sogleich geschah es" (Ps 33,6.9).
„Herr, wie zahlreich sind deine Werke, mit Weisheit hast du sie alle gemacht" (Ps 104,24).
„Der alles erbaut hat, ist Gott" (Hebr 3,4).
„Alles ist durch das Wort geworden" (Joh 1,3).
„Unsere Hilfe steht im Namen des Herrn, der Himmel und Erde gemacht hat" (Ps 124,8).

TEXTE AUS DER ÖKUMENE

Wir glauben an den einen Gott ..., der alles geschaffen hat (Glaubensbekenntnis von Nizäa-Konstantinopel).
Ich glaube an Gott ..., den Schöpfer des Himmels und der Erde (Apostolisches Glaubensbekenntnis).
Die „Frage, *wie* Gott die Welt geschaffen hat, ist keine Glaubensfrage. Wir sind durch die Bibel nicht auf eine bestimmte Vorstellung festgelegt, sondern haben die Freiheit, die Entstehung der Welt mit unseren Mitteln zu untersuchen" (EEKat 231).

4.2.2 Gott hat auch die unsichtbare Welt erschaffen

Die Schöpfungswirklichkeit ist größer als die uns zugängliche Welt. In der Heiligen Schrift ist mehrfach von Engeln die Rede.

- Von Engelchören bei Gott:
  „Lobt ihn, alle seine Engel, lobt ihn, all seine Scharen!" (Ps 148,2). Serafim „riefen einander zu: Heilig, heilig, heilig ist der Herr der Heere" (Jes 6,2f.; vgl. Offb 7,1).
- Von Engeln zum Schutz des Menschen:
  „Denn er befiehlt seinen Engeln, dich zu behüten auf all deinen Wegen" (Ps 91,11; vgl. Ex 23,20; Mt 18,10).

- Von Boten, die besonders an Wendepunkten der Heilsgeschichte auftreten: Gen 18,10; Ex 23,20; Ri 13,6; 1 Kön 19,5.

„Der Engel Gabriel wurde von Gott in eine Stadt in Galiläa namens Nazaret zu einer Jungfrau gesandt ... Der Engel trat bei ihr ein und sagte: Sei gegrüßt, du Begnadete, der Herr ist mit dir" (Lk 1,26-28).

„In jener Gegend lagerten Hirten auf freiem Feld ... Da trat der Engel des Herrn zu ihnen, und der Glanz des Herrn umstrahlte sie. Sie fürchteten sich sehr, der Engel aber sagte zu ihnen: Fürchtet euch nicht, denn ich verkünde euch eine große Freude ... Heute ist euch in der Stadt Davids der Retter geboren; er ist der Messias, der Herr" (Lk 2,8-11).

„Und plötzlich war bei dem Engel ein großes himmlisches Heer, das Gott lobte und sprach: Verherrlicht ist Gott in der Höhe, und auf Erden ist Friede bei den Menschen seiner Gnade" (Lk 2,13f.).

TEXTE AUS DER ÖKUMENE

„Das Glaubensbekenntnis hebt hervor, daß Gott der Schöpfer für beides ist, ‚Himmel und Erde, die sichtbare und die unsichtbare Welt'. Das bedeutet, daß das geschaffene Universum nicht nur aus jenen materiellen, faßbaren Realitäten der Welt besteht. Die Trennungslinie zwischen dem Sichtbaren und dem Unsichtbaren scheint sich im Prozeß menschlicher Erfahrung und wissenschaftlicher Beschreibungen der Welt der Schöpfung zu verschieben. Es wird aber immer einen Unterschied geben zwischen dem, was wir erfassen können, und dem, was jenseits unseres Erfassens liegt" (COF 76).

Gott, aller Schöpfung heil'ger Herr,
zu deines Reiches Glanz und Ehr
hast du der Engel Schar bestellt,
für hohe Dienste sie erwählt.
Sie stehen weit um deinen Thron;
du bist ihr Leben, ihre Kron.
Gewaltig ruft ihr strahlend Heer:
Wer ist wie Gott – wer ist wie er?
Du sendest sie als Boten aus:
Dein Wort geht in die Welt hinaus.
Groß ist in ihnen deine Kraft;
dein Arm sind sie, der Wunder schafft.
(Ernst Hofmann 1971; EG 142 / GL 605)

Jauchzet, ihr Himmel, frohlocket, ihr Engel in Chören,
singet dem Herren, dem Heiland der Menschen, zu Ehren!
Sehet doch da: Gott will so freundlich und nah
zu den Verlornen sich kehren.
(Gerhard Tersteegen 1731; EG 41; vgl. EKG 33 / GL 144)

4.2.3 Gott hat alles gut geschaffen. Damit wird die Ansicht (der Gnosis, der Manichäer und Katharer) abgewiesen, daß die materielle Welt böse sei

„Gott sah alles, was er gemacht hatte: Es war sehr gut“ (Gen 1,31; vgl. 1,4.10.12.18).

TEXTE AUS DER ÖKUMENE

„Die Welt ist von Gott gut geschaffen“ (EEKat 239). Wir können „die Schuld für die schrecklichen Taten der Menschen nicht Gott aufbürden“ (EEKat 211).
In Gen 1 wird gesagt, „daß alles aus der Güte Gottes kommt und an der Güte Gottes Anteil hat“ (KEKat 97).
„Glaube an Gott den Schöpfer beinhaltet, daß die Welt die gute Schöpfung des Vaters ist und nicht eine ihm gegenüber feindliche böse Welt. Weil die Welt Gottes Gabe ist, ist sie ihrem Wesen nach gut. Ihr von Gott gegebenes Gutsein wohnt aller Schöpfung inne, ob sichtbar oder unsichtbar, und hält im Kosmos wie in den Menschen das Sichtbare und Unsichtbare zusammen“ (COF 76).

4.2.4 Gott hat alles aus Nichts geschaffen. Damit wird die Ansicht abgelehnt, die Materie sei das Ursprüngliche gewesen (vgl. KEKat 98)

„Schau dir den Himmel und die Erde an; sieh alles, was es da gibt, und erkenne: Gott hat das aus dem Nichts erschaffen“ (2 Makk 7,28). Christen glauben an „Gott, der die Toten lebendig macht und das, was nicht ist, ins Dasein ruft“ (Röm 4,17).

TEXTE AUS DER ÖKUMENE

„Die Schöpfung ‚aus nichts‘ (Hebr 11,13) am Anfang ist vollendet“ (EEKat 236).
Christen glauben, „daß Gott allein und ausschließlich der Grund der Welt ist“ (KEKat 98).
Die christliche Tradition lehrt, „daß alles von Gott kommt im Gegensatz zur Auffassung, daß die Welt aus einer präexistenten [d. h. bereits vorhandenen] Materie gebildet wurde – eine Glaubensvorstellung, die in verschiedenen Formen des Platonismus ihren Ausdruck fand.
Demgegenüber argumentierte die frühe christliche Theologie, daß nicht nur die Gestalt der Materie, sondern die Existenz alles Seienden von Gott kommt (‚ex nihilo‘). Damit wurde der Gedanke der Ko-Eternität des Kosmos [daß der Kosmos ewig wie Gott sei] und auch die Vorstellung einer ungeschaffenen Materie ausgeschlossen“ (COF 68; vgl. 78).

4.2.5 *Gott hat alles in Freiheit geschaffen. Die Welt entstammt weder einem blinden Schicksal, noch dem Zufall, noch einem Zwang*

„Würdig bist du, unser Herr und Gott, Herrlichkeit zu empfangen und Ehre und Macht. Denn du bist es, der die Welt erschaffen hat, durch deinen Willen war sie und wurde sie erschaffen“ (Offb 4,11).

TEXTE AUS DER ÖKUMENE

„Diese Welt ist von Gott gewollt, geschaffen, geliebt, bejaht. Sie entspringt dem freien Willen, der Güte und der Liebe Gottes, der ohne jede Notwendigkeit, aus freiem Ratschluß, die Geschöpfe an seinem Sein teilhaben lassen wollte“ (KEKat 97).
„Gottes souveränes Handeln steht im Mittelpunkt ... Die Welt ist nicht Ausfluß göttlichen Wesens. Schöpfer und Geschöpf sind streng unterschieden“ (EEKat 38).
„Daß es eine Welt gibt, das ist das Unerhörteste, das ist das Wunder der Gnade Gottes“ (K. Barth, DiG 60).

4.2.6 *Gott erhält die Schöpfung. Damit wird die Ansicht (des Deismus) abgelehnt, Gott habe nach der Schöpfung keinen Einfluß mehr auf die Welt*

„Verbirgst du dein Gesicht, sind sie verstört; nimmst du ihnen den Atem, so schwinden sie hin und kehren zurück zum Staub der Erde“ (Ps 104,29).
„Gott ist keinem von uns fern. Denn in ihm leben wir, bewegen wir uns und sind wir“ (Apg 17,28).
„Mein Vater ist noch immer am Werk, und auch ich bin am Werk“, erklärt Jesus (Joh 5,17).

TEXTE AUS DER ÖKUMENE

„Gott erhält und trägt die Welt“ (KEKat 101).
„Gott ist nicht wie ein Uhrmacher, der die Uhr einmal gemacht und aufgezogen hat und sie nun allein weiterlaufen läßt. Wie im Anfang, so ist er mit seiner Schöpferkraft immer und überall wirksam, und alles hat nur durch ihn Bestand ... (Apg 17,28). Er erhält seine Geschöpfe und beteiligt sie an seinem schöpferischen Wirken (Ps 104)“ (EEKat 236).
„Gott hat nicht den Kosmos damals am Anfang geschaffen und ihn dann sich selbst überlassen. Vielmehr bewahrt und erhält Gott durch sein ständiges Schöpferwirken seine Schöpfung in jedem Augenblick“ (COF 81).

4.2.7 Schöpfungsglaube und Naturwissenschaft sind miteinander vereinbar

Schöpfungsglaube bekennt, *daß* Gott die Welt erschaffen hat. Naturwissenschaft erforscht, *wie* die Welt beschaffen ist. Schöpfungsglaube betrifft den Unterschied zwischen Nichts und Etwas. Entwicklungstheorie betrifft den Unterschied zwischen Etwas und etwas Anderem. Schöpfung wird durch Entwicklung nicht überflüssig. Entwicklung hat vielmehr Schöpfung zur Voraussetzung. (Es kann sich erst etwas entwickeln, was existiert.)

Im Glauben geht es um Fragen nach Grund, Sein und Ziel. Darauf will und kann Naturwissenschaft nicht antworten. Ein Gegeneinander entsteht, wenn beide ihre Grenzen nicht beachten: etwa wenn Gen 1 – entgegen der Absicht ihrer Verfasser – als Bericht über die Entstehung gedeutet wird oder wenn Naturwissenschaftler etwas Unbewiesenes als Tatsache ausgeben, z. B. die Materie sei ewig, alles sei nur Zufall.

Daß Glaube und Naturwissenschaft keinen Widerspruch bilden, miteinander vereinbar sind, haben Naturwissenschaftler erklärt.

Charles Darwin (1809-1882) beendet sein Werk „Über die Entstehung der Arten" mit einem Lobpreis auf den Schöpfer: „Es liegt etwas Großartiges in dieser Ansicht von Leben, wonach es mit allen seinen verschiedenen Kräften von dem Schöpfer aus wenig Formen, oder vielleicht nur einer, ursprünglich erschaffen wurde; und daß, während dieser Planet gemäß den bestimmten Gesetzen der Schwerkraft im Kreise sich bewegt, aus einem so schlichten Anfang eine endlose Zahl der schönsten und wundervollsten Formen entwickelt wurden und noch entwickelt werden."

Max Planck (1858-1947) sagt: „Wohin und wie weit wir also blicken mögen, zwischen Religion und Naturwissenschaft finden wir nirgends einen Widerspruch, wohl aber gerade in den entscheidenden Punkten volle Übereinstimmung. Religion und Naturwissenschaft – sie schließen sich nicht aus, wie manche heutzutage glauben oder fürchten, sondern sie ergänzen und bedingen einander. Wohl den unmittelbarsten Beweis für die Verträglichkeit von Religion und Naturwissenschaft auch bei gründlich kritischer Betrachtung bildet die historische Tatsache, daß gerade die größten Naturforscher aller Zeiten, Männer wie Kepler, Newton, Leibniz, von tiefer Religiosität durchdrungen waren."

4.3 Der Mensch in der Schöpfung

4.3.1 Der Mensch ist von Gott gut erschaffen

„Gott schuf also den Menschen als sein Abbild; als Abbild Gottes schuf er ihn. Als Mann und Frau schuf er sie. Gott segnete sie ... Gott sah alles, was er gemacht hatte: Es war sehr gut" (Gen 1,27f.31; vgl. Ijob 10,8-12).

„Ich danke dir, daß du mich so wunderbar gestaltet hast.
Ich weiß: Staunenswert sind deine Werke.
Als ich geformt wurde im Dunkeln,
waren meine Glieder dir nicht verborgen.
Deine Augen sahen, wie ich entstand,
in deinem Buch war schon alles verzeichnet;
meine Tage waren schon gebildet,
als noch keiner von ihnen da war" (Ps 139,14-16).

TEXTE AUS DER ÖKUMENE

„Der Mensch ist Gottes gutes Geschöpf" (EEKat 49).
In Gen 2-3 „erscheint der Mensch als gutes Geschöpf Gottes". „Daß der Mensch Gottes Gegenüber ist, verleiht ihm die Menschenwürde" (EEKat 233f.).
„Der Mensch ist Geschöpf Gottes; er verdankt sein Dasein und Sosein Gott. Er ist von Gott in seinem Dasein gewollt und gehalten; er ist, weil Gott ihn beim Namen gerufen hat: Ich will, daß du bist. Der Grundakt seines Daseins ist darum Dank und Vertrauen" (KEKat 114).
„Der Mensch ist die Kreatur der Grenze zwischen Himmel und Erde, er ist auf der Erde und unter dem Himmel. Er ist das Wesen, das seine Umgebung, den unteren Kosmos, begreift, der ihn sehen, hören, verstehen und beherrschen darf: ‚Du hast ihm alles unter seine Füße gelegt!' Er ist der Inbegriff des freien Wesens in dieser irdischen Welt" (K. Barth, DiG 71).

4.3.2 Der Mensch ist Leib und Seele, eine Ganzheit

„Gott formte den Menschen aus Erde vom Ackerboden und blies in seine Nase den Lebensatem. So wurde der Mensch zu einem lebendigen Wesen" (Gen 2,7).
Der Mensch ist „adam", d. h. aus Elementen, die der Erde („adamah") angehören. Damit wird einerseits ausgesagt, daß alle Menschen vor Gott grundsätzlich gleich sind. Damit wird aber auch die Hinfälligkeit und Vergänglichkeit des Menschen angedeutet. „adam" kann „der Mensch" und „die Menschheit" meinen (vgl. Gen 2,7-25; 3,12-20).
Der Mensch ist nicht aus zwei Teilen – dem Leib und der Seele – zusammengesetzt; er ist vielmehr „in Leib und Seele einer" (GS 14).

Diese Einheit wird bei Leiden deutlich: Seelische Krankheiten können sich körperlich auswirken; körperliche Schmerzen treffen den ganzen Menschen. Der Leib ist Ausdrucksgestalt der Geistseele, die unmittelbar von Gott gegeben und unsterblich ist.

TEXTE AUS DER ÖKUMENE

„Der Mensch hat nicht Leib und Seele, er ist Leib, und er ist Seele und Geist" (KEKat 120).
„Der Mensch hat zwar sein Dasein von Gott, aber er besteht aus Elementen, die unserer Erde angehören. Gott haucht dem Menschen den Lebensatem ein, und so wird der Mensch ein lebendiges Wesen. Ein Gegensatz von Leib und Seele ist hier nicht gemeint, vielmehr ist der ganze Mensch eine ‚lebendige Seele'" (EEKat 39).
Der Mensch „ist kein Zufallsprodukt der Entwicklung, vielmehr ist jeder einzelne Mensch in einmaliger und ganz persönlicher Weise von Gott gewollt" (KEKat 115).

4.3.3 Gott hat den Menschen als sein Ebenbild erschaffen

Der Mensch ist auf Gott hin angelegt: „Du – Gott – hast uns zu dir hin geschaffen, und unruhig ist unser Herz, bis es ruht in dir" (Augustinus, Bekenntnisse: Buch 1, Kap. 1).
Dem Menschen ist die Schöpfung anvertraut. Er soll in Verantwortung vor Gott über sie herrschen.
„Dann sprach Gott: Laßt uns Menschen machen als unser Abbild, uns ähnlich ... Gott schuf also den Menschen als sein Abbild; als Abbild Gottes schuf er ihn" (Gen 1,26f.).
„Am Tag, da Gott den Menschen erschuf, machte er ihn Gott ähnlich" (Gen 5,2; vgl. Gen 9,6).
„Du hast ihn mit Herrlichkeit und Ehre gekrönt. Du hast ihn als Herrscher eingesetzt über das Werk deiner Hände, hast ihm alles zu Füßen gelegt" (Ps 8,6f.; vgl. Gen 1,28f.).

TEXTE AUS DER ÖKUMENE

„Gott hat den Menschen zu seinem Gegenüber geschaffen, das ihm entspricht und das ihm antworten kann" (EEKat 233).
Der Mensch ist das „Geschöpf Gottes, das aufgrund der ihm verliehenen Gottesebenbildlichkeit Verantwortung für die Schöpfung übertragen bekommt" (EEKat 788).
Aus der Gottebenbildlichkeit ergibt sich „eine vierfache Bestimmung des Menschen ...: Gott zu loben, den Nächsten zu lieben, in der Welt zu leben und sie zu pflegen, sich selbst und auf sich selbst zu achten" (KEKat 117).

4.3.4 Gott hat den Menschen als Mann und Frau erschaffen

Der Mensch ist ein Gemeinschaftswesen.
Mann und Frau sind gleicher Würde, ebenbürtig.
„Gott schuf also den Menschen als sein Abbild; als Abbild Gottes schuf er ihn. Als Mann und Frau schuf er sie. Gott segnete sie und sprach zu ihnen: Seid fruchtbar, und vermehrt euch“ (Gen 1,27).
„Dann sprach Gott, der Herr: Es ist nicht gut, daß der Mensch allein bleibt. Ich will ihm eine Hilfe machen, die ihm entspricht ... Da ließ Gott, der Herr, einen tiefen Schlaf auf den Menschen fallen, so daß er einschlief, nahm eine seiner Rippen und verschloß ihre Stelle mit Fleisch. Gott, der Herr, baute aus der Rippe, die er vom Menschen genommen hatte, eine Frau und führte sie dem Menschen zu“ (Gen 2,18.21).
Dazu heißt es im Talmud: „Gott hat die Frau nicht aus des Mannes Kopf geschaffen, daß er ihr befehle, noch aus seinen Füßen, daß sie seine Sklavin sei, vielmehr aus seiner Seite, daß sie seinem Herzen nahe sei.“

TEXTE AUS DER ÖKUMENE

„Als Gottes Bild sind beide in ihrer Verschiedenheit ebenbürtig und gleichwertig. Jede Diskriminierung wegen des Geschlechts widerspricht deshalb dem christlichen Glauben. Beide finden ihre Erfüllung aber nur im Zueinander und Miteinander“ (KEKat 117).
„Die Frau ist ein Gegenüber, das dem Manne entspricht, d. h. ihm ebenbürtig ist“ (EEKat 62).

4.4 Der Mensch als Sünder – sündige Menschheit

4.4.1 Seit Beginn der Menschheitsgeschichte gibt es Sünde und Schuld

Im ersten Buch der Bibel ist von verschiedenen Weisen der Abwendung von Gott die Rede:

- „Der einzelne Mensch übertritt *Gottes Gebot*, weil er kein Vertrauen zu seinem Schöpfer hat und dem Wort, das ihm Gott gegeben hat, mißtraut (Eva und Adam hören auf die Schlange und essen von der verbotenen Frucht, 1 Mose 3,1-8).
- Deshalb vergeht sich der Mensch auch gegen seinen *Mitmenschen*. Er kann nicht glauben, daß er ebenso von Gott geliebt wird; seine Eifersucht hat tödliche Wirkung (Kain erschlägt seinen Bruder Abel, 1 Mose 4).
- Die Menschheit mißbraucht ihre technischen Möglichkeiten, um sich

eine *eigene – auch religiöse – Welt* zu bauen (Tempelturm), um sich zu schützen und sich einen Namen zu machen (Turmbau zu Babel, 1 Mose 11,1-9)" (EEKat 41).

Der Mensch ist sich seiner Schuld bewußt, wie aus den Psalmen hervorgeht.

„Gott sei mir gnädig nach deiner Huld,
tilge meine Frevel nach deinem reichen Erbarmen!
Wasch meine Schuld von mir ab,
und mach mich rein von meiner Sünde!
Denn ich erkenne meine bösen Taten,
meine Sünde steht mir immer vor Augen ...
Denn ich bin in Schuld geboren;
in Sünde hat mich meine Mutter empfangen." (Ps 51,3-5.7)

Die Propheten beklagen die Untreue der Menschen, auch Israels, gegenüber Gott: Jes 24,5; Jer 3,20.

Paulus zeichnet ein düsteres Bild menschlicher Sünde und Verlorenheit: Röm 1,18-3,20. „Alle haben gesündigt" (Röm 3,23).

TEXTE AUS DER ÖKUMENE

Die Menschheit hat „bereits an ihrem Anfang das Heilsangebot Gottes ausgeschlagen" (KEKat 134; vgl. EEKat 327f.).

„Christen glauben, daß Menschen – einzeln und alle zusammen – in der Gefangenschaft von *Sünde* und Tod leben. Die Sünde trennt sie von Gott und voneinander, indem sie sich von der Quelle des Lebens, von Gott, dem Schöpfer, abwenden" (COF 142).

„Die Sünde ist universal" (EEKat 327).

4.4.2 Sünde besteht in Selbst-herrlichkeit und in Gott-losigkeit: Der Mensch will selbst Herr sein; er will unabhängig sein von Gott. Sünde verwirklicht sich in Sünden

Die Menschen wollen wie Gott sein: Gen 3,5.

Sie wollen sich einen Namen machen: Gen 11,1-9.

„Von innen, aus dem Herzen der Menschen, kommen die bösen Gedanken, Unzucht, Diebstahl, Mord, Ehebruch, Habgier, Bosheit, Hinterlist, Ausschweifung, Neid, Verleumdung, Hochmut und Unvernunft" (Mk 7,21f.).

TEXTE AUS DER ÖKUMENE

Sünde besteht darin, „daß mein ganzes Wesen eine verkehrte Richtung hat, daß ich von Gott abgekehrt bin. Aus dieser verkehrten Richtung heraus entstehen dann die einzelnen Verfehlungen" (EEKat 323).

Sünde ist „Widerspruch gegen das erste Gebot" (EEKat 327).
„Sünde ist Schuld..., für die ich verantwortlich bin" (EEKat 330).
Der Mensch wollte sein Leben „gleichsam selbst in die Hand und in die Regie nehmen, und er hat damit den Tod gewählt" (KEKat 130f.).
„Sünde heißt: die uns nahegekommene, die uns gegenwärtige Gnade Gottes als solche zurückweisen" (K. Barth, DiG 122).

Erbarme dich, erbarm dich mein,
Herr, durch die große Güte dein.
Mach rein mich bis zum Herzensgrund;
im Innersten mach mich gesund.
(Maria Luise Thurmair 1971 nach Psalm 51; GKL 45 / GL 164)

4.4.3 Jeder wird in eine von Sünde geprägte Menschheit und Welt hineingeboren. Keiner beginnt am Punkt Null. Jeder wird persönlich sündig und hat teil an der Schuld anderer

Irrig ist es, die Schuldverstrickung aller zu leugnen und zu meinen, jeder sündige wie Adam.
Irrig ist auch die Leugnung persönlicher Verantwortung und die Meinung, nur die Menschen vor uns seien an allem schuld.
„Durch einen einzigen Menschen kam die Sünde in die Welt und durch die Sünde der Tod, und auf diese Weise gelangte der Tod zu allen Menschen, weil alle sündigten" (Röm 5,12).
Paulus sagt hier ein Zweifaches:
- Die Sünde Adams war für alle Menschen verhängnisvoll. Folge war der Tod, der den ewigen Tod zur Folge hat.
- *Alle* haben gesündigt. D.h., es kann nicht einfach alles nur als Erbschuld auf Adam abgewälzt werden.

TEXTE AUS DER ÖKUMENE

„Die Abkehr von Gott ist allen Menschen gemeinsam" (EEKat 328).
„Jeder findet sich schon in einer Situation vor, die von Schuld geprägt ist. Von Geburt an ist er in Gemeinschaften hineingestellt, und diese sind auch der Ort des Egoismus, der Vorurteile, der Gleichgültigkeit, der Unterdrückung usw.... Die anderen Menschen prägen mich durch ihre Haltung und ihr Handeln, und ich wiederum wirke auf die anderen ein. Es handelt sich hierbei um ein dichtes *Netz* gegenseitiger *Schuld*verflechtung. ... Eine genaue Abgrenzung ist nicht möglich; denn in jeder Einzelschuld wirkt auch Verstrickung mit, und jede Verstrickung beruht auf persönlicher Schuld. Keiner kann sich aus diesem Zusammenhang lösen" (EEKat 327).
„Die allgemeine Situation der Heillosigkeit prägt und bestimmt jeden Menschen zutiefst in dem, was er ist, und in dem, was er tut." In den Einzelsünden „macht sich der Mensch die vorgegebene allgemeine Heillosigkeit zu eigen und sündigt

sozusagen in sie hinein. Diese Verflechtung und dieses Ineinander von Personsünde und Erbsünde läßt sich nie ganz aufhellen“ (KEKat 135).

4.4.4 Die Sündigkeit aller muß im Zusammenhang der Heilstat für alle gesehen werden, die in Jesus Christus erfolgt ist

„Ist durch die Übertretung des einen der Tod zur Herrschaft gekommen, ... so werden erst recht alle, denen die Gnade und die Gabe der Gerechtigkeit reichlich zuteil wurde, leben und herrschen durch den einen, Jesus Christus“ (Röm 5,17).
„Gott hat alle in den Ungehorsam eingeschlossen, um sich aller zu erbarmen“ (Röm 11,32).

TEXTE AUS DER ÖKUMENE

Wir dürfen „die Lehre von der Universalität der Sünde nicht aus dem Zusammenhang lösen, in dem sie bei Paulus steht: die Universalität des Heils in Jesus Christus“ (KEKat 137).
„Im Lichte seiner Auferstehung erkennen wir in Christi Leiden und Tod das Handeln Gottes, die Erfüllung von Gottes Heilsplan für alle Menschen, durch die er die Macht des Todes zerstörte. Er nahm die Schuld der Menschheit hinweg und schuf für diejenigen, die Jesus nachfolgen, das Vorbild eines neuen Lebens“ (COF 143).
In den Schmalkaldischen Artikeln betont Martin Luther:
„Daß Jesus Christus, unser Gott und Herr, sei ‚um unserer Sünde willen gestorben und um unserer Gerechtigkeit willen auferstanden‘ (Röm 4,25) und daß er allein ‚das Lamm Gottes ist, das der Welt Sünde trägt‘ (Joh 1,29), und daß ‚Gott unser aller Sünde auf ihn gelegt hat‘ (Jes 53,5), item: ‚Sie sind alle zumal Sünder und werden ohne Verdienst gerecht gemacht aus seiner Gnade durch die Erlösung Jesu Christi in seinem Blut‘ (Röm 3,23-25)“ (AS II,1).
„... das tiefste Geheimnis Gottes ist dies, daß Gott selber in dem Menschen Jesus dem nicht ausweicht, an die Stelle des sündigen Menschen zu treten und das zu sein (er hat ihn zur Sünde gemacht, der von keiner Sünde wußte), was dieser ist, ein Empörer, und das Leid eines solchen zu leiden. Die totale Schuld und die totale Sühne selber zu sein! Das ist es, was Gott in Jesus Christus getan hat“ (K. Barth, DiG 124).

4.4.5 Frühere Gegensätze hinsichtlich Sünde und Ursünde („Erbsünde") konnten überwunden werden

TEXTE AUS DER ÖKUMENE

Eine Gemeinsame Ökumenische Kommission aus Vertretern der Evangelischen Kirche in Deutschland und der römisch-katholischen Kirche gelangte zu folgenden Erkenntnissen:
„Im Urteil über die radikale Verderbnis des unerlösten Menschen vor Gott und über die Verfallenheit an sein Gericht steht die Lehre der katholischen Kirche den Einsichten der Reformatoren nicht nach." Es besteht „heute kein Grund mehr, sich in dieser Frage gegenseitig zu verwerfen". Es hat sich ergeben, daß „die gegenseitigen Verurteilungen im Blick auf das Verständnis der Sündenverderbnis tatsächlich gegenstandslos geworden sind" (Lehrverurteilungen – kirchentrennend? I, 48 und 50).

5. Wir glauben an den einen Herrn Jesus Christus

Jesus ist die griechische Form des hebräischen Jeschua: Gott ist Hilfe, Gott rettet.
Christus ist die griechische Übersetzung des hebräischen Wortes Messias: der Gesalbte. Im Alten Testament wurden Könige und Priester gesalbt zum Zeichen, daß sie von Gott beauftragt waren.
„Jesus ist der Christus" heißt, er ist der von den Propheten verheißene, von Gott gesandte Heilbringer.

5.1 Jesus Christus – eines Wesens mit Gott, dem Vater

5.1.1 Jesus Christus ist wahrer Gott

Das Glaubensbekenntnis drückt dies so aus:
Jesus Christus ist der Herr:
Entsprechend dem Alten Testament gebührt der Titel „Herr" allein Gott: „Ich bin der Herr, sonst niemand" (Jes 45,5).
Christen bekennen Jesus Christus als Herrn. Thomas sagt: „Mein Herr und mein Gott" (Joh 20,28; vgl. 1 Kor 12,3; Phil 2,11).
Gottes eingeborener Sohn:
Dieser schwerverständliche Ausdruck will sagen, daß Jesus in einzigartiger Weise Sohn Gottes ist – nicht wie durch Christus erlöste Menschen Kinder Gottes sind.
Aus dem Vater geboren vor aller Zeit:
Raum und Zeit gibt es von dem Augenblick an, da Gott alles aus Nichts schuf. Der Ursprung Jesu liegt vor aller Schöpfung, daher vor aller Zeit – in der Ewigkeit.
Licht vom Licht, wahrer Gott vom wahren Gott:
Hier werden Aussagen des Johannesevangeliums aufgenommen: „Im Anfang war *das Wort*, und das Wort war bei Gott, und das Wort war Gott" (Joh 1,1). Jesus ist dieses ewige „Wort"; er ist „das wahre Licht", das in die Welt kam (Joh 1,9).
Gezeugt, nicht geschaffen, eines Wesens mit dem Vater:
Das wurde vom Konzil zu Nizäa (325) gegen Arius als Glaubenslehre verkündet. Dieser hatte behauptet, allein Gottvater sei wahrer Gott; der Sohn sei nur wesensähnlich, nicht wesensgleich.
„Jesus Christus ist das Ebenbild des unsichtbaren Gottes, der Erstgeborene der ganzen Schöpfung" (Kol 1,15).

„In ihm allein wohnt wirklich die ganze Fülle Gottes" (Kol 2,9).
„Wer bekennt, daß Jesus der Sohn Gottes ist, in dem bleibt Gott, und er bleibt in Gott" (1 Joh 4,15).
Paulus erklärt: „Wenn du mit deinem Mund bekennst: ‚Jesus ist der Herr' und in deinem Herzen glaubst: ‚Gott hat ihn von den Toten erweckt', so wirst du gerettet werden" (Röm 10,9; vgl. Phil 2,11).
Entsprechend dem Johannesevangelium sagt Jesus: „Ich und der Vater sind eins" (Joh 10,30) und: „Noch ehe Abraham ward, bin ich" (Joh 8,58).
Am deutlichsten steht in Joh 1,1, daß das Wort, das Mensch wurde – Jesus Christus –, Gott war (bzw. ist).

TEXTE AUS DER ÖKUMENE

„Du allein bist der Heilige, du allein der Herr, du allein der Höchste: Jesus Christus, mit dem Heiligen Geist, zur Ehre Gottes, des Vaters" (Gloria; EG 176 / GL 354).
Jesus Christus ist „kein von Gott verschiedenes Wesen, sondern der einzige Sohn des Vaters, d. h. der einzigartig durch und aus sich lebende Gott selber, Gottes Allmacht, Gnade und Wahrheit in Person" (K. Barth, DiG 94).

5.1.2 Alles ist durch Christus geschaffen, auf ihn ausgerichtet und hat in ihm Bestand

- Jesus Christus – wahrer Gott und ewig wie der Vater – war bzw. ist am Schöpfungshandeln beteiligt; er ist *„das Wort"* (griech. Logos), durch das alles geschaffen worden ist (vgl. Joh 1,3).
- Jesus Christus ist auch Ziel der Schöpfung: „Gott hat beschlossen, die Fülle der Zeiten heraufzuführen, in Christus alles zu vereinen, alles, was im Himmel und auf Erden ist" (Eph 1,10). Die Menschwerdung Christi ist von Ewigkeit her von Gott gewollt.
- Nur auf Christus als den Erlöser hin ist die schuldig gewordene Menschheit erhalten geblieben: „In ihm wurde alles erschaffen im Himmel und auf Erden ... alles ist durch ihn und auf ihn hin geschaffen. Er ist vor aller Schöpfung, in ihm hat alles Bestand" (Kol 1,16f.; vgl. 1 Kor 8,6).

TEXTE AUS DER ÖKUMENE

„Nach dem Neuen Testament sind alle Dinge durch den Sohn geschaffen (Kol 1,16; Hebr 1,2). Das entspricht dem christlichen Glauben an den einen Gott, der die Welt geschaffen hat, weil der Sohn als eins mit dem Vater geglaubt wird. Somit ist er auch an der Schöpfung der Welt beteiligt. Die frühen Christen erkannten ihn in dem ‚Wort' des Schöpfers, das in der biblischen Geschichte

(Gen 1,3ff.) als das Mittel erwähnt wurde, mit dem er die Welt schuf (vgl. Joh 1,3)" (COF 119).
„Von Anfang an war die ganze Schöpfung so angelegt, daß sie im Sohn zur Vollendung gebracht werden sollte (Eph 1,10)" (COF 119).
„Gott schafft, erhält, erlöst und vollendet seine Schöpfung durch Christus, der die Mitte alles Seienden ist (Kol 1,15-17; Eph 1,9-10; Hebr 1,2-3)" (COF 73).
„Bei der Erschaffung der Welt blickte die schöpferische Liebe des Vaters bereits voraus auf die Inkarnation (d. h. Menschwerdung) des ewigen Sohnes bei der Vollendung der Geschichte" (COF 119).

5.2 Jesus Christus – Mensch geworden für uns Menschen und zu unserem Heil

5.2.1 Im Licht der Menschwerdung und Selbsthingabe Jesu wird die wirkliche Lage der Menschheit deutlich: Alle Menschen sind Sünder und bedürfen der Erlösung

Alle stehen „unter der Herrschaft der Sünde" (Röm 3,9). „Wer die Sünde tut, ist Sklave der Sünde. ... Wenn euch also der Sohn befreit, dann seid ihr wirklich frei" (Joh 8,34.36; vgl. 1 Joh 1,8).
„Christus ist für unsere Sünden gestorben" (1 Kor 15,3; vgl. Gal 1,4). Er hat uns „aus der Macht der Sünde befreit" (Röm 6,18; vgl. Kol 1,13). „Durch ihn haben wir die Erlösung, die Vergebung der Sünden" (Kol 1,14).

5.2.2 In der Menschwerdung und Selbsthingabe Jesu Christi wird die ewige Liebe Gottes zu allen seinen Geschöpfen offenkundig

Gott hat seinen Sohn in die Welt gesandt, „damit die Welt durch ihn gerettet wird" (Joh 3,17). „Gott hat die Welt so sehr geliebt, daß er seinen einzigen Sohn hingab" (Joh 3,16; vgl. Joh 1,29).

TEXTE AUS DER ÖKUMENE

„Daran, daß Christus sein Leben für uns in den Tod gab, können wir sehen, welche Schuld auf uns liegt, aber auch, wie sehr Gott uns liebt" (EEKat 334).

Ich lag in tiefster Todesnacht, du warest meine Sonne,
die Sonne, die mir zugebracht Licht, Leben, Freud und Wonne.
O Sonne, die das werte Licht des Glaubens in mir zugericht',
wie schön sind deine Strahlen!
(Aus: Ich steh an deiner Krippe hier; Paul Gerhardt 1653; EG 37,3; vgl. EKG 28,3 / GL 141,3)

Sehet dies Wunder, wie tief sich der Höchste hier beuget.
Sehet die Liebe, die endlich als Liebe sich zeiget.
Gott wird ein Kind, träget und hebet die Sünd.
Alles anbetet und schweiget.
(Aus: Jauchzet ihr Himmel; Gerhard Tersteegen 1731; EG 41,3; vgl. EKG 33,3 / GL 144,3)

5.3 Jesus Christus – Mensch geworden durch den Heiligen Geist – von der Jungfrau Maria

5.3.1 Empfangen durch den Heiligen Geist

Nach dem Lukasevangelium erging Gottes Verheißung an die Jungfrau Maria (Lk 1,27). Sie war mit Josef verlobt – was nach israelitischem Recht ihre gültige Verbindung bedeutete. Doch ehe Maria heimgeführt war, wurde ihr die Empfängnis und Geburt Jesu verkündet. Auf ihre Frage, wie das geschehen sollte, da sie keinen Mann „erkenne", das heißt, nicht mit Josef ehelich zusammenlebte, ward ihr die Antwort: „Der Heilige Geist wird über dich kommen, und die Kraft des Höchsten wird dich überschatten. Deshalb" – so wird begründend hinzugefügt – „wird auch das Kind heilig und Sohn Gottes genannt werden" (Lk 1,34f.).
Maria – ebenso der Bedenken äußernde Mensch aller Zeiten – wird auf die Allmacht des Schöpfers der Welt hingewiesen: „Für Gott ist nichts unmöglich" (Lk 1,37), auch nicht das Bewirken einer Empfängnis Jesu in Maria, der Jungfrau.
Das Matthäusevangelium stimmt darin mit dem Lukasevangelium überein, wenn es sagt, daß Maria „durch das Wirken des Heiligen Geistes" ein Kind erwartete, noch bevor sie mit Josef zusammengekommen war (Mt 1,18). Ausdrücklich wird bekräftigt: „Das Kind, das sie [Maria] erwartet, ist vom Heiligen Geist" (Mt 1,20). Und einige Verse später steht, daß Josef Maria „nicht erkannte, bis sie ihren Sohn gebar" (Mt 1,25).
Aus Mt 1,18-25 ergibt sich mithin, daß Josef nicht der leibliche Vater Jesu war, daß die Menschwerdung des ewigen Sohnes Gottes vielmehr durch den Heiligen Geist, durch Gottes schöpferische Kraft, gewirkt wurde.

TEXTE AUS DER ÖKUMENE

„Auf der Grundlage des neutestamentlichen Zeugnisses bekräftigt das Nizänum, daß die Inkarnation [d. h. die Menschwerdung] des Gottessohnes durch die Kraft des Heiligen Geistes geschah" (COF 121).

„Der Geist, der ewig vom Vater ausgeht und auf dem Sohn ruht, hat das Christusereignis vorbereitet und verwirklicht. Die Menschwerdung des Gottessohnes, sein Tod und seine Auferstehung wurden ... nach dem Willen des Vaters im Heiligen Geist vollbracht“ (O-RK I/9,6).
Die Schmalkaldischen Artikel betonen, daß der Sohn Gottes „Mensch geworden ist, daß er vom Heiligen Geist ohne männliches Zutun empfangen und von der reinen, heiligen Jungfrau Maria geboren ist“ (AS I,4).
„Durch seinen Geist, das heißt mit der gleichen Macht, durch die er die Welt ins Dasein rief ..., macht Gott einen neuen Anfang mit der Menschheit; in Jesus verbindet er sich mit den Menschen. Darum bekennt die Kirche neben dem Satz ‚wahrhaftiger Mensch‘ mit gleichem Gewicht den anderen ‚wahrhaftiger Gott‘. ‚Empfangen durch den Heiligen Geist‘, sagt das Credo. Jesus stammt nicht nur von ganz unten; er stammt auch von ganz oben“ (EEKat 416).[1]

5.3.2 Geboren von der Jungfrau Maria. Jesus Christus ist Mensch geworden aus Maria, der Jungfrau. Maria ist „Gottesgebärerin“, Gottesmutter

Eine ökumenische Untersuchung lutherischer und katholischer Theologen „Maria im Neuen Testament“ erbrachte folgende gemeinsame Ergebnisse:
Mt 1,18-25 spricht „eindeutig von der jungfräulichen Empfängnis Jesu“.[2]
Mt 1,25 (Josef „erkannte“ Maria nicht, bis sie ihren Sohn gebar) schließt „eindeutig sexuelle Beziehungen zwischen Josef und Maria vor der Geburt [Jesu] aus“.[3]
Lk 1,26-38 bekundet die „Verkündigung einer jungfräulichen Empfängnis“.[4]
Die Stammbäume Mt 1,1-17 und Lk 3,23-38 ergeben keine leibliche Abstammung Jesu von Josef und beabsichtigen dies auch nicht.
Mt 1,1-17 bringt einen Stammbaum von 42 Generationen – jeweils mit dem Schema: A zeugte B. Im letzten Glied geht er auffallenderweise von diesem Schema ab, sagt nicht: „Josef zeugte Jesus“, sondern: „Josef war der Mann Marias, von ihr wurde Jesus geboren“ (1,16). Unmittelbar darauf betont der Evangelist dann ausdrücklich,

---

1 Vgl. auch J. Ratzinger, Einführung in das Christentum, 223.

2 Maria im Neuen Testament, hg. von R. E. Brown u. a., 278.

3 Maria im Neuen Testament, 229.

4 Maria im Neuen Testament, 227.

daß Josef nicht leiblicher Vater Jesu war: Das von Maria erwartete Kind ist „vom Heiligen Geist“ (1,20).
Nach Lk 3,23-38 „hielt man“ Jesus für den Sohn Josefs. Daß er aber nicht von diesem gezeugt, sondern durch Gottes schöpferische Allmacht gewirkt war, ist in Lk 1,35f. ausgeführt.
In den Stammbäumen geht es, wie heute allgemein anerkannt ist, um die Herkunft Josefs aus Davids Geschlecht: „Wegen der Verbindung Marias mit Josef, dem ‚Sohn Davids‘, der das Kind als das seinige aufnimmt, gehört Jesus dem Geschlecht Davids an, und somit sind die messianischen Hoffnungen, die sich mit dem Haus Davids verbinden, erfüllt.“[5] Denn nach jüdischem Recht war nicht die leibliche Abstammung, sondern die rechtliche Anerkennung entscheidend.[6]

TEXTE AUS DER ÖKUMENE

Es „wird gelehrt, daß Gott, der Sohn, Mensch geworden ist aus der reinen Jungfrau Maria“ (CA 3; Kl. Kat II,2; Gr. Kat II,2).
„Die großen Dinge sind nicht anders, denn daß sie Gottes Mutter ist worden, in welchem Werk so viele und große Güter ihr gegeben sind, daß sie niemand begreifen kann. Denn da folget alle Ehre, alle Seligkeit, und daß sie im ganzen menschlichen Geschlecht eine einzigartige Person ist über alle, der niemand (darin) gleich ist, daß sie mit dem himmlischen Vater ein Kind, und ein solches Kind hat ... Darum, in einem Wort, hat man alle ihre Ehre begriffen, so man sie Gottes Mutter nennt; kann niemand Größeres von ihr noch zu ihr sagen, wenn er gleich so viele Zungen hätte, als Laub und Gras, Sterne am Himmel und Sand am Meere ist. Es will auch mit dem Herzen bedacht sein, was das sei, Gottes Mutter sein“ (M. Luther, Magnificat; Erklärung von 1521, zitiert nach EEKat 417).
„Das ist das Wunder der Weihnacht, das Wunder der vaterlosen Erzeugung Jesu Christi ... Der Mann hat mit dieser Geburt nichts zu schaffen ... Zu dem, was hier beginnen soll, soll der Mensch mit seiner Aktion und seiner Initiative nichts beitragen. Der Mensch wird nicht einfach ausgeschlossen: Die Jungfrau ist ja dabei“ (K. Barth, DiG 114).
„Alle Christen stimmen in das vom Konzil von Ephesus (431) bekräftigte Bekenntnis ein, daß Maria ‚Theotokos‘ ist, die Mutter dessen, der durch das schöpferische Werk des Geistes Gottes auch Gott ist“ (COF 122).
„Bei dem ‚Maria, die Mutter des Herrn‘ geht es um etwas, das zwischen katholischer und orthodoxer Kirche – trotz mancherlei unterschiedlicher Akzentuierungen – nicht kontrovers, sondern gemeinsamer Glaube und tiefe Überzeugung beider Kirchen ist, von den Anfängen der Urkirche bis heute.“[7]

---

5 Maria im Neuen Testament, 227.

6 H. Strack / P. Billerbeck, Kommentar zu Mt 1,16.

7 Metropolit Augoustinos von Deutschland: KNA/ÖKI 1986 52/53, 7.

Gelobet seist du, Jesu Christ, daß du Mensch geboren bist
von einer Jungfrau, das ist wahr;
des freuet sich der Engel Schar. Kyrieleis.
Des ewgen Vaters einig Kind jetzt man in der Krippe findt;
in unser armes Fleisch und Blut
verkleidet sich das ewig Gut. Kyrieleis.
Den aller Welt Kreis nie beschloß, der liegt in Marien Schoß;
er ist ein Kindlein worden klein,
der alle Ding erhält allein. Kyrieleis.
(Martin Luther 1524; EG 23, vgl. EKG 15 / GL 130)

5.4 Jesus Christus – Gott und Mensch zugleich in einer Person

- *Jesus Christus ist wirklich Gott*:
  Er ist eines Wesens mit dem Vater, nicht nur eines Sinnes mit ihm.
- *Jesus Christus ist wirklich Mensch:*
  Er hat einen menschlichen Geist, menschliches Erfahrungswissen, einen menschlichen Willen und menschliches Empfinden. Er hat nicht einen Scheinleib angenommen.
- *Gottheit und Menschheit bilden in der Person Jesus Christus ungetrennt eine Einheit.*
  In Jesus Christus besteht nicht eine Verbindung von zwei Personen.
- *Die Menschheit ist nicht in der Gottheit aufgegangen wie ein Tropfen in einem Meer.*
- *Jesus Christus ist uns in allem gleich geworden, aber er war ohne Sünde.*
  Der Hebräerbrief sagt (4,15), daß Jesus „in allem wie wir in Versuchung geführt worden ist, aber nicht gesündigt hat".

Der erste Teil eines Christus-Liedes im Philipperbrief lautet:

„Er war Gott gleich,
hielt aber nicht daran fest, wie Gott zu sein,
sondern er entäußerte sich
und wurde wie ein Sklave und den Menschen gleich.
Sein Leben war das eines Menschen;
er erniedrigte sich und war gehorsam bis zum Tod,
bis zum Tod am Kreuz" (Phil 2,6-8).

TEXTE AUS DER ÖKUMENE

„Wir glauben, daß Jesus von Nazareth wahrer Gott und wahrer Mensch ist" (A-EKD, Meißen 15,2).

„,Ich glaube, daß Jesus Christus wahrhaftiger Gott, vom Vater in Ewigkeit geboren, und auch wahrhaftiger Mensch, von der Jungfrau Maria geboren, sei mein Herr ...' In diesen Worten hat Luther den ganzen Inhalt des zweiten Artikels ausgesprochen" (K. Barth, DiG 101).
Orthodoxe und Katholiken bekennen „im Einklang mit der gesamten frühchristlichen Tradition aller früheren ökumenischen Konzilien, daß in Jesus Christus die göttliche und die menschliche Natur hypostatisch [d. h. in einer Person] vereinigt sind. Dementsprechend bekennt die Kirche auch, daß die heilige Jungfrau Maria nicht nur einen bloßen Menschen, sondern den Gottmenschen Jesus Christus geboren hat und wahrhaft Gottesmutter ist."[8]

5.5 Jesus Christus verkündete in Vollmacht das Evangelium

5.5.1 Jesus lebte zur Zeit des Herodes und des Pontius Pilatus

Jesus wurde etwa im Jahre 7 vor unserer Zeitrechnung geboren.[9]
Jesus war Jude; er sprach aramäisch. Er lebte in Nazareth (Mk 1,9; Lk 2,39). Seine Mutter hieß Maria (Lk 1,27; Mt 1,16), sein gesetzlicher Vater[10] war Josef, von Beruf Zimmermann (Mk 6,3).
Jesus wurde beschnitten (Lk 2,21) und im Tempel dargestellt (Lk 2,22-38). Er war wie Josef Bauhandwerker.
Als Jesus ungefähr 30 Jahre alt war, ließ er sich von Johannes taufen (Mk 1,9ff.; Mt 3,13-17; Lk 3,21f.).
Sein öffentliches Wirken geschah in Galiläa, hernach in Jerusalem.
Hunger, Durst und Müdigkeit – die von ihm berichtet werden – sind Ausdruck seines wirklichen Menschseins (Mk 1,35; 4,38; Mt 4,2), ebenso Regungen von Güte (Mk 2,21), Mitgefühl (Mt 4,14) und Zorn (Mt 21,12ff.).
Jesus wurde von dem römischen Statthalter Pontius Pilatus zum Kreuzestod verurteilt und anschließend hingerichtet.

---

8 Metropolit Augoustinos von Deutschland, KNA-ÖKI 1986, 52/53,7.

9 Dem Mönch Dionysius Exiguus unterlief ein Zeitfehler, als er im 6. Jahrhundert die römische Zeitrechnung auf eine christliche umrechnete.

10 Siehe 5.3.2.

5.5.2 Jesus verkündete das Kommen von Gottes Herrschaft und Reich[11]

5.5.3 Jesus stellte „dem überlieferten Gesetzesverständnis den ursprünglichen Willen Gottes gegenüber" (EEKat 385)

„Ihr habt gehört, daß zu den Alten gesagt worden ist: Du sollst nicht töten; wer aber jemand tötet, soll dem Gericht verfallen sein. *Ich aber sage euch:* Jeder, der seinem Bruder auch nur zürnt, soll dem Gericht verfallen sein . . ." (Mt 5,21f.; ebenso: Mt 5,27-30; 31f.; 33-37; 38-42; 43-48).

TEXTE AUS DER ÖKUMENE

„Durch die Fülle der Einzelbestimmungen stößt Jesus durch zum ursprünglichen Willen Gottes, dem Gebot, Gott und den Nächsten zu lieben. Der Mensch soll sich nicht mehr hinter der korrekten Erfüllung des Gesetzes verschanzen; er soll seinen Blick auf den Menschen richten, der seiner Hilfe bedarf" (EEKat 384; fast gleicher Wortlaut in KEKat 151).

5.5.4 Jesus wußte sich in Vollmacht gesandt

„Er lehrte sie wie einer, der (göttliche) Vollmacht hat, und nicht wie ihre Schriftgelehrten" (Mt 7,29; vgl. Mk 1,27). Besonders an der Sündenvergebung wird dieses deutlich: „Ihr sollt aber erkennen, daß der Menschensohn die Vollmacht hat, hier auf Erden Sünden zu vergeben" (Mk 2,10; Mt 9,6; Lk 5,24).

TEXTE AUS DER ÖKUMENE

„Sünden vergeben kann nur Gott – oder der, der von ihm die Vollmacht hat . . . Er [Jesus] hat die Vollmacht der Sündenvergebung" (EEKat 71).
„Jesus verkündet den Willen des Vaters ‚mit Vollmacht'. Das Bewußtsein Jesu, in der Vollmacht Gottes zu handeln, schimmert durch nicht wenige seiner Worte durch und kommt in seinen Taten zum Ausdruck" (KEKat 150).

5.5.5 Jesus kam, um die in Sünden und Schuld Gefangenen zu befreien, um ihnen Vergebung zu bringen

„Der Menschensohn ist gekommen, um zu suchen und zu retten, was verloren ist" (Lk 19,10). Er wußte sich gesandt, „die Sünder zu berufen" (Mk 2,17; vgl. Mt 19,13; Lk 5,32). Nach seinen Worten „wird im

---

11 Vgl. KiöV, 124-128.

Himmel mehr Freude herrschen über einen einzigen Sünder, der umkehrt, als über neunundneunzig Gerechte, die es nicht nötig haben umzukehren" (Lk 15,1f.7; vgl. Mk 2,16f.).
Die verzeihende Güte zu den in Sünde und Schuld Geratenen wird besonders im sogenannten „Gleichnis vom verlorenen Sohn" deutlich (Text in 4.1.3).

TEXTE AUS DER ÖKUMENE

Jesus ist der „Heiland der Sünder ... Die von den anderen ausgestoßen und gemieden wurden, gerade sie hat Jesus angenommen. Mit den schuldig Gewordenen, auf die man mit dem Finger zeigte, hat er sich an einen Tisch gesetzt" (EEKat 392).
„Charakteristisch für Botschaft und Auftreten Jesu ist seine Kritik an der Selbstgerechtigkeit der Frommen seiner Zeit und seine Zuwendung zu den Sündern" (KEKat 232).

5.5.6 *Jesus hatte Mitleid mit Trauernden, half Menschen in Not, heilte Kranke und liebte die Kinder*

„Als Jesus in Nain in die Nähe des Stadttors kam, trug man gerade einen Toten heraus. Er war der einzige Sohn seiner Mutter, einer Witwe ... Als der Herr die Frau sah, hatte er Mitleid mit ihr und sagte zu ihr: Weine nicht! ... Und Jesus gab ihn seiner Mutter zurück" (Lk 7,12f.15).
„In jenen Tagen waren wieder einmal viele Menschen um Jesus versammelt. Da sie nichts zu essen hatten, rief er seine Jünger zu sich und sagte: Ich habe Mitleid mit diesen Menschen ... Wenn ich sie hungrig nach Hause schicke, werden sie unterwegs zusammenbrechen" (Mk 8,1ff.).
Jesus rettete die Ehebrecherin vor der Steinigung und leitete sie auf den rechten Weg (vgl. Joh 8,3-11).
„Ein Aussätziger kam zu Jesus und bat ihn um Hilfe ... Jesus hatte Mitleid mit ihm; er streckte die Hand aus, berührte ihn und sagte: Ich will es – werde rein!" (Mk 1,40f.). Er heilte viele Kranke (vgl. Lk 4,40; Mt 8,16; 14,36).
„Man brachte Kinder zu ihm, damit er ihnen die Hände auflegte. Die Jünger aber wiesen die Leute schroff ab. Als Jesus das sah, wurde er unwillig und sagte zu ihnen: Laßt die Kinder zu mir kommen" (Mk 10,13f.; vgl. 9,36).

TEXTE AUS DER ÖKUMENE

„Sein Verhalten ist gekennzeichnet durch Liebe, Barmherzigkeit, Treue, Friedfertigkeit, Hingabe, Verzicht, Vergebungsbereitschaft. Das zeigt sich in seinem

Verhalten gegenüber den Kindern, den Frauen, den Kranken sowie überhaupt den gering Geachteten“ (EEKat 392; fast gleicher Wortlaut in KEKat 152).

5.5.7 *Jesus hat Wunder gewirkt, die sein vollmächtiges Wort beglaubigen (EEKat 389)*

„Ein Wunder ist ein unerwartetes, nicht berechenbares Ereignis, in dem der Mensch Gott handeln sieht ... Die Naturwissenschaft beschränkt sich bewußt auf innerweltliche Faktoren, sie sieht daher von der Frage nach Gott ab. Dies ist für ihre Forschung sicher hilfreich, aber dann erfaßt sie nicht die ganze Wirklichkeit. Diese ist tiefer und größer, als daß sie sich in Gesetze einfangen ließe ... Der Glaube an den Gott, der Neues, Unerwartetes schafft, lebt in einem offenen Wirklichkeitsverständnis. Der Glaubende erwartet, daß auch er die Erfahrungen mit Gott machen kann, die sich in den Wundergeschichten niedergeschlagen haben“ (EEKat 391; fast gleicher Wortlaut in KEKat 154f.).
„Heute ist es in der neutestamentlichen Forschung unumstritten, daß Jesus Wunder getan hat“ (EEKat 388; vgl. KEKat 154). In den Wundern „erfüllte sich etwas von der Verheißung der Propheten: ‚Blinde sehen wieder, Lahme gehen, und Aussätzige werden rein; Taube hören, Tote stehen auf, und den Armen wird das Evangelium verkündet‘ (Lk 7,22; vgl. Jes 35,5f.)“ (KEKat 154).

TEXTE AUS DER ÖKUMENE

„Die Wunder Jesu werden oft Zeichen genannt. Sie sollen darauf hinweisen, daß Gott Sieger über Krankheit und Leid, über den Tod und das Böse ist. Jesu Wunder sind ebenso wie seine Worte Verkündigung des anbrechenden Reiches Gottes“ (EEKat 389).
Die Wunder Jesu sind „Zeichentaten, die Gottes Heils- und Rettungswillen verdeutlichen und Anzeichen der hereinbrechenden Gottesherrschaft sein sollen ... Darin soll deutlich werden, daß Gott Sieger über Krankheit und Leid, über den Tod und das Böse ist. In alledem soll auch die Vollmacht Jesu und seine im irdischen Leben verborgene Herrlichkeit aufleuchten“ (KEKat 153).

5.5.8 *Jesus rief in die Nachfolge*

„Als Jesus am See von Galiläa entlangging, sah er zwei Brüder, Simon ... und Andreas ... Da sagte er zu ihnen: Kommt her, folgt mir nach! ... Sofort ließen sie ihre Netze liegen und folgten ihm. Als er weiterging, sah er zwei andere Brüder, Jakobus, den Sohn des Zebedäus, und seinen Bruder Johannes ... Er rief sie, und sogleich ... folgten sie Jesus“ (Mt 4,18-22; Mk 1,16-20; Lk 5,1-11).

„Jesus stieg auf einen Berg und rief die zu sich, die er erwählt hatte, und sie kamen zu ihm. Und er setzte zwölf ein, die er bei sich haben und die er dann aussenden wollte, damit sie predigten und mit seiner Vollmacht Dämonen austrieben“ (Mk 3,13ff.).

TEXTE AUS DER ÖKUMENE

Die Berufung der Jünger ging „ganz von Jesus selbst aus“. Er beanspruchte „seine Jünger ganz und gar. Offenbar wollte er keineswegs nur eine Zusammenarbeit auf Zeit, sondern eine bis zur Offenbarung des Reiches währende Lebens- und Auftragsgemeinschaft.“ Er wählte „aus dem größeren Kreis seiner Jünger gerade zwölf besonders aus ... Die zwölf Jünger sollten das endzeitliche Gottesvolk sammeln (vgl. 10,1-6). Nach dem Alten Testament ... hat Gott mit dem Volk Israel einen ‚Bund‘ geschlossen ... So ist Israel das auserwählte Volk Gottes. Die Propheten klagen Israel später an, es habe den Bund gebrochen; sie kündigen einen neuen Bund an, durch den Gott sich ein neues Volk erwählen werde. An diese Verheißung knüpft Jesus an, wenn er die Zwölf besonders erwählt (Jer 31,31-34)“ (EEKat 392f.; dem entsprechen die Darlegungen in KEKat 258f.).

O Jesu Christe, wahres Licht,
erleuchte, die dich kennen nicht ...
Laß alle, die im Finstern gehn,
die Sonne deiner Gnade sehn;
und wer den Weg verloren hat,
den suche du mit deiner Gnad.
Den Tauben öffne das Gehör,
die Stummen richtig reden lehr,
daß sie bekennen mögen frei,
was ihres Herzens Glaube sei.
(Johann Heermann 1630; EG 72; vgl. EKG 50 / GL 643)

5.6 Jesus Christus – für uns dahingegeben

5.6.1 Er wurde gekreuzigt unter Pontius Pilatus

5.6.1.1 Jesus hat sein Leiden und seinen Tod vorausgesehen und vorausgesagt

„Jesus versammelte die Zwölf um sich und sagte zu ihnen: Wir gehen jetzt nach Jerusalem hinauf; dort wird sich alles erfüllen, was bei den Propheten über den Menschensohn steht: Er wird den Heiden ausgeliefert, wird verspottet, wird mißhandelt und angespuckt werden, und man wird ihn geißeln und töten. Aber am dritten Tag wird er auferstehen“ (Lk 18,31-33; vgl. Mk 8,31; ähnlich 9,31 und 10,33).

Diese Weissagungen „sind schon von den späteren Ereignissen geprägt, sie sind zu kurzen Zusammenfassungen der Passions- und Ostergeschichte ausgestaltet und drücken aus, daß diese Geschehnisse dem Ratschluß Gottes entsprechen. Man wird den Leidensweissagungen aber entnehmen können, daß Jesus die Möglichkeit seines gewaltsamen Endes ins Auge faßte. Angesichts des Ärgernisses, das er erregte, und der Anfeindungen gegen ihn mußte er auch damit rechnen" (EEKat 394).

„Jesus selbst mußte ... bei der wachsenden Feindschaft der maßgebenden Kreise mit seinem gewaltsamen Tod rechnen. Nach den Evangelien hat er seinen Tod vorausgesehen und in drei Leidensweissagungen als von Gott gewollten Heilstod gedeutet" (KEKat 184).

5.6.1.2 Jesus ist gestorben „gemäß der Schrift" (1 Kor 15,3)

Gott sieht in seiner Allwissenheit[12] – vor der Weltschöpfung – den Lauf der Weltgeschichte voraus, auch die Selbst-herrlichkeit und Gottlosigkeit der Menschen.[13] Doch Gottes Heilswille wird durch die Sünde nicht zerstört: Denn alles ist durch Christus *und* auf ihn hin geschaffen (Kol 1,16f.)[14] und so auch auf die Erlösung hin.

– In der Sicht des Neuen Testamentes ist dies bereits in Jes 52,13-53,12 (das vierte Lied vom leidenden Gottesknecht) und Ps 22 vorbedeutet: „Seht, mein Knecht hat Erfolg, er wird groß sein und hoch erhaben. Viele haben sich über ihn entsetzt, so entstellt sah er aus, nicht mehr wie ein Mensch ... Er wurde verachtet ... ein Mann voller Schmerzen ... Aber er hat unsere Krankheit getragen, unsere Schmerzen auf sich geladen. Wir meinten, er sei von Gott geschlagen, von ihm getroffen und gebeugt. Doch er wurde durchbohrt wegen unserer Verbrechen, wegen unserer Sünden zermalmt. Zu unserem Heil lag die Strafe auf ihm, durch seine Wunden sind wir geheilt ... Der Herr fand Gefallen an seinem zerschlagenen (Knecht), er rettete ihn, der sein Leben als Sühneopfer hingab ... Der Plan des Herrn wird durch ihn gelingen" (Jes 52,13-53,12).

Am Kreuz rief Jesus laut: „Mein Gott, mein Gott, warum hast du mich verlassen?" Mit diesen Worten beginnt Psalm 22, in dem der Beter seine Gottverlassenheit ausdrückt, der aber in einen Lobpreis auf Gottes Hilfe mündet (Verse 23f.).[15]

---

12 Vgl. oben 3.4.

13 Vgl. oben 4.4.2.

14 Vgl. oben 5.1.2.

15 In der Einheitsübersetzung trägt der Psalm die Überschrift: Gottverlassenheit und Heilsgewißheit.

– Paulus erklärt: „Wegen unserer Verfehlungen wurde er hingegeben, wegen unserer Gerechtmachung wurde er auferweckt“ (Röm 4,25; vgl. Jes 53,4f.; vgl. auch 1 Kor 15,3).[16]
– In der Leidensgeschichte bezieht sich Markus mehrfach auf das Alte Testament:
„Jesus sagte: Ihr werdet alle (an mir) Anstoß nehmen und zu Fall kommen; denn in der Schrift steht: Ich werde den Hirten erschlagen, dann werde ich die Schafe zerstreuen“ (Mk 14,27; vgl. Sach 13,7).
Ps 22 bildet den Hintergrund für die Aussage: „Dann kreuzigten sie ihn. Sie warfen das Los und verteilten seine Kleider unter sich“ (Mk 15,24; vgl. Ps 22,19). Das gilt auch im Blick auf Mk 15,29: „Die Leute, die vorbeikamen, verhöhnten ihn, schüttelten den Kopf und riefen ... Hilf dir doch selbst“ (Mk 15,29f.; vgl. Ps 22,2).
Zum Verrat und Ende des Judas heißt es im Matthäus-Evangelium: „So erfüllte sich, was durch den Propheten gesagt worden ist“ (Mt 27,9; vgl. Sach 11,12f.).
Zu den Emmausjüngern sagte der Auferstandene: „Wie schwer fällt es euch, alles zu glauben, was die Propheten gesagt haben. Mußte nicht der Messias all das erleiden, um so in seine Herrlichkeit zu gelangen?“ (Lk 24,25f.).

TEXTE AUS DER ÖKUMENE

Im Licht der Auferweckung Jesu durch Gott erkannte die Urkirche „im Weg Jesu durch Leiden und Tod ein göttliches ‚Muß‘ ..., das bereits im Alten Testament vorgezeichnet ist ... Nach einer frühen Deutung teilt Jesus das Los der Propheten, die von Israel abgelehnt und getötet worden waren ... Der alte, von Markus übernommene Passionsbericht schildert Jesus als den von Menschen verfolgten unschuldig leidenden Gerechten; er sieht Jesu Schicksal in dem Leidenspsalm 22 vorgezeichnet“ (KEKat 187f.).
Im Markusevangelium wird das Leiden Jesu „auf dem Hintergrund von Psalm 22 dargestellt ... Das war richtig gewählt, da ein solcher Ansatz a) dem Leiden Jesu besonderes Gewicht gibt (Ps 22,12-18), b) darauf hinweist, daß dies Leiden letztlich um anderer willen geschieht (V. 22-28), c) den endgültigen Sieg nach der Verlassenheit voraussieht (V. 24,31) und d) die Auslegung zuläßt, daß die Leiden von Gott gewollt und ein integraler Bestandteil des göttlichen Heilsplans waren (V. 1-8; 27-31)“ (COF 140).
„Jesus erfüllt die Weissagung, indem er als ein Spottkönig ans Kreuz geht“ (EEKat 408).
„Jesus weiß sich als Erfüller der alttestamentlichen Verheißungen“ (EEKat 184).

---

16 Vgl. 5.6.1.1.

5.6.1.3 Jesus war bereit zum Leiden – im Ja zum Willen des Vaters
„Er sprach: Abba, Vater, alles ist dir möglich. Nimm diesen Kelch von mir! Aber nicht, was ich will, sondern was du willst (soll geschehen)" (Mk 14,36).
„Obwohl er der Sohn war, hat er durch sein Leiden den Gehorsam gelernt" (Hebr 5,8).

TEXTE AUS DER ÖKUMENE

Jesus „ist bereit zum Leiden" (EEKat 394).
Aus der Heiligen Schrift geht hervor, „daß Jesus seinen Tod trotz aller menschlichen Erschütterung ... als Willen seines Vaters angenommen hat ... Auch wenn, ja gerade wenn Jesus bei seinem Gang ins Leiden und in den Tod die verborgenen Gedanken Gottes noch nicht klar enthüllt waren – auch das gehört zu seiner Selbsterniedrigung –, hat er doch auch noch in diesem Dunkel den Willen des Vaters bejaht" (KEKat 185).
„In seinem Leiden und Sterben *für uns* hat Jesus trotz all der Feindseligkeiten und Schmerzen, die er vom Volk und von den Autoritäten erleiden mußte, seinen Liebesauftrag nicht aufgegeben, sondern durchgehalten – die gleiche Liebe, mit deren Kraft er seinen Mitmenschen die bedingungslose Liebe des Vaters zeigte. Jesu Tod ist keine Bedingung in dem Sinne, daß die Liebe des Vaters solche sühnende Hingabe fordert; vielmehr war es von Anfang an die universale rettende Initiative und Absicht Gottes, seinen Sohn in die Welt zu senden und ihn für die Versöhnung der Welt sogar sterben zu lassen" (COF 144).

5.6.1.4 Jesus wurde von Judas verraten, vom Hohen Rat schuldig gesprochen und vom römischen Statthalter Pontius Pilatus zur Kreuzigung ausgeliefert
Verrat durch Judas und Gefangennahme Jesu: „Der Verräter hatte mit ihnen ein Zeichen vereinbart und gesagt: Der, den ich küssen werde, der ist es. Nehmt ihn fest, führt ihn ab, und laßt ihn nicht entkommen. Und als er kam, ging er sogleich auf Jesus zu und sagte: Rabbi! Und er küßte ihn" (Mk 14,44f.)[17]
Das Verhör vor dem Hohen Rat, dem obersten Gericht Israels: „Die Hohenpriester und der ganze Hohe Rat bemühten sich um Zeugenaussagen gegen Jesus, um ihn zum Tode verurteilen zu können, sie fanden aber nichts ... Da wandte sich der Hohepriester nochmals an ihn und fragte: Bist du der Messias, der Sohn des Hochgelobten? Jesus sagte: Ich bin es. Und ihr werdet den Menschensohn zur Rechten der Macht sitzen und mit den Wolken des Himmels kommen sehen. Da zerriß der Hohepriester sein Gewand und rief: Wozu brauchen wir noch Zeugen?

---

[17] Vgl. Mk 14,43-52; Mt 26,47-58; Lk 22,47-53; Joh 18,3-12.

Ihr habt die Gotteslästerung gehört. Was ist eure Meinung? Sie fällten einstimmig das Urteil: Er ist schuldig und muß sterben" (Mk 14,55.61-64).[18]

Die Verhandlung vor Pilatus: „Pilatus fragte die Volksmenge: Wollt ihr, daß ich euch den König der Juden freilasse? Er merkte nämlich, daß die Hohenpriester nur aus Neid Jesus an ihn ausgeliefert hatten. Die Hohenpriester aber wiegelten die Menge auf, lieber die Freilassung des Barabbas zu fordern. Pilatus wandte sich von neuem an sie und fragte: Was soll ich denn mit dem tun, den ihr den König der Juden nennt? Da schrien sie: Kreuzige ihn! Pilatus entgegnete: Was hat er denn für ein Verbrechen begangen? Sie schrien noch lauter: Kreuzige ihn! Darauf ließ Pilatus, um die Menge zufriedenzustellen, Barabbas frei und gab den Befehl, Jesus zu geißeln und zu kreuzigen" (Mk 15,9-15).[19]

Die Kreuzigung: „Dann führten sie Jesus hinaus, um ihn zu kreuzigen. Einen Mann, der gerade vom Felde kam, Simon von Zyrene, den Vater des Alexander und des Rufus, zwangen sie, sein Kreuz zu tragen. Und sie brachten Jesus an einen Ort namens Golgota, das heißt übersetzt: Schädelhöhe. Dort reichten sie ihm Wein, der mit Myrrhe gewürzt war; er aber nahm ihn nicht. Dann kreuzigten sie ihn ... Es war die dritte Stunde, als sie ihn kreuzigten ... In der neunten Stunde rief Jesus mit lauter Stimme ... Mein Gott, mein Gott, warum hast du mich verlassen? ... Jesus schrie laut auf. Dann hauchte er den Geist aus" (Mk 15,20-24.34.37).[20]

TEXTE AUS DER ÖKUMENE

„Während Jesus vom Hohen Rat aus religiösen Gründen verurteilt wurde, ließ ihn Pontius Pilatus als politischen Rebellen hinrichten ... Auf keinen Fall ist das ganze jüdische Volk für die Verwerfung verantwortlich zu machen, und auch die damaligen jüdischen Autoritäten tragen nicht die Alleinschuld. Jüdische und römische Autoritäten haben Jesus gemeinsam zu Fall gebracht" (KEKat 184).

„Wenn Jesus unschuldig verurteilt wurde, dann ist dies ein Justizirrtum. Wenn der Prozeß aber juristisch korrekt gewesen sein sollte, dann hat man also genügend Gründe gefunden, um Jesus selbst als Boten Gottes zur Strecke zu bringen. Wie immer es gewesen sein mag – für den Tod Jesu waren nicht nur jüdische, sondern auch heidnische Menschen verantwortlich. Daher kann man die Schuld am Tode Jesu keineswegs zu einem Argument für den Antisemitismus machen" (EEKat 395).

Zum Verrat durch Judas vgl. KEKat 184.

---

18 Vgl. Mk 14,53-65; Mt 26,57-68; Lk 22,54f.66-71; Joh 18,13-24.

19 Mk 15,1-15; vgl. Mt 27,1f.11-26; Lk 22,66; 23,1-4.17-25; Joh 18,29-19,1.

20 Mk 15,20-32; Mt 27,31-44; Lk 23,26-38; Joh 19,16-27.

5.6.1.5 Die Selbsthingabe Jesu am Kreuz geschah für uns, zu unserem Heil

„Nicht darin besteht die Liebe, daß wir Gott geliebt haben, sondern daß er uns geliebt und seinen Sohn als Sühne für unsere Sünden gesandt hat" (1 Joh 4,10; vgl. Röm 8,32). „Christus hat für euch gelitten ... Er hat unsere Sünden mit seinem Leib auf das Holz des Kreuzes getragen ... Durch seine Wunden seid ihr geheilt" (1 Petr 2,21.24; vgl. 1 Tim 2,4f.).[21]

5.6.1.6 Was die Selbsthingabe Jesu Christi für uns bedeutet, wird in verschiedenen Bildern und Vorstellungen ausgedrückt

– *„Wunderbarer Tausch", Stellvertretung:*

Wegen unserer Sünden hatten wir das Urteil „des ewigen Todes schuldig" verdient; Christus tritt in seiner Liebe an unsere Stelle, und Gott spricht uns frei:

„Gott hat den, der keine Sünde kannte, für uns zur Sünde gemacht, damit wir in ihm Gerechtigkeit Gottes würden" (2 Kor 5,21).

„Er, der reich war, wurde euretwegen arm, um euch durch seine Armut reich zu machen" (2 Kor 8,9).

TEXTE AUS DER ÖKUMENE

„Aus unendlicher Liebe ist Jesus Christus das geworden, was wir sind, um uns vollkommen zu dem zu machen, was er ist" (Irenäus von Lyon, um 200).

„Jesus tritt an die Stelle der Sünder und versetzt diese an seine, des Gerechten, Stelle" (EEKat 419).

–*„Lösegeld"*

„Der Menschensohn ist gekommen ..., um zu dienen und sein Leben hinzugeben als Lösegeld für viele" (Mk 10,45).

„Um einen teuren Preis seid ihr erkauft worden" (1 Kor 7,23).

TEXTE AUS DER ÖKUMENE

„Wie in der Antike Sklaven durch ein Lösegeld freigekauft werden konnten, so hat Jesus die Menschen durch seinen Tod freigekauft vom Gesetz, nach dem der Schuldige den Tod verdient hat" (EEKat 419; vgl. KEKat 189).

–*„Opfer"*

„Christus hat sich selbst kraft des ewigen Geistes Gott als makelloses Opfer dargebracht ... Christus wurde ein einziges Mal geopfert, um die

---

21 Siehe dazu die Aussagen der Heiligen Schrift unten 5.8.1.2 und oben 5.2: Mk 10,45; 1 Kor 15,3; Joh 3,16f.; 1,29; 1 Tim 2,4; Jes 53,1-12.

Sünden vieler hinwegzunehmen" (Hebr 9,14.28). „Seht das Lamm Gottes, das die Sünde der Welt hinwegnimmt" (Joh 1,29).
Man fragt, ob es zur Versöhnung Gottes mit dem Menschen des grausamen Todes am Kreuz bedurfte, ob Gott „rachsüchtig und grausam" ist (KEKat 183). Darauf ist zu sagen: „Gott, die Liebe, steht gegen die Lieblosigkeit der Menschen, und er unterwirft sich ihren Folgen. So zeigt das Kreuz, daß Gott an seiner Liebe zum Menschen trotz dessen Lieblosigkeit festhält" (EEKat 422).
Im Alten Testament drückt das Opfer „den Dank und die Huldigung des Menschen gegenüber Gott aus. Es stiftet Gemeinschaft zwischen Gott und den Opfernden. Die Opfergabe ... meint die Hingabe des ganzen Menschen an Gott. Den Sinn der alttestamentlichen Opfer sieht das Neue Testament ... im Tode Jesu erfüllt ... In Jesu Tod vollendet sich seine Hingabe an Gott. Jesu Tod sühnt die Schuld der Menschen und stiftet somit Gemeinschaft zwischen Mensch und Gott" (EEKat 419).

TEXTE AUS DER ÖKUMENE

„Während in den meisten Religionen die Menschen Gott etwas bringen, um ihn zu versöhnen, ist es im christlichen Glauben gerade umgekehrt: Gott geht von sich aus auf den Menschen zu und versöhnt sich mit ihm ... er teilt unser Leben bis zum Tode ... Die Bewegung des Kreuzes geht in erster Linie von Gott zum Menschen. Wenn das klar ist, dann muß auch von der zweiten Richtung, vom Menschen zu Gott, gesprochen werden ... Gott wartet auf das freie Ja des Menschen, er erzwingt es nicht, denn erzwungene Liebe verdient diesen Namen nicht. Christus ist der Mensch, der sich ganz Gott gibt, ohne Vorbehalt und in vollkommener Freiheit. So ist das Kreuz in einem die Hingabe Gottes an den Menschen und die Hingabe des Menschen an Gott – für uns" (EEKat 422).[22]
„In der Sendung des Sohnes wird die ewige Liebe zu all seinen Geschöpfen in seiner Selbsthingabe bis zum Tod offenbar ... Der Vater nimmt in seiner bedingungslosen Barmherzigkeit den Sünder an, der sich ihm zuwendet, und stellt so die Gemeinschaft mit ihm wieder her" (COF 120; vgl. auch oben 5.6.1.3: COF 144).

5.6.1.7 „Jesus Christus als der Gekreuzigte ist Gottes Kraft und Gottes Weisheit" (1 Kor 1,23f.)

„Wir verkündigen Christus als den Gekreuzigten: für Juden ein empörendes Ärgernis, für Heiden eine Torheit, für die Berufenen aber, Juden wie Griechen, Christus, Gottes Kraft und Gottes Weisheit.

---

22 Vgl. J. Ratzinger, Einführung in das Christentum, 232.

Denn das Törichte an Gott ist weiser als die Menschen, und das Schwache an Gott ist stärker als die Menschen“ (1 Kor 1,23-25). „Das Wort vom Kreuz ist Gottes Kraft“ (1 Kor 1,18).

– Gott „scheitert“ – menschlich gesehen – mit Adam, der Gottes Gebot übertritt, der sein will wie Gott (Gen 3,5). Doch die hoffnungslose Lage der Menschen ist umgriffen von Gottes Liebe. In der Osternacht spricht die Kirche in ihrem Christuslob sogar von der „glücklichen Schuld“: „O wahrhaft heilbringende Sünde Adams, du wurdest uns zum Segen, da Christi Tod dich vernichtet hat. O glückliche Schuld, welch großen Erlöser hast du gefunden!“

– Gott „scheitert“ – menschlich gesehen – mit Israel, das die Zeit der Gnade nicht erkannte (Lk 19,44). Gerade *so* aber kommt es zu einem Neuen Gottesvolk aus vielen Völkern, d. h. zur Kirche.[23]

– Gott „scheitert“ – menschlich gesehen – in Christus am Kreuz. Aber gerade *so* wirkt er in seiner Liebe das Heil.

TEXTE AUS DER ÖKUMENE

„Das Kreuz allein ist unsere Theologie“ (Martin Luther, WA 5,176).
Das Kreuz ist „Zeichen des Sieges über alle Gott und den Menschen feindlichen Mächte und Gewalten, ein Zeichen der Hoffnung“ (KEKat 190f.).

5.6.2 Er hat gelitten und ist begraben worden

„Christus hat für euch gelitten und euch ein Beispiel gegeben. Er wurde geschmäht, schmähte aber nicht; er litt, drohte aber nicht“ (1 Petr 2,21.23).
Vgl. die Leidensgeschichten nach Mk, Mt, Lk, Joh.
Das Begräbnis Jesu: „Da es Rüsttag war, der Tag vor dem Sabbat, und es schon Abend war, ging Josef von Arimathäa, ein vornehmer Ratsherr, der auch auf das Reich Gottes wartete, zu Pilatus und wagte es, um den Leichnam Jesu zu bitten. Pilatus war überrascht, als er hörte, daß Jesus schon tot sei. Als der Hauptmann ihm das bestätigte, überließ er Josef den Leichnam. Josef kaufte ein Leinentuch, nahm Jesus vom Kreuz, wickelte ihn in das Tuch und legte ihn in ein Grab, das in einen Felsen gehauen war. Dann wälzte er einen Stein vor den Eingang des Grabes“ (Mk 15,42-46).[24]

---

23 KiöV, 31-34.

24 Vgl. Mt 27,57-61; Lk 23,50-56; Joh 19,38-42.

„Aus allen Berichten, nicht zuletzt aus Mk 15,42-47, geht hervor, daß die Erzähler jeden Anschein von ‚Scheintod' abwehren möchten. Das Grab ist wohl eine Felsenhöhle mit Bänken und Nischen, die durch einen Stein vor Räubern und Tieren geschützt werden konnte. Das belegte Grab ist die theologische Voraussetzung des leeren Grabes. Nur wenn Jesus wirklich tot und begraben ist, kann die Nachricht von seiner Auferstehung als eine frohe Botschaft verstanden werden. Paulus sieht einen Zusammenhang zwischen unserer Taufe und dem ‚Begrabenwerden' und ‚Auferstehen' Christi" (EEKat 422; vgl. COF 142-161).
„Im Tode Jesu Christi hat Gott sich selbst dazu erniedrigt und hergegeben, sein Recht gegenüber dem sündigen Menschen in der Weise zu vollstrecken, daß er an seine Stelle tritt und also den Fluch, der ihn trifft, die Strafe, die er verdient, die Vergangenheit, der er entgegeneilt, die Verlassenheit, der er verfallen ist, ein für allemal auf sich und von ihm wegnimmt" (K. Barth, DiG 132).

Ich danke dir von Herzen, o Jesu, liebster Freund,
für deines Todes Schmerzen, da du's so gut gemeint.
Ach gib, daß ich mich halte zu dir und deiner Treu
und, wenn ich einst erkalte, in dir mein Ende sei.
(Aus: O Haupt voll Blut und Wunden; Paul Gerhardt 1656; EG 85,8; vgl. EKG 63,8 / GL 179,5)

5.7 Jesus Christus – auferstanden und verherrlicht

5.7.1 Jesus ist auferstanden am dritten Tag gemäß der Schrift

Im Neuen Testament findet sich – neben „auferstanden" – auch die Formulierung „auferweckt am dritten Tag": Damit soll Gottes geheimnishaftes Handeln umschrieben werden, das über alles Begreifen geht und unsere Vorstellungskraft übersteigt. (Vgl. EEKat 400; KEKat 199).
Der Glaube an den Auferstandenen wird ausgedrückt in
Bekenntnisformeln:
„Christus ist für unsere Sünden gestorben, gemäß der Schrift, und ist begraben worden. Er ist am dritten Tage auferweckt worden, gemäß der Schrift, und erschien dem Kephas, dann den Zwölf" (1 Kor 15,3-5).
„Der Herr ist wirklich auferstanden und dem Simon erschienen" (Lk 24,34).
„Jesus Christus, der dem Geist der Herrlichkeit nach eingesetzt ist als Sohn Gottes in Macht seit der Auferstehung von den Toten" (Röm 1,4; vgl. Phil 2,6-11; 1 Tim 3,16).
Ostererzählungen:
Die Botschaft des Engels (bzw. der Engel) im leeren Grab: Mk 16,1-8; Lk 24,1-12.

Die Erscheinungen des Auferstandenen am See: Joh 21,1-14.
Erscheinungen des Auferstandenen in Jerusalem: Lk 24,36-53.
Begegnung mit dem Auferstandenen auf dem Weg nach Emmaus: Lk 24,13-35.
Weitere Erscheinungen:
1 Kor 15,5.8-10; Gal 1,16.

TEXTE AUS DER ÖKUMENE

Der Glaube an Jesus Christus, den Auferstandenen, findet sich in den altkirchlichen Bekenntnissen, in CA 3, im Kleinen Katechismus Martin Luthers, 2. Art., im Heidelberger Katechismus, Fr. 45; in Artikel 4 der 39 Artikel der Kirche von England.
Das leere Grab ist „nicht der Grund des Osterglaubens, wohl aber ein hinweisendes und bestätigendes Zeichen für die Osterbotschaft. Nur in Verbindung mit den Selbstoffenbarungen des Auferstandenen wird das leere Grab zum sprechenden Zeugnis dafür, daß der Gekreuzigte auferweckt“ ist (KEKat 202).
„Es ist grundlegend für den christlichen Glauben und die christliche Gemeinschaft, daß Jesus von den Toten auferstanden ist (1 Kor 15,4.13f.18f.). In den Evangelien wird diese Botschaft in den Osterberichten entfaltet. Das Geschehen als solches wird niemals beschrieben, sondern eher die Anzeichen dafür: der weggerollte Stein, das leere Grab (Mt 28,1-8; Lk 24,1-6; Joh 20,1-2)“ (COF 167).
„Paulus hat nicht ‚an das leere Grab‘ oder ‚an das Leersein des Grabes‘ geglaubt – wie macht man das eigentlich? –, aber er hat an Jesus Christus geglaubt, den Gott aus dem Grabe erweckte. Der Satz ‚er wurde begraben‘ gehört der alten Bekenntnisformel an ... Paulus *weiß* als Glaubender um das Grab Jesu.“[25]
Die „Auferstehung Jesu Christi von den Toten ist eine Tatsache, im Raum und in der Zeit geschehen“ (K. Barth, DiG 26).

5.7.1.1 Die Auferstehung Jesu Christi bestätigt seinen Anspruch, daß er der Erlöser aller ist

„Wenn ... Christus nicht auferweckt worden ist, dann ist euer Glaube nutzlos, und ihr seid immer noch in euren Sünden ... Nun aber ist Christus von den Toten auferweckt worden als der Erste unter den Entschlafenen“ (1 Kor 15,17.20). „Jesus Christus erniedrigte sich und war gehorsam bis zum Tod am Kreuz. Darum hat ihn Gott über alle erhöht“ (Phil 2,8f.).

TEXTE AUS DER ÖKUMENE

„Christen glauben und bekennen, daß Jesus nicht in der Gewalt des Todes blieb,

---

25 G. Gloege, Aller Tage Tag, 271.

sondern von den Toten auferweckt wurde. Sie glauben, daß die Auferstehung das entscheidende Ereignis ist, ohne das ‚unsere Predigt vergeblich ist und auch unser Glaube vergeblich ist (1 Kor 15,13-14)'“ (COF 176).
„Die Auferstehung ist ... das Ja Gottes zum Kreuz“ (EEKat 425).
„Kreuz und Auferstehung gehören nach dem ganzen Neuen Testament aufs engste zusammen, sie bilden zusammen das Ereignis, durch das die Menschheit mit Gott versöhnt ward“ (EEKat 425f.).
„Die Auferweckung Jesu ist ... das Fundament und zusammen mit der Botschaft vom Kreuz das Zentrum des christlichen Glaubens“ (KEKat 197).
Durch die Auferweckung hat Gott „die Botschaft Jesu vom Kommen der Herrschaft Gottes ... und den Anspruch Jesu bestätigt“ (KEKat 205.208).

5.7.1.2 Die Auferstehung Jesu begründet unsere Hoffnung auf die Auferstehung zum ewigen Leben

„Wenn wir ihm gleich geworden sind in seinem Tod, dann werden wir mit ihm auch in seiner Auferstehung vereinigt sein“ (Röm 6,5).
„Von denen, die im Land des Staubes schlafen, werden viele erwachen, die einen zum ewigen Leben, die anderen zur Schmach, zum ewigen Abscheu“ (Dan 12,2; vgl. 2 Makk 7,9.11.14.22-23.29).

TEXTE AUS DER ÖKUMENE

Die Auferstehung Jesu Christi „ist kein isoliertes Ereignis, sondern der *Beginn der allgemeinen Totenauferstehung*. Christus ist der ‚Erstling unter denen, die entschlafen sind' (1 Kor 15,20). Ist er auferstanden – so argumentiert Paulus –, dann haben auch wir die Hoffnung auf ein neues, unvergängliches Leben“ (EEKat 426).
In späteren Schriften des Alten Testaments findet sich die „Erwartung der Auferweckung der Toten am Ende der Zeit (Dan 12,1-2; 2 Makk 7,9.11.14.22-23.29). Wenn deshalb das Neue Testament die ... Aussage macht, Gott habe Jesus schon jetzt von den Toten auferweckt, dann sagt es damit: *Die Endzeit ist angebrochen*“ (KEKat 205).
„Die Auferstehung Jesu Christi weckt auch Hoffnung in uns – Hoffnung für das Leben auf Erden wie für das Leben jenseits des Todes; denn sie verweist auf das Reich Gottes, das die Möglichkeit einer neuen Zukunft für die Menschheit als ganze sowie für jeden einzelnen Menschen schenkt. Im Lichte der Auferstehung brauchen Christen nicht zu kapitulieren vor scheinbaren Sackgassen oder hoffnungslosen Situationen, weil der Gott der Auferstehung in Christus gegenwärtig ist, um eine neue Möglichkeit anzubieten, die Leben aus dem Tod hervorbringt. Diese Hoffnung vertreibt die Angst vor dem Tod und allen bösen Mächten“ (COF 178).

5.7.2 Jesus Christus ist aufgefahren in den Himmel

5.7.2.1 Er ist in der Herrlichkeit Gottes

„Dann führte er sie hinaus in die Nähe von Betanien. Dort erhob er seine Hände und segnete sie. Und während er sie segnete, verließ er sie und wurde zum Himmel emporgehoben" (Lk 24,50-51; vgl. Apg 1,9-10; Mk 16,19).

TEXTE AUS DER ÖKUMENE

„Himmel" ist „die raum- und zeitübersteigende Welt Gottes" (KEKat 210). „Himmel" ist „nicht als ein geographischer Ort mißzuverstehen; er ist vielmehr der Bereich, in dem Gott herrscht. ‚Aufgefahren in den Himmel' drückt aus, daß der Auferstandene bei Gott ist und an seiner Weise, zu herrschen und allgegenwärtig zu sein, teilnimmt" (EEKat 428).

„Nach der im neutestamentlichen Zeugnis vorherrschenden Linie können Auferstehung und Himmelfahrt als verschiedene Aspekte der einen Wirklichkeit der Erhöhung des Herrn betrachtet werden. Der erhöhte Herr ging zum Vater, um an seiner Herrlichkeit teilzuhaben und um uns heute Raum zu geben in seiner Gemeinschaft mit dem Vater" (COF 179).

5.7.2.2 Er ist uns in neuer Weise nahe

„Seid gewiß: Ich bin bei euch alle Tage bis zum Ende der Welt" (Mt 28,20).

„Gott hat Christus auf den Platz zu seiner Rechten erhoben . . . Alles hat er ihm zu Füßen gelegt und ihn, der als Haupt alles überragt, über die Kirche gesetzt. Sie ist sein Leib und wird von ihm erfüllt" (Eph 1,20.22f.).

TEXTE AUS DER ÖKUMENE

„Mit der Himmelfahrt nun hat eine neue Zeit begonnen, die Zeit der Kirche. In ihr ist der zu Gott Heimgekehrte den Seinen auf eine neue Weise nahe, indem er ihnen vom Vater her den Heiligen Geist sendet (vgl. Apg 2,4-5) und sie durch ihn mit der Kraft ausrüstet, sein Werk auf Erden weiterzuführen" (KEKat 210f.).

Jesus Christus ist uns nahe „in der Kraft des Heiligen Geistes, in der Gemeinschaft der Kirche, in der frohmachenden Botschaft des Evangeliums, in den sichtbaren Zeichen der Sakramente" (EEKat 428; ähnlich K. Barth, DiG 144).

5.7.3 Jesus Christus sitzt zur Rechten des Vaters

Gemeint ist, „daß Jesus Anteil erhalten hat an der Herrlichkeit, Herrschaft, Macht und Göttlichkeit Gottes" (KEKat 209).

Beim Verhör vor den Hohenpriestern erklärt Jesus: „Von nun an werdet

ihr den Menschensohn zur Rechten der Macht sitzen und auf den Wolken des Himmels kommen sehen“ (Mt 26,64).
Der Auferstandene sagte: „Mir ist alle Macht gegeben im Himmel und auf der Erde“ (Mt 28,18).
Stephanus, „erfüllt vom Heiligen Geist, blickte zum Himmel empor, sah die Herrlichkeit Gottes und Jesus zur Rechten Gottes stehen und rief: Ich sehe den Himmel offen und den Menschensohn zur Rechten Gottes stehen“ (Apg 7,55f.).
Gott hat Jesus Christus „über alle erhöht und ihm den Namen verliehen, der größer ist als alle Namen, damit alle im Himmel, auf der Erde und unter der Erde ihre Knie beugen vor dem Namen Jesu und jeder Mund bekennt: ‚Jesus Christus ist der Herr‘ – zur Ehre Gottes, des Vaters“ (Phil 2,9-11).
Mehrfach wird im Neuen Testament auf Psalm 110,1 Bezug genommen: „So spricht der Herr zu meinem Herrn: Setze dich mir zur Rechten“ (Ps 110,1).

TEXTE AUS DER ÖKUMENE

Jesus Christus „hat Macht über die Gegenwart, er ist der Herr über das Heute. Er herrscht über die Mächte, unter denen der einzelne leidet. Er übt seine Macht nicht durch Gewalt aus, sondern durch eine Liebe, die Menschen befreit und in Dienst nimmt (vgl. Eph 1,20-23)“ (EEKat 429).
„Bei der Auferstehung und Himmelfahrt wird Christus durch den Vater erhöht. Wegen seines Gehorsams wurde er vom Vater bestätigt als eins mit ihm an Ehre und Würde und erhält den Titel Herr, den Titel, mit dem Gott in der Schrift bezeugt wird (Phil 2,10) ... Aufgrund seines Gehorsams ist er jetzt für immer mit der Herrschaft Gottes des Vaters verbunden ... Wenn wir Christus als Herrn bekennen, der zur Rechten des Vaters sitzt, dann bekennen wir unseren Glauben, daß Gott trotz menschlicher Sünde und all ihrer schmerzlichen Folgen über die Kräfte des Bösen und über den Tod selbst gesiegt hat und siegen wird. Bereits jetzt sind alle Mächte und Herren dieser Welt seiner Herrschaft untertan (vgl. Mt 20,20ff.; Lk 22,24ff.) ... Wir bekennen auch, daß Christus, genau wie er sich während seines irdischen Lebens für die Welt hingab und seine Jünger im Gebet in ihrem Namen begleitete, auch heute weiterhin fürbittend für uns eintritt“ (COF 180.181.182).

Er ist das Haupt der Christenheit,
regiert sein Volk in Ewigkeit.
Er triumphiert, lobsinget ihm,
lobsinget ihm mit lauter Stimm!
(Aus: Ihr Christen, hoch erfreuet euch; Johann Samuel Diterich 1765; GL 229,5)

5.8 Jesus Christus – Erlöser aller Menschen (Christus allein) Rechtfertigung allein durch Gnade, allein durch Glauben

5.8.1 Jesus Christus ist der einzige Mittler („solus Christus")

„In keinem anderen ist das Heil zu finden. Denn es ist uns Menschen kein anderer Name unter dem Himmel gegeben, durch den wir gerettet werden sollen" (Apg 4,12).
Entsprechend dem Johannesevangelium sagt Jesus: „Ich bin der Weg und die Wahrheit und das Leben. Niemand kommt zum Vater außer durch mich" (Joh 14,6; vgl. Joh 3,16; 1 Tim 2,5f.).

TEXTE AUS DER ÖKUMENE

„Ein einziger ist unser Mittler nach dem Wort des Apostels: ‚Es gibt nämlich nur einen Gott und nur einen Mittler Gottes und der Menschen, den Menschen Christus Jesus, der sich selbst als Erlösung für alle gegeben hat' (1 Tim 2,5-6)" (LG 60; auch 14).
„Jesus Christus allein ist das Heil aller Menschen" (KEKat 238).
Lutherische Lehre ist, „daß unsere Werke uns nicht mit Gott versöhnen und uns nicht Gnade erwerben können, sondern das geschieht allein durch den Glauben – wenn man nämlich glaubt, daß uns um Christi willen die Sünden vergeben werden, der allein der Mittler ist, um den Vater zu versöhnen" (CA 20; siehe auch AS II,1 und K. Barth, DiG 124: oben 4.4.4).
Wir „sind gemeinsam der Überzeugung, daß wir das Heil ausschließlich der ein für allemal geschehenen Heilstat Gottes in Jesus Christus, wie sie im Evangelium bezeugt wird, verdanken. In Christi Tod am Kreuz und seiner Auferwekkung gipfelt das Heilswirken Gottes zur Erlösung der ganzen Welt. Durch seinen Tod opferte sich Christus in Gehorsam gegenüber dem Vater ein für allemal für die Sünden der Welt (Hebr 9,9.26-28; 10,11f.). Jesus Christus ist der einzige Mittler zwischen Gott und den Menschen (1 Tim 2,5). So ist durch Jesus Christus ‚die Welt mit dem Vater in der Gemeinschaft des Heiligen Geistes versöhnt'" (L-RK 5,6; auch 1,48).

> O Lamm Gottes unschuldig, am Stamm des Kreuzes geschlachtet,
> allzeit erfunden geduldig, wiewohl du warest verachtet,
> all Sünd hast du getragen, sonst müßten wir verzagen.
> Erbarm dich unser, o Jesu.
> (Nikolaus Decius 1522; EG 190,1; vgl. EKG 55 / GL 470)

5.8.1.1 Durch seine Selbsthingabe am Kreuz hat Jesus Christus die Schuld der Menschen gesühnt und Versöhnung mit Gott gebracht
In Jesus Christus hat sich erfüllt, was in Jes 53,1-12 über den Gottesknecht gesagt wird, u. a.: „Er hat unsere Krankheiten getragen und

unsere Schmerzen auf sich geladen ... Zu unserem Heil lag die Strafe auf ihm, durch seine Wunden sind wir geheilt" (vgl. 1 Petr 2,24).
„Der Menschensohn ist gekommen, ... um zu dienen und sein Leben hinzugeben als Lösegeld für viele" (Mt 20,28; Mk 10,45).
Jesus ist „das Lamm Gottes, das die Sünde der Welt hinwegnimmt" (Joh 1,29).
„Er hat sich selbst kraft ewigen Geistes Gott als makelloses Opfer dargebracht, unser Gewissen von toten Werken zu reinigen, damit wir dem lebendigen Gott dienen" (Hebr 9,14).
„Da wir mit Gott versöhnt wurden durch den Tod seines Sohnes, ... werden wir erst recht, nachdem wir versöhnt sind, gerettet werden durch sein Leben" (Röm 5,10).

TEXTE AUS DER ÖKUMENE

„Stellvertretend für die, die sich von Gott abgewendet haben, nimmt er [Jesus Christus], der in völliger Einheit mit Gott lebt, den Tod in der Gottverlassenheit auf sich" (EEKat 420).
Jesus Christus „ist der Mensch für die anderen, der am Ende im Gehorsam gegen den Vater sein Leben ... für alle dahingibt (Mk 10,45)" (KEKat 156f.).
„Christus, der menschgewordene, gestorbene und auferstandene Sohn Gottes, ist der einzige, der die Sünde und den Tod besiegt hat" (O-RK I/6,1; K. Barth, DiG 124: oben 4.4.4)).

> Wie wunderbarlich ist doch diese Strafe!
> Der gute Hirte leidet für die Schafe,
> die Schuld bezahlt der Herre, der Gerechte,
> für seine Knechte.
> (Aus: Herzliebster Jesu; Johann Heermann 1630; EG 81,4; vgl. EKG 60,4 / GL 180,4)

5.8.1.2 Es gibt keine Vorherbestimmung zum ewigen Verderben. Gott will das Heil aller Menschen

Das wird im Alten und Neuen Testament bezeugt: „So wahr ich lebe – Spruch Gottes, des Herrn –, ich habe kein Gefallen am Tod des Schuldigen, sondern daran, daß er auf seinem Weg umkehrt und am Leben bleibt" (Ez 33,11).
„Gott will, daß alle Menschen gerettet werden" (1 Tim 2,4).

TEXTE AUS DER ÖKUMENE

„Gottes Heilswille ist universal" (KEKat 227).
„Wir sollen und dürfen uns an die deutliche Zusage Gottes halten, der will, daß ‚allen Menschen geholfen werde und sie zur Erkenntnis der Wahrheit gelangen' (1 Tim 2,4)" (EEKat 215).
„Die Lehre von der Prädestination [Vorherbestimmung] hat lange Zeit tren-

nend zwischen den reformierten und lutherischen Christen gestanden. Während die Reformierten lehrten, Gott habe einen Teil der Menschen zum Heil, den anderen Teil zur Verdammnis vorherbestimmt, vertraten die Lutheraner die Auffassung, daß sich das Evangelium an alle Menschen wende und ihnen allen das Heil anbiete." In der Leuenberger Konkordie (1973) wurde der Gegensatz behoben und gemeinsam formuliert: „Im Evangelium wird die bedingungslose Annahme des sündigen Menschen durch Gott verheißen ... Der Glaube macht zwar die Erfahrung, daß die Heilsbotschaft nicht von allen angenommen wird, er achtet jedoch das Geheimnis von Gottes Wirken. Er bezeugt zugleich den Ernst menschlicher Entscheidung wie die Realität des universalen Heilswillens Gottes. Das Christuszeugnis der Heiligen Schrift verwehrt uns, einen ewigen Ratschluß Gottes zur definitiven (= endgültigen) Verwerfung gewisser Personen oder eines Volkes anzunehmen (Art. 24f.)" (EEKat 215; vgl. K. Barth, DiG 138).

Gott, du willst, daß alle Menschen gerettet werden
und zur Erkenntnis der Wahrheit kommen.
Sende Arbeiter in deine Ernte,
damit sie der ganzen Schöpfung das Evangelium verkünden.
(Aus der Liturgie: Für die Ausbreitung des Evangeliums)

5.8.2 Erlösung und Heil werden den Menschen gnadenhaft zuteil durch Glauben (Rechtfertigung „sola gratia", „sola fide")

5.8.2.1 Alle Menschen sind Sünder und bedürfen der Erlösung. Sie sind unfähig zur Selbsterlösung[26]

Alle stehen „unter der Herrschaft der Sünde" (Röm 3,9).
„Durch Werke des Gesetzes wird niemand vor ihm [Gott] gerecht werden" (Röm 3,20).

TEXTE AUS DER ÖKUMENE

Entsprechend der Heiligen Schrift lehrt die katholische Kirche, daß „alle Menschen Sünder sind" (KEKat 233). Sie betont „die absolute Unmöglichkeit der Selbsterlösung des Menschen und die absolute Notwendigkeit der Erlösung durch Jesus Christus" (KEKat 237).
Auch Maria gehörte zu den „erlösungsbedürftigen Menschen in der Nachfolge Adams" (LG 53).
„Jeder ist auf sich selbst bezogen, jeder ist Übertreter des Gesetzes ... Das Gesetz führt nicht zum Heil, es macht nicht gerecht, es deckt im Gegenteil die Ungerechtigkeit und Schuld aller auf" (EEKat 440f.).

---

26 Siehe oben 4.4: Der Mensch als Sünder, und 5.2: Jesus Christus ist Mensch geworden für uns Menschen und zu unserem Heil.

„Die Menschen können vor Gott nicht gerechtfertigt werden durch eigene Kräfte, Verdienste oder Werke“ (CA 4).

Aus der Tiefe rufe ich, Herr, zu dir:
Herr, höre meine Stimme!
Wende dein Ohr mir zu, achte auf mein lautes Flehen!
Würdest du, Herr, unsere Sünden beachten,
Herr, wer könnte bestehen?
Doch bei dir ist Vergebung, damit man in Ehrfurcht dir dient.
(Ps 130,1-4)

5.8.2.2 „Gerechtigkeit Gottes“ in Röm 3,26 bedeutet: Gott ist gerecht und macht gerecht

„Denn im Evangelium wird die Gerechtigkeit Gottes offenbart aus Glauben zum Glauben, wie es in der Schrift heißt: Der aus Glauben Gerechte wird leben“ (Röm 1,17).

„Jetzt aber ist unabhängig vom Gesetz die Gerechtigkeit Gottes offenbart worden, bezeugt vom Gesetz und den Propheten, die Gerechtigkeit Gottes aus dem Glauben an Jesus Christus, offenbart für alle, die glauben ... Gott erweist seine Gerechtigkeit durch die Vergebung der Sünden ... er erweist seine Gerechtigkeit in der gegenwärtigen Zeit, um zu zeigen, daß er gerecht ist und den gerecht macht, der an Jesus glaubt“ (Röm 3,21f.26).

TEXTE AUS DER ÖKUMENE

„Gottes Gerechtigkeit und Liebe sind kein Gegensatz. Denn die Liebe Gottes bedeutet, daß Gott jeden Menschen unbedingt annimmt ... Im biblischen Sinn meint die Gerechtigkeit Gottes sogar die gnädige Zuwendung Gottes zum Menschen, durch die der sündige Mensch erst gerecht wird. Gottes Gerechtigkeit ist also eine schöpferische und schenkende Gerechtigkeit, die sich aus reiner Liebe des Sünders erbarmt“ (KEKat 71; vgl. 233).

Martin Luther verstand unter der „Gerechtigkeit Gottes“, die im Evangelium geoffenbart wird (Röm 1,17), zunächst die „strafende Gerechtigkeit“ und geriet darüber in schreckliche Angst. „Er haßte den ‚gerechten‘ Gott. Da wurde ihm beim Lesen des Römerbriefes ... plötzlich klar, was ‚Gottes Gerechtigkeit‘ meint: nicht die den Menschen nach seinen Taten beurteilende und ihn folglich strafende Gerechtigkeit, sondern die Gerechtigkeit, die Gott in seiner Güte dem Menschen schenkt und durch die er ihn annimmt“ (EEKat 948; vgl. Martin Luther, WA 54, 179-187).

Wir danken dir, Herr Jesu Christ,
daß du für uns gestorben bist
und hast uns durch dein teures Blut
gemacht vor Gott gerecht und gut.
(Christoph Fischer vor 1568; EG 79; vgl. EKG 59 / GL 178)

5.8.2.3 Das Heil wird dem Menschen geschenkt: Die Rechtfertigung erfolgt „allein durch Gnade" („sola gratia")

Es ist irrig zu meinen, man könne sein Heil durch Werke verdienen. „Alle haben gesündigt und die Herrlichkeit Gottes verloren. Ohne es verdient zu haben, werden sie gerecht, dank seiner Gnade" (Röm 3,23f.).

TEXTE AUS DER ÖKUMENE

„Wir werden ‚ohne Verdienst' gerechtfertigt: So heißt es deshalb, weil nichts von dem, was der Rechtfertigung vorausgeht, weder Glaube noch Werke, die Gnade der Rechtfertigung verdient. Denn wenn sie Gnade ist, dann ist sie nicht aus Werken, sonst wäre die Gnade, wie der Apostel sagt, eben nicht Gnade (Röm 11,6)" (Trient DS 1532, vgl. EEKat 452).
„Die liebevolle Zuwendung Gottes zum Menschen, die durch Christus geschieht, nennt Paulus Gnade" (EEKat 441).
„Christliche Existenz ist ganz und gar verdankte Existenz ... In diesem Punkt besteht volle Übereinstimmung mit den Reformatoren. Gemeinsam beten wir in dem bekannten Heilig-Geist-Hymnus ‚Veni Sancte Spiritus' (um 1200): ‚Ohne dein lebendig Wehn kann im Menschen nichts bestehn, kann nichts heil sein noch gesund' (GL 244; zit. CA 20)" (KEKat 238).
„Wir sind gratis, sola gratia, durch Gottes eigenes Eintreten für uns, freigesprochen" (K. Barth, DiG 139).

Allmächtiger, ewiger Gott,
durch den Tod und die Auferstehung deines Sohnes
hast du uns das neue Leben geschenkt.
Bewahre in uns, was deine Barmherzigkeit gewirkt hat ...
Darum bitten wir durch Christus, unseren Herrn.
(Liturgie vom Karfreitag, Schlußgebet)

5.8.2.4 Rechtfertigung ist Gerechtsprechung, Freispruch durch Gott. Sie bewirkt im Menschen Gerechtmachung, Erneuerung, Heiligung[27]

„Dem, der keine Werke tut, sondern an den glaubt, der den Gottlosen gerecht macht, dem wird sein Glaube als Gerechtigkeit angerechnet. Auch David preist den Menschen selig, dem Gott Gerechtigkeit unabhängig von Werken anrechnet" (Röm 4,5f.).
„Als aber die Güte und Menschenliebe Gottes, unseres Retters, erschien, hat er uns gerettet ... aufgrund seines Erbarmens – durch das Bad der Wiedergeburt und der Erneuerung im Heiligen Geist" (Tit 3,5).
„Ihr seid reingewaschen, seid geheiligt, seid gerecht geworden im Namen Jesu Christi" (1 Kor 6,11).

---

[27] Vgl. unten 8: Die eine Taufe zur Vergebung der Sünden.

TEXTE AUS DER ÖKUMENE

„In den Schmalkaldischen Artikeln lehrt Luther, daß die Rechtfertigung eine Erneuerung des Menschen einschließt. Er sagt, daß ‚. . . wir durch den Glauben (wie S. Petrus sagt: Apg 15,9) ein ander, neu, rein Herz kriegen und daß Gott um Christi willen, unsers Mittlers, uns für ganz gerecht und heilig halten will und hält'" (EEKat 452).

„Das Wesen der Rechtfertigung wird im Neuen Testament als Wiedergeburt, neue Schöpfung, Erneuerung und Heiligung, als Versetzung aus dem Zustand des Todes in den des Lebens (vgl. 1 Joh 3,14) ... beschrieben ... Die Rechtfertigung durch Gott bewirkt also eine wirkliche und wesenhafte Umwandlung des Menschen. Sie erklärt ihn nicht nur gerecht, sondern macht, daß er gerecht ist" (KEKat 239f.).

Die Gerechtsprechung ist „als solche ohne Vorbehalt Gerechtmachung zu nennen" (K. Barth, KD IV/1,101).

> Gütiger Gott, du hast uns durch deinen Sohn erlöst und als deine geliebten Kinder angenommen.
> (23. Sonntag im Jahreskreis)

5.8.2.5 Der Mensch wird gerechtfertigt allein durch den Glauben („sola fide")

Glaube ist Geschenk Gottes, Gnade: siehe oben 2.2.1.

Glaube ist – in und kraft der Gnade – personale Hingabe an den dreieinigen Gott: siehe oben 2.2.2.

„Denn wir sind der Überzeugung, daß der Mensch gerecht wird durch den Glauben, unabhängig von Werken des Gesetzes" (Röm 3,28).[28]

TEXTE AUS DER ÖKUMENE

Thomas von Aquin (1225-1274) schreibt, die Rechtfertigung werde zuteil „allein durch Glauben; wir halten dafür, daß der Mensch durch Glauben ohne Werke des Gesetzes gerechtfertigt wird" (Thomas von Aquin, zu 1 Tim 1,8).[29]

„Der Glaube ist Gabe des Heiligen Geistes. Durch den Glauben gewährt Gott das Heil" (O-RK I/7,7).

Empfangen kann die Rechtfertigung nur, „wer das, was Gott in Christus getan hat, annimmt und sich darauf verläßt, das heißt, wer glaubt. Glauben ist keine fromme Leistung, es ist gerade der Verzicht darauf. Glaube ist reine Empfangshaltung" (EEKat 441).

Die Confessio Augustana betont, „daß wir Vergebung der Sünde und Gerechtigkeit vor Gott nicht durch unser Verdienst, Werk und Genugtuung erlangen

---

28 Im Urtext des Römerbriefs fehlt an dieser Stelle das „allein"; der Sache nach aber kann gesagt werden: „allein durch den Glauben" – wie auch von zahlreichen evangelischen und katholischen Erklärern betont wird. Vgl. K. Barth, KD IV/1,695; H. Küng, Rechtfertigung, 243ff.

29 O. H. Pesch, Theologie der Rechtfertigung bei Martin Luther und Thomas von Aquin.

können, sondern daß wir Vergebung der Sünde bekommen und vor Gott gerecht werden aus Gnade um Christi willen durch den Glauben, (nämlich) wenn wir glauben, daß Christus für uns gelitten hat und daß uns um seinetwillen die Sünde vergeben, Gerechtigkeit und ewiges Leben geschenkt wird" (CA 4).
„Die Rechtfertigung des Menschen ist nur im Glauben möglich ... Christliche Existenz ist also Existenz im Glauben und aus dem Glauben" (KEKat 240f.).

Herr, erbarm, erbarme dich. Laß uns deine Güte schauen;
deine Treue zeige sich, wie wir fest auf dich vertrauen.
Auf dich hoffen wir allein: Laß uns nicht verloren sein.
(Aus: Großer Gott, wir loben dich; Ignaz Franz 1771; nach dem „Tedeum";
EG 331,11 / GL 257,11)

5.8.2.6 Der Gerechtfertigte muß täglich um Vergebung seiner Schuld bitten. Er ist „gerecht und Sünder" zugleich.
Der Zöllner betet glaubend: „Gott, sei mir Sünder gnädig!" und darf der Vergebung gewiß sein – „er kehrte als Gerechter zurück" (Lk 18,13f.).
Christen beten: „Vater, vergib uns unsere Schuld" (Mt 6,12).
„Wenn wir sagen, daß wir keine Sünde haben, führen wir uns selbst in die Irre, und die Wahrheit ist nicht in uns" (1 Joh 1,8).

TEXTE AUS DER ÖKUMENE

„Zugleich heilig und stets der Reinigung bedürftig geht die Kirche immerfort den Weg der Buße und Erneuerung" (LG 8).
„Nach Luther sind die Gerechtfertigten ‚gerecht und Sünder zugleich'. Damit will Luther die Paradoxie der christlichen Existenz ausdrücken, wonach auch der Gerechtfertigte noch unter der Sünde steht. In der Tat, gerade die größten Heiligen hielten sich immer für die größten Sünder. Dieser Tatsache suchte das Trienter Konzil in anderer Weise dadurch gerecht zu werden, daß es von einer bleibenden Neigung zur Sünde (Begierlichkeit) spricht. Von solchen Aussagen ausgehend, scheint heute vielen Theologen in diesem Punkt eine Verständigung möglich" (KEKat 240).
„Wo die Abkehr von Gott das einzige Prinzip ist, nach dem einer lebt, da redet Luther von herrschender Sünde. Wo der Mensch aber an Christus glaubt, sich damit Gott zuwendet und von der Vergebung lebt, da ist zwar die Sünde in ihm noch vorhanden, aber sie beherrscht ihn nicht mehr. Gott vergibt zwar die Sünde ganz, aber ihre Eindämmung ist ein Prozeß, der das ganze Leben lang währt ... Der Christ ist nach Luther ‚Sünder und Gerechter zugleich'" (EEKat 333).[30]

Barmherziger Gott,
wir haben aus menschlicher Schwachheit gefehlt und können
aus eigener Kraft dem Netz der Sünde nicht entrinnen.
Komm uns mit deiner Güte zu Hilfe, und befreie uns von aller
Schuld. Darum bitten wir durch Jesus Christus.
(Liturgie vom Freitag der 5. Fastenwoche)

---

30 Vgl. Lehrverurteilungen – kirchentrennend? I, 52; auch K. Barth, KD IV/1,664).

5.8.2.7 Glaube und Heil bleiben bedroht infolge der menschlichen Schwachheit; aber der Christ darf fest auf Gottes Verheißung vertrauen „Wer zu stehen meint, der gebe acht, daß er nicht fällt“ (1 Kor 10,2; vgl. Phil 2,12).

Doch: „Ist Gott für uns – wer ist dann gegen uns? ... Denn ich bin gewiß: Nichts kann uns scheiden von der Liebe Gottes, die in Christus Jesus ist, unserem Herrn“ (Röm 8,31.38f.).

„Selbstverständlich kann es keine objektive Sicherheit über die Gnade geben. Das ist schon dadurch ausgeschlossen, daß Gott, der Ursprung und der Inhalt der Gnade, dem Menschen ein undurchdringliches Geheimnis ist. Zwar ist Gottes Gnade und Barmherzigkeit für den, der glaubt, über jeden Zweifel erhaben; aber diese Gewißheit haben wir nur im Vollzug des Glaubens. Wenn wir dagegen auf uns selbst schauen, dann können wir wegen unserer Schwäche auch im Glauben niemals mit Sicherheit wissen, ob wir uns im Stande der Gnade befinden oder nicht (vgl. DS 1534; NR 804). ... Wir müssen uns deshalb ‚mit Furcht und Zittern‘ um unser Heil bemühen (Phil 2,12). Aber wir dürfen im Blick auf die Barmherzigkeit Gottes hoffen, das Heil zu erlangen“ (KEKat 241f.).

„Die Gewißheit, von Gott bejaht zu sein, macht den Christen froh und ermöglicht ihm einen neuen, freudigen Gehorsam gegen Gottes Willen. Durch den Glauben wird der Mensch innerlich verwandelt und fähig, Gott und den Nächsten zu lieben“ (EEKat 446).[31]

Wegen unserer menschlichen Schwachheit beten wir:

> Großer Gott, du offenbarst deine Macht vor allem in Erbarmen und Verschonen. Darum nimm uns in Gnaden auf, wenn uns auch Schuld belastet.
> (Liturgie vom 26. Sonntag im Jahreskreis)

Da wir um Gottes Liebe und Sorge für uns wissen, dürfen wir getrost sein:

> Was Gott tut, das ist wohlgetan, es bleibt gerecht sein Wille;
> wie er fängt seine Sachen an, will ich ihm halten stille.

---

31 Angesichts dessen läßt sich der Vorwurf einer angeblich von der katholischen Kirche vertretenen „Heilssicherheit“ nicht aufrechterhalten. Katholischerseits ist zu bemerken: „Man wird sich hüten müssen,“ in den Feststellungen des Konzils zu Trient „die persönliche Haltung Luthers getroffen zu sehen. Wenn irgendeiner, so kannte Luther das Bangen und Fürchten um das eigene Heil aus eigener Erfahrung. Er dachte nicht daran, ein selbstsicheres Pochen auf die erlangte Gnade zu empfehlen“ (A. Stakemeier, Das Konzil zu Trient über die Heilsgewißheit, 147f.; vgl. Lehrverurteilungen – kirchentrennend? I, 62).

Er ist mein Gott, der in der Not
mich wohl weiß zu erhalten;
drum laß ich ihn nur walten.
(Samuel Rodigast 1675; EG 372; vgl. EKG 299 / GL 294)

5.8.3 Die Rechtfertigung als Gabe ist Aufgabe

5.8.3.1 In und kraft der Gnade ist der Mensch zum Glaubenswirken gerufen, zum Handeln in der Liebe[32]

Paulus betont: „Durch Gottes Gnade bin ich, was ich bin, und sein gnädiges Handeln an mir ist nicht ohne Wirkung geblieben. Mehr als sie alle habe ich mich abgemüht – nicht ich, sondern die Gnade Gottes zusammen mit mir“ (1 Kor 15,10).

„Als Mitarbeiter Gottes ermahnen wir euch, daß ihr seine Gnade nicht vergebens empfangt“ (2 Kor 6,6).

„Müht euch mit Furcht und Zittern um euer Heil! Denn Gott ist es, der in euch das Wollen und Vollbringen bewirkt, noch über euren guten Willen hinaus“ (Phil 2,12f.). D. h.: „Weil Gott alles wirkt, darum habt ihr alles zu tun.“[33]

Irrig ist die Auffassung, der Mensch sei ursächlich Faktor *neben* der Gnade (Pelagianismus).

Irrig ist die Auffassung des „Determinismus, der die Personalität des Menschen aufhebt“ und meint, alles sei vorherbestimmt.

Festzuhalten ist aber: – „daß zwar nicht der Glaube und das Heil, wohl aber der Unglaube und das Verderben des Menschen ... in ihm selbst begründet ist; – daß der Mensch *durch* das Gnadenwirken Gottes und *in* ihm zu einer eigenen Glaubenszustimmung und dann auch zu einem eigenen Glaubenswirken bewegt wird“.[34]

TEXTE AUS DER ÖKUMENE

Das „Zusammenwirken ist nicht so zu verstehen, als ob Gott nur einen Teil des Werkes vollbringen würde und der Mensch allein einen anderen; vielmehr wird alles von Gott vollbracht, ohne dessen Hilfe der Mensch für sein Heil nichts vermag. In allem wirkt aber auch der Mensch mit, der bewegt wird, um selber zu handeln, und nicht, um nichts zu tun“ (AK-O/4,11).

„Der Glaube ist unauflösbar zugleich Gabe des sich offenbarenden Gottes und Antwort des Menschen, der diese Gabe annimmt. Das ist das Zusammenwirken der Gnade Gottes und der menschlichen Freiheit“ (O-RK I/7,5).

---

32 H. Schütte, Christsein im ökumenischen Verständnis.

33 G. Bornkamm, zu Phil 2,12f.; zustimmend dazu J. Gnilka, Der Philipperbrief, 149.

34 W. Joest, Synergismus: RGG VI, 562.

„Und auch der Glaube selbst wäre wirklich nicht der Glaube, wenn er nicht in der Liebe kräftig ... wäre“ (K. Barth, KD IV/1,701).

Gott, unser Vater, wir sind dein Eigentum und setzen unsere Hoffnung allein auf deine Gnade. Bleibe uns nahe in jeder Not und Gefahr, und schütze uns. (Liturgie vom 5. Sonntag im Jahreskreis)

Herr, unser Gott, komm unserem Beten und Arbeiten mit deiner Gnade zuvor, und begleite es, damit alles, was wir beginnen, bei dir seinen Anfang nehme und durch dich vollendet werde.
(Morgenlob der Kirche)

5.8.3.2 Gott „wird jedem vergelten, wie es seine Taten verdienen“ (Röm 2,6)

„Jeder erhält seinen besonderen Lohn, je nach der Mühe, die er aufgewendet hat“ (1 Kor 3,8; auch Offb 14,13).
Aller Lohn ist reiner Gnadenlohn (Mt 20,1-16).

TEXTE AUS DER ÖKUMENE

Evangelische Theologen betonen, „daß Paulus den Lohngedanken genauso festhält, wie Jesus das nach dem Bericht der drei ersten Evangelien tat, und ferner den zukünftigen Lohn nicht als eine für alle gleiche Gabe betrachtet. Vielmehr wird der Lohn dem besonderen Werk entsprechen.“ [35]

Die Forderung von guten Werken spielt „durchaus eine Rolle (Apk 14,13). Denn nach ihnen wird im Gericht gefragt werden, um über die angemessene Vergeltung zu entscheiden (Mt 7,2; Jak 2,13).“[36]

Katholischerseits wird gesagt, daß Jesus „an vielen Stellen vom Lohn im Himmel (vgl. Mt 5,12; 19,29) und vom Gericht nach den Werken des Menschen spricht (vgl. Mt 25,34-35 u. a.). Dasselbe gilt vom Apostel Paulus (vgl. Röm 2,6; 1 Kor 3,8; 15,58 u. a.). Dabei geht es jedoch nicht um Werkgerechtigkeit. Vielmehr sind die Christen wie Rebzweige am Weinstock; nur in Jesus Christus können sie Frucht bringen; ohne Jesus Christus dagegen können sie nichts vollbringen (vgl. Joh 15,5). So sind auch unsere Verdienste letztlich seine Gnade“ (KEKat 244).

In Wahrheit ist es würdig und recht, dir, Herr, heiliger Vater, allmächtiger, ewiger Gott, immer und überall zu danken. Die Schar der Heiligen verkündet deine Größe, denn in der Krönung ihrer Verdienste krönst du das Werk deiner Gnade. (Aus der Präfation am Fest von Heiligen)

So laßt uns denn dem lieben Herrn mit unserm Kreuz nachgehen
und wohlgemut, getrost und gern in allen Leiden stehen.
Wer nicht gekämpft, trägt auch die Kron des ewgen Lebens nicht davon.
(Aus: Mir nach, spricht Christus, unser Held; Angelus Silesius 1668; EG 385,6; vgl. EKG 256,6 / GL 616,5)

---

35 H. D. Wendland, Die Briefe an die Korinther, 29.

36 E. Lohse, Theologische Ethik des NT, 82.

5.8.4 *In der Rechtfertigungslehre gibt es keine trennenden Gegensätze mehr*

TEXTE AUS DER ÖKUMENE

„Gemeinsam bekennen wir den die ganze Christenheit verbindenden Glauben an den dreieinigen Gott und die Heilstat Gottes durch Jesus Christus im Heiligen Geist (CA 1 und 3) ... In der Lehre von der Rechtfertigung, die für die Reformation von entscheidender Bedeutung war (CA 4), zeichnet sich ein weitreichender Konsens ab: Allein aus Gnade und im Glauben an die Heilstat Christi, nicht aufgrund unseres Verdienstes werden wir von Gott angenommen und empfangen den Heiligen Geist, der unsere Herzen erneuert und uns befähigt und aufruft zu guten Werken. Gemeinsam bezeugen wir, daß in der Verkündigung des Evangeliums und in den heiligen Sakramenten durch den Heiligen Geist das von Christus in Tod und Auferstehung erworbene Heil den Menschen geschenkt und wirksam zugeeignet wird (CA 5)" (L-RK/4,13-15; ähnlich 5,6-9).

„Die Übereinstimmungen in der Rechtfertigungslehre sind nicht erst durch die heutige theologische Arbeit erzielt worden; sie finden sich zum großen Teil bereits in den Lehrdokumenten beider Kirchen aus dem 16. Jahrhundert, sind aber durch die konfessionellen Auseinandersetzungen in den Schatten geraten und erst durch die neuere Ökumenische Forschung in ihrem ganzen Ausmaß wiederentdeckt worden" (EEKat 452).

„Was das Verständnis der Rechtfertigung des Sünders angeht, so treffen die beiderseitigen ... Verwerfungsaussagen des 16. Jahrhunderts nicht mehr mit kirchentrennender Wirkung den Partner von heute."[37]

„Wir glauben und verkündigen das Evangelium, daß in Jesus Christus Gott die Welt liebt und erlöst. Wir ‚besitzen ein gemeinsames Verständnis von Gottes rechtfertigender Gnade, d. h., daß wir für gerecht gehalten und gerechtfertigt vor Gott allein aus Gnade durch Glauben aufgrund des Verdienstes unseres Herrn und Heilandes Jesus Christus sind und nicht in Ansehung unserer Werke oder Verdienste ... Unsere beiden Konfessionen bestätigen, daß die Rechtfertigung zu guten Werken führt und führen muß; echter Glaube bringt Liebe hervor'" (A-EKD, Meißen 15,6).[38]

Die Synode der EKiRh bejahte 1993, daß die beiderseitigen Verwerfungsaussagen des 16. Jahrhunderts zur Rechtfertigungslehre „nicht mehr mit kirchentrennender Wirkung den Partner von heute" treffen. 1994 erfolgten ähnliche Stellungnahmen der Deutschen Bischofskonferenz, der Generalsynode der VELKD und der Synode der Evangelischen Kirche von Westfalen.

---

37 Lehrverurteilungen – kirchentrennend? I, 74.

38 Vgl. ferner: Lehrverurteilungen – kirchentrennend? I-III; H. Meyer / G. Gaßmann, Rechtfertigung im ökumenischen Dialog; H. G. Pöhlmann, Rechtfertigung; H. Schütte (Hg.), Einig in der Lehre von der Rechtfertigung.

5.9 Er wird wiederkommen in Herrlichkeit, zu richten die Lebenden und die Toten, und seiner Herrschaft wird kein Ende sein

5.9.1 Jesus Christus ist der Richter aller Menschen (vgl. unten 9)

Die noch verborgene Macht und Lebensfülle Jesu Christi wird am Ende der Zeiten allen offenbar werden. Alle Menschen aller Zeiten müssen vor Christus Rechenschaft ablegen.
„Alle Völker werden den Menschensohn mit großer Macht und Herrlichkeit auf den Wolken des Himmels kommen sehen . . . Jenen Tag und jene Stunde kennt niemand, auch nicht die Engel im Himmel, nicht einmal der Sohn, sondern nur der Vater" (Mt 24,30.36).
„Jesus Christus ist der von Gott eingesetzte Richter der Lebenden und der Toten" (Apg 10,42; vgl. 17,31).
„Sie werden vor dem Rechenschaft ablegen müssen, der schon bereit steht, um die Lebenden und die Toten zu richten" (1 Petr 4,5; auch 2 Tim 4,1).

TEXTE AUS DER ÖKUMENE

„Indem wir verkündigen, daß Christus wiederkommen wird, bekräftigen wir unseren Glauben, daß, wenngleich diese Welt an ein Ende kommen wird, dennoch Gottes Geschichte mit seiner Schöpfung zu einer endgültigen Vollendung gebracht werden wird in dem Einen, in dem alle Dinge ihren Anfang hatten, dem Einen, der das Alpha und das Omega ist" (COF 185).
„Jesus Christus, der Herr über die Gegenwart, ist auch der Herr über die Zukunft. Er, dessen Herrschaft noch verborgen ist, wird am Ende dieser Zeit und Welt so kommen, daß alle ihn erkennen. Er wird die Welt richten: den undurchsichtigen Lauf der Geschichte und jedes einzelnen Lebens offenbar machen und beurteilen, was daran gut und böse war. Vor ihm müssen . . . die Menschen aller Zeiten und Orte Rechenschaft ablegen" (EEKat 429).
Mit diesem Glaubensbekenntnis „ist ausgesagt, daß die Herrschaft Christi, der Sieg des Lebens und der Liebe, die mit der Auferstehung und Erhöhung verborgen begonnen hat, endgültig ist und am Ende allgemein offenbar werden wird" (KEKat 216).
„Als Christen teilen wir die gemeinsame Überzeugung, daß wir alle vor dem Gericht Christi erscheinen müssen. Im neutestamentlichen Zeugnis finden sich unterschiedliche Akzente im Blick auf die Art und Weise des Gerichts. Die Verkündigung von Christus als dem Richter muß ausgewogen werden durch die Erkenntnis, daß Christus der Fürsprecher ist, der für uns eintritt, wenn wir vor dem Vater stehen, und der selbst das Opfer für unsere Sünden ist" (COF 187).

Es kommt der Herr, der Herr wird kommen; voll Freude ist der Ströme Lauf.
Frohlocken werden alle Frommen; die Berge jubeln himmelauf!
Er kommt, das Erdenrund zu richten, die Völker in Gerechtigkeit.
Er kommt, den Frieden aufzurichten für alle Zeit und Ewigkeit.
(Georg Thurmair 1965/1971 nach Psalm 98; GKL 46,3 / GL 262,3)

5.9.2 Wer im Glauben an Christus lebt, hat das ewige Leben

„Gott hat seinen Sohn nicht in die Welt gesandt, damit er die Welt richtet, sondern damit die Welt durch ihn gerettet wird. Wer an ihn glaubt, wird nicht gerichtet; wer nicht glaubt, ist schon gerichtet, weil er an den Namen des ewigen Sohnes Gottes nicht geglaubt hat" (Joh 3,17f.).
„Wer glaubt, hat das ewige Leben ... Wer mein Fleisch ißt und mein Blut trinkt, hat das ewige Leben" (Joh 6,47.54).

TEXTE AUS DER ÖKUMENE

„Das Gericht ist schmerzlich, weil jeder für sich einstehen muß, es ist aber auch befreiend: Denn unser Richter ist der, der uns liebt und am Kreuz das Gericht Gottes über die Sünde auf sich genommen hat ... deshalb darf ich getrost ins Gericht gehen. Weil ich aber immer wieder in der Gefahr stehe, aus mir selbst heraus zu leben und mich gegen Gott zu verschließen, warnt mich das künftige Gericht vor Selbstgerechtigkeit und mahnt mich zu Ernst und Wachsamkeit" (EEKat 429; vgl. KEKat 214ff.; Heid 52).
„Was Gottes Richten über uns anbetrifft, so stimmen wir in unserem Glauben überein, daß, sosehr auch Gerechtigkeit und Liebe im menschlichen Leben in Spannung zueinander stehen mögen, die Bibel eindeutig bezeugt, daß sie in Gott nicht voneinander getrennt werden können. Wir sind nicht gerecht, sondern unser Richter ist der Gerechte. Wir können uns als Menschen unserer Verantwortung für unsere Sünden nicht entledigen, aber wir sehen dem Urteil über uns entgegen im Vertrauen auf Gottes barmherzige und vergebende Liebe" (COF 189; ähnlich K. Barth, DiG 158).

5.9.3 Das Gericht erfolgt nach den im Glauben geschehenen Werken: siehe oben 5.8.3.2

5.9.4 Seiner Herrschaft wird kein Ende sein[39]

„Er wird in ihrer Mitte wohnen, und sie werden sein Volk sein; und er, Gott, wird bei ihnen sein. Er wird alle Tränen von ihren Augen

39 Vgl. KiöV, 124-128.

abwischen: Der Tod wird nicht mehr sein, keine Trauer, keine Klage, keine Mühsal. Denn was früher war, ist vergangen. Er, der auf dem Thron saß, sprach: Seht, ich mache alles neu" (Offb 21,3-5).
„Ich bin der Erste und der Letzte und der Lebendige. Ich war tot, doch nun lebe ich in alle Ewigkeit" (Offb 1,17f.).

TEXTE AUS DER ÖKUMENE

„Wir haben eine gemeinsame Hoffnung auf die endgültige Vollendung des Gottesreiches" (A-EKD, Meißen 15,10).
„Vom Anfang seiner irdischen Sendung an hat Jesus das Reich des Vaters verkündigt (Mk 1,15) . . . Daher kann sein eigenes Reich niemals etwas anderes sein, als das Reich des Vaters vorzubereiten und herbeizuführen. Das ist ja gerade sein Reich: alle und alles zu überzeugen und zur Unterwerfung unter den Vater hinzuführen, so wie der Sohn sich dem Vater unterwirft. Christus der König strebt nicht nach seiner eigenen Herrschaft, sondern nach der des Vaters, und deshalb ‚wird sein Reich kein Ende haben' (Lk 1,33)" (COF 191).
„Die Mächte des Bösen wird Christus endgültig besiegen, das Gute aber, das er selbst in dieser Welt angefangen hat, wird er vollenden" (EEKat 429).
Die „Unterwerfung aller gottwidrigen Mächte" dient „letztlich dem Ziel, daß Gott am Ende alles in allem sei (vgl. 1 Kor 15,28) . . . Jesus Christus ist . . . das endgültige Ja und Amen Gottes zu allem, was Gott verheißen hat (vgl. 2 Kor 1,20), das Ja und Amen zum Menschen und zur Welt. So hat auch die Menschheit Jesu Christi eine endgültige Bestimmung in Gott und für Gott. Deshalb wird die Herrschaft Jesu Christi ewige Herrschaft sein (vgl. Lk 1,33)" (KEKat 216).

Wir bitten dich, o heilger Christ,
der du zukünftig Richter bist,
lehr uns zuvor dein' Willen tun
und an dem Glauben nehmen zu.
(Aus: Gott, heilger Schöpfer aller Stern; Thomas Müntzer 1523 nach „Conditor alme siderum"; EG 3,5: vgl. EKG 402,5 / GL 116,5)

6. Wir glauben an den Heiligen Geist

6.1 Die Heiligkeit von Gottes Geist

Heilig ist im Alten Testament ausschließliche Eigenschaft Gottes. Heilig im absoluten Sinn ist nur Gott (vgl. Jes 6,3).[1] „Die Heilige Schrift beschreibt den Heiligen Geist als Gottes eigenen Atem (vgl. Joh 20, 22-23), seine lebendige und lebenschaffende Kraft, Liebe und Wahrheit. Er ist nicht einer der vielen Geister, die im Weltall vermutet werden. Der Geist ist jeglicher materiellen und geistigen Form des Bösen entgegengesetzt. Durch den Heiligen Geist wird die geschaffene Welt durch Gottes Gnade geheiligt" (COF 202).[2]

TEXTE AUS DER ÖKUMENE

„Der Geist Gottes ist heilig, weil er zum ewigen Sein der Trinität, dem völlig anderen, gehört und in der Heilsökonomie wirkt, um die Menschheit in die Gemeinschaft mit dem heiligen Sein des dreieinigen Gottes zu bringen. Diese Gemeinschaft zu haben, ohne die kein Mensch Leben und Heil finden kann, ist eine Gnadengabe Gottes" (COF 201).
Eines der ältesten Bittlieder um den Heiligen Geist lautet:

Nun bitten wir den Heiligen Geist
um den rechten Glauben allermeist,
daß er uns behüte an unserm Ende,
wenn wir heimfahrn aus diesem Elende. Kyrieleis.
(13. Jh.; EG 124; vgl. EKG 99 / GL 248)

6.2 Der Heilige Geist in der biblischen Botschaft

Was bereits zum Geheimnis des dreieinigen Gottes gesagt wurde, gilt selbstverständlich auch für den Heiligen Geist: Das Alte Testament vertritt streng den Glauben an den einen Gott, noch nicht die Offenbarung von dem einen Gott in drei Personen, spricht daher nicht vom Heiligen Geist als Person. Im Verständnis des Alten Testaments vom Neuen Testament bzw. von Jesus Christus her haben die Kirchenväter bestimmte Aussagen als Andeutungen bzw. als „Voroffenbarungen" des Heiligen Geistes als Person aufgefaßt.[3]

---

1 Siehe oben 3.4; auch 3.5: Der Heilige Geist ist *wahrer Gott* wie der Vater und der Sohn.

2 Vgl. 6.2 Der Heilige Geist in der biblischen Botschaft.

3 Siehe oben 3.5 Geheimnis der Dreieinigkeit.

Im Folgenden werden einige alttestamentliche Aussagen angeführt, die man als derartige Andeutungen erachtet, dazu aus dem Neuen Testament solche, die sich auf den Heiligen Geist als Person beziehen.

– *Der Heilige Geist ist Schöpfergeist, Ursprung und Träger allen Lebens* (vgl. EEKat 885).
„Sendest du deinen Geist aus, so werden sie alle erschaffen, und du erneuerst das Antlitz der Erde" (Ps 104,30).
„Gott, der Herr, formte den Menschen aus Erde vom Ackerboden und blies in seine Nase den Lebensatem. So wurde der Mensch zu einem lebendigen Wesen" (Gen 2,7; vgl. Joh 6,64).

– *„Er ist der Geist der Weisheit und der Einsicht, der Geist des Rates und der Stärke, der Geist der Erkenntnis und der Gottesfurcht" (Jes 11,2).*
„Wer bestimmt den Geist des Herrn? Wer kann sein Berater sein und ihn unterrichten? Wen fragt er um Rat, und wer vermittelt ihm Einsicht?" (Jes 40,13; vgl. 61,1).

– *Der Geist der Heiligkeit*
„Verwirf mich nicht vor deinem Angesicht, und nimm deinen heiligen Geist nicht von mir" (Ps 51,13; vgl. 63,10).
„Lehre mich, deinen Willen zu tun; denn du bist mein Gott. Dein guter Geist leite mich auf ebenem Pfad" (Ps 143,10).

– *Der Geist der Wahrheit* (vgl. EEKat 176, 469, 886)
„Wenn aber jener kommt, der Geist der Wahrheit, wird er euch in die ganze Wahrheit führen" (Joh 16,13; vgl. Joh 15,26).

– *Der Beistand, Anwalt* (vgl. EEKat 469)
„Der Vater wird euch einen anderen Beistand geben, der für immer bei euch bleiben soll" (Joh 14,16).
„Wenn aber der Beistand kommt, den ich euch vom Vater aus senden werde, der Geist der Wahrheit, der vom Vater ausgeht, dann wird er Zeugnis für mich ablegen" (Joh 15,26).

– *Der Heilige Geist bewirkt die Menschwerdung des Sohnes Gottes* (vgl. oben 5.3.1).
„Josef, Sohn Davids, fürchte dich nicht, Maria als deine Frau zu dir zu nehmen; denn das Kind, das sie erwartet, ist vom Heiligen Geist" (Mt 1,20; vgl. Lk 1,35).

– *Christus ist erfüllt vom Geist Gottes.*
„Der Geist des Herrn läßt sich auf ihn nieder“ (Jes 11,2; 42,1; 61,1; vgl. Lk 4,18).
„Erfüllt vom Heiligen Geist, verließ Jesus die Jordangegend ... Jesus kehrte, erfüllt von der Kraft Gottes, nach Galiläa zurück“ (Lk 4,1.11).
„Wenn ich die Dämonen durch den Geist Gottes austreibe, dann ist das Reich Gottes schon zu euch gekommen“ (Mt 12,28).
„Jesus rief, vom Heiligen Geist erfüllt, voll Freude aus: Ich preise dich, Vater, Herr des Himmels und der Erde ...“ (Lk 10,21).

– *Der Heilige Geist hat gesprochen durch die Propheten.*
„Es mußte sich das Schriftwort erfüllen, das der Heilige Geist durch den Mund Davids im voraus ... gesprochen hat“ (Apg 1,16).
„Nach diesem Heil [das Gott in Christus bereitet hat] haben die Propheten gesucht und geforscht, und sie haben über die Gnade geweissagt, die für euch bestimmt ist. Sie haben nachgeforscht, auf welche Zeit und welche Umstände der in ihnen wirkende Geist Christi hindeute“ (1 Petr 1,10f.).

– *Der Heilige Geist wirkt in den Christen.*
(Am Pfingsttag): „Alle wurden mit dem Heiligen Geist erfüllt und begannen, in fremden Sprachen zu reden, wie es der Geist ihnen eingab“ (Apg 2,4).
„Wenn man euch abführt und vor Gericht stellt, dann macht euch nicht im voraus Sorgen, was ihr sagen sollt; sondern was euch in jener Stunde eingegeben wird, das sagt! Denn nicht ihr werdet dann reden, sondern der Heilige Geist“ (Mk 13,11).

– *Die Kirche ist Gemeinschaft des Heiligen Geistes, Tempel des Geistes* (siehe unten 7.3.3).[4]

– *Der Heilige Geist gibt die Kraft zum Glauben.*
„Keiner kann sagen: Jesus ist der Herr!, wenn er nicht aus dem Heiligen Geist redet“ (1 Kor 12,3).

– *Er verleiht die Gabe, in rechter Weise zu beten.*
„So nimmt sich auch der Geist unserer Schwachheit an. Denn wir wissen nicht, worum wir in rechter Weise beten sollen; der Geist selber tritt jedoch für uns ein“ (Röm 8,26).

---

4 KiöV 3.3.

„Die Stunde kommt, und sie ist schon da, in der die wahren Beter den Vater anbeten werden im Geist und in der Wahrheit; denn so will der Vater angebetet werden. Gott ist Geist, und alle, die ihn anbeten, müssen im Geist und in der Wahrheit anbeten" (Joh 4,23f.).

– *Der Heilige Geist wirkt durch das Wort.*
Der Geist berief den Philippus, dem Kämmerer der Königin der Äthiopier den Propheten Jesaja (53,7f.) auszulegen (Apg 8,29.39).

– *Er wirkt durch die Taufe.*
Diese geschieht „im Namen des Vaters und des Sohnes und des Heiligen Geistes" (Mt 28,19).
„Als die Güte und Menschenliebe Gottes, unseres Retters, erschien, hat er uns gerettet . . . durch das Bad der Wiedergeburt und der Erneuerung im Heiligen Geist. Ihn hat er in reichem Maß über uns ausgegossen" (Tit 3,4-6; vgl. 1 Kor 12,13).

– *Der Empfang des Heiligen Geistes gehört zur Vollmacht der Sündenvergebung* (EEKat 1082).
Jesus sagte: „Wie mich der Vater gesandt hat, so sende ich euch. Nachdem er das gesagt hatte, hauchte er sie an und sprach zu ihnen: Empfangt den Heiligen Geist. Wem ihr die Sünden vergebt, dem sind sie vergeben; wem ihr die Vergebung verweigert, dem ist sie verweigert" (Joh 20,21-23).

– *Der Heilige Geist wirkt durch das geistliche Amt.*
Paulus und Barnabas wirken, erfüllt vom Heiligen Geist (Apg 13,2.9).
„Entfache die Gnade Gottes wieder, die dir durch die Auflegung meiner Hände zuteil geworden ist. Denn Gott hat uns nicht einen Geist der Verzagtheit gegeben, sondern den Geist der Kraft, der Liebe und Besonnenheit" (2 Tim 1,6f.; vgl. 1 Tim 4,14).
„Gebt acht auf euch und auf die ganze Herde, in der euch der Heilige Geist zu Bischöfen bestellt hat, damit ihr als Hirten für die Kirche Gottes sorgt" (Apg 20,28).

– *Der Heilige Geist führt in die Wahrheit* (vgl. EEKat 176, 469, 886).
„Wenn aber jener kommt, der Geist der Wahrheit, wird er euch in die ganze Wahrheit führen" (Joh 16,13; 15,26).
(Beim Apostelkonzil): „Denn der Heilige Geist und wir haben beschlossen, euch keine weitere Last aufzuerlegen als diese notwendigen Dinge" (Apg 15,28).

– *Der Heilige Geist ist den Christen gegeben.*
„Die Liebe Gottes ist ausgegossen in unsere Herzen durch den Heiligen Geist, der uns gegeben ist" (Röm 5,5).

– *„Die Frucht des Geistes ist Liebe, Freude, Langmut, Freundlichkeit, Güte, Treue, Sanftmut und Selbstbeherrschung"* (Gal 5,22).

– *Die Kraft des Geistes wird kund in der Verkündigung, im freimütigen Auftreten, im Martyrium* (vgl. EEKat 885).
„Petrus sagte [vor dem Hohen Rat], erfüllt vom Heiligen Geist" (Apg 4,8).
„Alle wurden mit dem Heiligen Geist erfüllt, und sie verkündeten freimütig das Wort Gottes" (Apg 4,31).
„Stephanus, erfüllt vom Heiligen Geist, blickte zum Himmel empor . . . und rief: Ich sehe den Himmel offen und Jesus zur Rechten Gottes stehen" (Apg 7,55).

– *Der Heilige Geist verleiht vielerlei Gaben.*
„Es gibt verschiedene Gnadengaben, aber nur einen Geist . . . Jedem aber wird die Offenbarung des Geistes geschenkt, damit sie anderen nützt. Dem einen wird vom Geist die Gabe geschenkt, Weisheit mitzuteilen, dem anderen durch den gleichen Geist die Gabe, Erkenntnis zu vermitteln, dem dritten . . . Glaubenskraft, einem anderen . . . die Gabe, Krankheiten zu heilen, einem anderen Wunderkräfte, einem anderen prophetisches Reden, einem anderen die Fähigkeit, die Geister zu unterscheiden, wieder einem anderen verschiedene Sorten von Zungenrede, einem anderen schließlich die Gabe, sie zu deuten" (1 Kor 12,4.7.10; vgl. Röm 12,4-8; 1 Kor 14,1-25).

– *Der Heilige Geist bewirkt Erneuerung* (vgl. EEKat 469; Tit 3,5f.).

– *Er „schenkt und fordert die Hingabe des ganzen Menschen an Gott, die Heiligung"* (EEKat 469).
„Denn Gott hat uns nicht dazu berufen, unrein zu leben, sondern heilig zu sein. Wer das verwirft, der verwirft also nicht Menschen, sondern Gott, der euch seinen Geist schenkt" (1 Thess 4,7).

– *Der Heilige Geist wird die Kirche und die Welt zur Vollendung führen* (vgl. EEKat 1355).
„Wenn der Geist dessen in euch wohnt, der Jesus von den Toten auferweckt hat, dann wird er . . . auch euren sterblichen Leib lebendig machen" (Röm 8,11).

6.3 Der Heilige Geist – wahrer Gott wie der Vater und der Sohn

„Wir glauben an den Heiligen Geist, der Herr ist ..." Der Titel „Herr" steht – entsprechend dem Alten Testament – nur Gott zu: „Ich bin der Herr, sonst niemand" (Jes 45,5). Vgl. zu Jesus Christus, dem „Herrn": Phil 2,11; Joh 20,28.

Allen Christen gemeinsam ist der Glaube an den einen und einzigen Gott (vgl. oben 3.3). Sie bekennen Gott als den Dreieinigen, als Vater, Sohn und Heiligen Geist (vgl. oben 3.5).

Der Heilige Geist wird mit dem Vater und dem Sohn zugleich angebetet und verherrlicht (vgl. unten 6.6).

„Darum geht zu allen Völkern, und macht alle Menschen zu meinen Jüngern; tauft sie auf den Namen des Vaters und des Sohnes und des Heiligen Geistes" (Mt 28,19).

„Es gibt verschiedene Gnadengaben, aber nur den einen Geist. Es gibt verschiedene Dienste, aber nur den einen Herrn. Es gibt verschiedene Kräfte, die wirken, aber nur den einen Gott" (1 Kor 12,4-6).

„Die Gnade Jesu Christi, des Herrn, die Liebe Gottes und die Gemeinschaft des Heiligen Geistes sei mit euch allen" (2 Kor 13,13; vgl. 1 Kor 12,4-6; Röm 8,14).

TEXTE AUS DER ÖKUMENE

„Das Herrsein des Geistes ist keine Herrschaft brutaler Gewalt ... Im Gegenteil, es ist eine Herrschaft, die die ganze Schöpfung befreit und ‚die herrliche Freiheit der Kinder Gottes' (vgl. Röm 8,21) schenkt" (COF 204).

Der Heilige Geist „ist nicht nur eine von Gott ausgehende Kraftwirkung, wie z.B. die seelische Ansteckungskraft eines mitreißenden Redners, er ist vielmehr Gott" (EEKat 470).

Der Heilige Geist ist „gleich ewiger Gott mit dem Vater und dem Sohn" (Heid 53).

„Mit deinem eingeborenen Sohn und dem Heiligen Geist bist du (der Vater) der eine Gott und der eine Herr, nicht nur in der Einzigkeit einer Person, sondern in den drei Personen des einen göttlichen Wesens" (KEKat 85; aus: Präfation des Dreifaltigkeitsfestes).

Komm, Heiliger Geist, Herre Gott,
erfüll mit deiner Gnaden Gut
deiner Gläubgen Herz, Mut und Sinn.
Dein brennend Lieb entzünd in ihn'.
O Herr, durch deines Lichtes Glanz
zum Glauben du versammelt hast
das Volk aus aller Welt Zungen.
Das sei dir, Herr, zu Lob gesungen. Halleluja, Halleluja.
(15. Jh.; EG 125; vgl. EKG 98 / GL 247)

6.4 Der Heilige Geist – Lebenspender

6.4.1 Er ist Ursprung und Träger allen Lebens in der Schöpfung[5]

TEXTE AUS DER ÖKUMENE

Der Heilige Geist ist „die schöpferische Macht allen Lebens" (KEKat 222).
„Daß der Heilige Geist die Kraft des Lebens ist, drückt das Alte Testament auch aus, wenn es erzählt, daß am Beginn der Schöpfung der Geist Gottes auf dem Wasser schwebte . . . oder daß der Mensch dadurch zum Leben kommt, daß Gott ihn anhaucht" (EEKat 469).
„Durch den Geist Gottes und in ihm wird den geschaffenen Wesen die Gabe des Lebens verliehen. Alle Formen des Lebens sind Gaben Gottes (Ps 104,29.30), die mit Achtung zu behandeln sind: menschliches Leben wie das Leben aller anderen lebendigen Geschöpfe, der Tiere, der Vögel im Himmel und der Fische im Meer" (COF 205).

6.4.2 Der Heilige Geist gibt das neue Leben in Christus

6.4.2.1 Durch den Heiligen Geist geschahen die Menschwerdung, das Wirken und die Auferweckung Jesu Christi[6]

TEXTE AUS DER ÖKUMENE

„Durch seinen Geist, das heißt mit der gleichen Macht, durch die er die Welt ins Dasein rief, macht Gott einen neuen Anfang mit der Menschheit" (EEKat 416; vgl. 413; 432).
Der Heilige Geist „ist vor allem in Jesus Christus wirksam: in seiner Empfängnis, seiner Taufe, seinem öffentlichen Wirken, seinem Tod und seiner Auferstehung" (KEKat 222; ähnlich EEKat 885f.).
Der Heilige Geist „hat das Christusereignis vorbereitet, und er hat es voll verwirklicht in seiner Auferstehung" (O-RK I/6,3).

6.4.2.2 Der Heilige Geist vermittelt die Heilstat Gottes in Jesus Christus durch Wort und Sakramente

Der Heilige Geist wirkt durch die Verkündigung des Wortes Gottes: Am Pfingsttag wurden alle „mit dem Heiligen Geist erfüllt und begannen, in fremden Sprachen zu reden, wie es der Geist ihnen eingab. In

---

5 Vgl. die Aussagen der Heiligen Schrift, oben 6.2, besonders Ps 104,29f.; Gen 1,2; 2,7.

6 Vgl. die Aussagen der Heiligen Schrift, oben 6.2, besonders Mt 1,20; vgl. Lk 1,35; 4,1.14.18; 10,21; Mt 3,11; 12,28; auch 5.3.1 Empfangen durch den Heiligen Geist.

Jerusalem aber wohnten Juden ... aus allen Völkern ... Sie sagten: ... Wir hören sie in unseren Sprachen Gottes große Taten verkünden" (Apg 2,1.4.7.11; vgl. 4,8.31; 8,29.39).
„Durch den einen Geist wurden wir in der Taufe alle in einen einzigen Leib aufgenommen" (1 Kor 12,13).[7]
Der Heilige Geist bewirkt die Vergebung der Sünden (vgl. Joh 20,21f.) und die Gegenwart Christi unter den Gestalten von Brot und Wein in der Eucharistie.[8]
Der Heilige Geist verleiht die Fülle von Geistesgaben zur Auferbauung der Kirche (1 Kor 12), auch die Gnadengabe zum Dienstamt (1 Tim 4,14; 2 Tim 1,6; Apg 20,28).[9]

TEXTE AUS DER ÖKUMENE

„Es ist der Heilige Geist, der Gottes heilige Gemeinschaft durch Wort und sakramentales Leben für Dienst, Danksagung und Lobpreis erneuert und stärkt" (COF 231).
„Ich glaube, daß mich der Heilige Geist heilig macht ... Womit tut er aber das? ... Durch die christliche Kirche, die Vergebung der Sünden." Es ist „der Heilige Geist, der die Kirche macht, beruft und sammelt, außer der niemand zu dem Herrn Christus kommen kann" (Martin Luther, Gr. Kat 3. Art.).
„Was Jesus durch Kreuz und Auferstehung ein für allemal getan hat, vermittelt der Heilige Geist den Menschen aller Zeiten" (EEKat 469; vgl. Heid 53).
„Der Heilige Geist baut die Kirche auf. Es gibt in der Kirche keine Gabe, die nicht ihm zugeschrieben werden könnte (Basilius der Große: PG 30,239). Die Sakramente sind Gabe und Gnade des Geistes in Jesus Christus" (O-RK I/7,15).
„Die Teilhabe an Jesus Christus wird uns durch den Heiligen Geist geschenkt. Denn der Geist ist gesandt, um Jesus Christus, seine Person, sein Wort und sein Werk in der Geschichte immer wieder neu gegenwärtig zu machen" (KEKat 222).

6.4.2.3 Der Heilige Geist wirkt auch außerhalb der Kirche

Gottes Liebe gilt allen Menschen aller Zeiten: „Gott will, daß alle Menschen gerettet werden" (1 Tim 2,4). Entsprechend Joh 3,8 sagt Jesus: „Der Wind weht, wo er will; du hörst sein Brausen, weißt aber nicht, woher er kommt und wohin er geht. So ist es mit jedem, der aus dem Geist geboren ist" (Joh 3,8)
Das bedeutet: Gottes Geist kann – wie der Wind – nicht in seinem

---

7 Vgl. die Aussagen der Heiligen Schrift, oben 6.2, besonders Joh 20,19; Tit 3,4-6; Apg 13,2.9; 1 Tim 4,14; 2 Tim 1,6; Apg 20,28.

8 Vgl. die Aussagen der Heiligen Schrift, unten 8.

9 Vgl. die Aussagen der Heiligen Schrift, oben 6.2.

Wirken begrenzt werden: Er weht in eigener Mächtigkeit (vgl. EEKat 888f.).

TEXTE AUS DER ÖKUMENE

„Obwohl Christen den ihnen in Jesus Christus offenbarten Gott auf eine Weise bekennen, die nach ihrer Überzeugung die einzig wahre Weise des Bekennens ist, leugnen sie nicht, daß es in anderen Religionen wichtige Elemente der Wahrheit gibt. Von daher sind Christen zu einer Haltung der Achtung und der Offenheit zum Dialog verpflichtet" (COF 35).
„Die Freiheit, die der Heilige Geist bringt, hat weit über die Bereiche der Kirche hinausgewirkt" (EEKat 889).
Auch in den nichtchristlichen Religionen „wurden und werden Menschen von Gott angerührt und versuchen, ihm zu antworten mit ihren Lehren, Bildern, Vorstellungen, Gebräuchen und Geboten; mit einem Leben im Sinn dessen, was sie von Gott erfahren haben. Nur ist es hier bei einzelnen und verstreuten Erfahrungen geblieben ... Darum müssen wir den Angehörigen nichtchristlicher Religionen die Wahrheit Gottes in Christus bringen und klarmachen, damit die in ihnen ausgestreuten ‚Samenkörner des Wortes Gottes' ... enthüllt, geläutert und erfüllt werden durch das Wort Gottes selbst, das Christus, der Erlöser, ist" (EEKat 263).
„Gottes Heilswille ist universal ... Die Universalität des göttlichen Heilswillens ist vom II. Vatikanischen Konzil ... mit Nachdruck zur Geltung gebracht worden" (KEKat 227f. unter Hinweis auf LG 16).

6.4.3 Der Heilige Geist lenkt alles hin auf das Ziel des ewigen Lebens

Paulus ist überzeugt: „Wenn der Geist dessen in euch wohnt, der Jesus von den Toten auferweckt hat, dann wird er ... auch euren sterblichen Leib lebendig machen" (Röm 8,11).
Darum gilt sein Wunsch: „Der Gott der Hoffnung aber erfülle euch mit aller Freude und mit allem Frieden im Glauben, damit ihr reich werdet an Hoffnung in der Kraft des Heiligen Geistes" (Röm 15,13).

TEXTE AUS DER ÖKUMENE

Der Heilige Geist hat in Jesus Christus „den Anfang der neuen Schöpfung heraufgeführt. Sie wird einmal zur Vollendung kommen in der Verklärung der gesamten Wirklichkeit" (KEKat 222).
Der Heilige Geist richtet „alle Wirklichkeit auf ihre endgültige Vollendung hin" aus (KEKat 224).
„Diejenigen, die durch die Kraft des Heiligen Geistes ‚getreu bis in den Tod' bleiben, werden ‚die Krone des Lebens' empfangen (Offb 2,10)" (COF 207).
„Die Christen haben eine ‚Erstlingsgabe', ein ‚Unterpfand' ... für die Vollen-

dung erhalten. Dieses Angeld ist der Heilige Geist, die Kraft zum Glauben und Leben (Röm 8,23; 2 Kor 1,22; 5,5; Eph 1,13f.)." Der Heilige Geist wird „die Kirche und die Welt zur Vollendung führen ... (Röm 8,11)" (EEKat 1355.469).

Komm, allgewaltig heilger Hauch, der alle Kreatur belebt;
o komm, erfüll uns bis zum Grund
und bleib in uns, o Heilger Geist.
(Veni Creator Spiritus; GL 242)

6.5 Christen glauben an den Heiligen Geist, „der aus dem Vater hervorgeht"

Im Johannesevangelium finden sich folgende Aussagen:
„Wenn aber der Beistand kommt, den ich euch vom Vater senden werde, der Geist der Wahrheit, der vom Vater ausgeht, dann wird er Zeugnis für mich ablegen" (Joh 15,26).
„Ich werde den Vater bitten, und er wird euch einen anderen Beistand geben, der für immer bei euch bleiben soll. Es ist der Geist der Wahrheit" (Joh 14,16).
„Wenn ich nicht fortgehe, wird der Beistand nicht zu euch kommen; gehe ich aber, so werde ich ihn zu euch senden" (Joh 16,7).
Im Glaubensbekenntnis, das vom Konzil zu Konstantinopel (381) verbindlich verabschiedet wurde, heißt es:

Wir glauben „an den Heiligen Geist,
der Herr ist und lebendig macht,
der aus dem Vater hervorgeht" (DS 150).

Dem wurde später hinzugefügt, daß der Heilige Geist (aus dem Vater) *„und dem Sohn"* (filioque) hervorgehe. Dies ist zuerst in Spanien nachweisbar, dann in Frankreich und kam im 11. Jahrhundert durch Papst Benedikt VIII. in das lateinische Credo. Die orthodoxe Kirche erachtet die Hinzufügung als kirchentrennend.
Möglichkeit zu einer ökumenischen Verständigung: Gemäß Johannes 15,26 hat man zu unterscheiden zwischen dem ewigen *Hervorgehen* (Ausgehen) des Heiligen Geistes und der *Sendung* des Heiligen Geistes in der Zeit. Die Sendung geschieht vom Vater durch den Sohn; das ewige Hervorgehen des Heiligen Geistes wird nur als vom Vater ausgehend ausgesagt.[10]
In der Ökumene zeigt sich die Bereitschaft, die ursprüngliche Fassung des Bekenntnisses von Nizäa-Konstantinopel ohne den Zusatz „filio-

10 Vgl. auch KiöV 9.2.1.

que" („und dem Sohn") wieder aufzunehmen. Die Sendung des Heiligen Geistes auch durch den Sohn ist nicht strittig.

TEXTE AUS DER ÖKUMENE

Wir können schon „gemeinsam sagen, daß dieser Geist, der vom Vater als der einzigen Quelle in der Dreifaltigkeit ausgeht (Joh 15,26), für uns der Geist der Sohnschaft geworden ist (Röm 8,15), weil er auch der Geist des Sohnes ist (Gal 4,6), uns in besonderer Weise in der Eucharistie mitgeteilt wird, und zwar durch den Sohn, auf dem er in der Zeit und in der Ewigkeit ruht (Joh 1,32)" (O-RK I/6,6).

„Die Orthodoxen ... wollen deutlicher zum Ausdruck bringen, daß in Gott der Vater allein Ursprung und Quelle ist. Die römische Kirche und die anderen westlichen Kirchen wollen deutlicher betonen, daß der Sohn mit dem Vater wesenseins und ihm gleichgestellt ist. In diesem Grundanliegen kommen Ost und West überein. Sie benutzen aber unterschiedliche Begriffe und Denkmodelle. Deshalb liegt hier nach heutiger römisch-katholischer Überzeugung eine legitime Einheit in der Vielfalt, aber kein kirchentrennender Unterschied vor" (KEKat 82).

Papst Johannes Paul II. hat Pfingsten 1981 bei der 1600-Jahr-Feier des ökumenischen Konzils zu Konstantinopel (381) das Glaubensbekenntnis in seiner ursprünglichen Form gebetet – ohne den Zusatz, daß der Heilige Geist auch „aus dem Sohn" hervorgehe.

Wir bekennen „mit der Alten Kirche, daß Christus vom Vater her den Heiligen Geist sendet, der mit dem Vater und dem Sohn zugleich angebetet und verherrlicht wird" (Gemeinsame Erklärung zum Glaubensbekenntnis von Nizäa-Konstantinopel, 1981).

„Wenn wir ... den Ausgang des Heiligen Geistes im Sinne seines ewigen und anfangslosen Seins und Ausgangs verstehen, dann bekennen wir den Ausgang aus dem Vater allein, nicht aber auch aus dem Sohn. Wenn wir ihn aber im Sinne des zeitlichen Ausganges des Heiligen Geistes und seiner Aussendung in die Welt verstehen, dann bekennen wir den Ausgang aus dem Vater durch den Sohn oder auch aus beiden" (AK-O/1,14.15).

Die ökumenische Verständigung über das „filioque" bekundet sich ferner in folgenden Dokumenten: FO, Klingenthal-Memorandum; LWB, Curitiba 1990: LWI 5/90; COF: Man geht vom ursprünglichen Text (ohne den späteren Zusatz) aus.

6.6 Der Heilige Geist wird „mit dem Vater und dem Sohn zugleich angebetet und verherrlicht"

Daher sind „die Verherrlichung und der Lobpreis des dreieinigen Gottes der grundlegendste Aspekt christlichen Gebets – eines vom Heiligen Geist beseelten Gebets" (COF 211): „Die Stunde kommt, und sie ist schon da, zu der die wahren Beter den Vater anbeten werden im Geist und in der Wahrheit; denn so will der Vater angebetet werden. Gott ist Geist, und alle, die ihn anbeten, müssen im Geist und in der Wahrheit anbeten" (Joh 4,23f.).[11]

TEXTE AUS DER ÖKUMENE

Christen lehnen „alle Behauptungen über das Wirken des Heiligen Geistes im Leben von einzelnen Menschen oder Gemeinschaften ab, wonach der Geist unabhängig vom Vater oder vom Sohn handeln würde. Alle Kirchen sind überzeugt, daß der Heilige Geist zusammen mit dem Vater und dem Sohn wirksam ist in der Offenbarung von Gottes Plan und in seinem Heilshandeln. Und da sie auch glauben, daß der Heilige Geist das Lebenszentrum eines jeden Christen ist, so preisen sie jedesmal, wenn sie Gott preisen und verherrlichen, den Heiligen Geist mit dem Vater und dem Sohn" (COF 212).
„Du bist barmherzig und menschenfreundlich, Gott, wir verherrlichen Dich, den Vater, den Sohn und den Heiligen Geist, jetzt und immerdar und von Ewigkeit zu Ewigkeit. Amen" (aus der orthodoxen Liturgie).

Gott in der Höh sei Preis und Ehr,
den Menschen Fried auf Erden.
Allmächtger Vater, höchster Herr,
du sollst verherrlicht werden.
Herr Jesus Christus, Gottes Sohn,
wir rühmen deinen Namen;
du wohnst mit Gott dem Heilgen Geist
im Licht des Vaters. Amen.
(Nach dem Gloria; EG 689 / GL 464)

6.7 Der Heilige Geist hat gesprochen durch die Propheten

6.7.1 Christen glauben, daß Jesus Christus die Erfüllung der alttestamentlichen Prophetie ist (COF 214)

Der gleiche Heilige Geist, der den Jüngern Jesu gegeben wurde (Apg 2,4; Joh 20,22), hat durch die alttestamentlichen Propheten gesprochen. Die Schriften des Alten wie des Neuen Testamentes sind unter Einwirkung des Heiligen Geistes geschrieben.[12]
„Jesus schlug [in der Synagoge] das Buch [des Propheten Jesaja] auf und

---

11 H. Schütte, Christsein im ökumenischen Verständnis: Anbetung im Geist und in der Wahrheit.

12 Siehe auch oben 1.3.3: Die Heilige Schrift ist in Menschenwort sich bergendes Wort Gottes.

fand die Stelle, wo es heißt: Der Geist des Herrn ruht auf mir; denn der Herr hat mich gesalbt. Er hat mich gesandt, damit ich den Armen eine gute Nachricht bringe ... Da begann er [Jesus], ihnen darzulegen: Heute hat sich das Schriftwort, das ihr eben gehört habt, erfüllt“ (Lk 4,17-18.21; Jes 61,1f.; vgl. Lk 24,25ff.).
„Es mußte sich das Schriftwort erfüllen, das der Heilige Geist durch den Mund Davids im voraus gesprochen hat“ (Apg 1,16).
„Gepriesen sei der Gott und Vater unseres Herrn Jesus Christus. Er hat uns in seinem großen Erbarmen neu geboren, damit wir durch die Auferstehung Jesu Christi von den Toten eine lebendige Hoffnung haben ... Nach diesem Heil haben die Propheten gesucht und geforscht, auf welche Zeit und welche Umstände der in ihnen wirkende Geist Christi hindeute, der die Leiden Christi und die darauf folgende Herrlichkeit im voraus bezeugte“ (1 Petr 1,3.10f.).

TEXTE AUS DER ÖKUMENE

In der Verbindung zwischen dem Volk Gottes des Alten Bundes und dem Neuen Volk Gottes und Gottes Geist „liegt die Hoffnung beschlossen, daß der Geist Gottes durch seine fortwährende Wirksamkeit beide Gemeinschaften näher zusammenführen wird (Röm 11,29-32)“ (COF 213).

6.7.2 Der Heilige Geist spricht durch Propheten im Alten wie im Neuen Gottesvolk

„Der Geist Gottes kam über Saul, und Saul geriet ... in prophetische Verzückung“ (1 Sam 10,10; vgl. Num 11,25; 1 Sam 19,20-24).
„Zacharias wurde vom Heiligen Geist erfüllt und begann, prophetisch zu reden“ (Lk 1,67; vgl. 1,41).
„Da kam von Judäa ein Prophet namens Agabus herab ... und sagte: So spricht der Heilige Geist“ (Apg 21,10f.; vgl. 11,28).
Die Geistesgabe der Prophetie gehört zur Kirche: „Wir haben unterschiedliche Gaben, je nach der uns verliehenen Gnade. Hat einer die Gabe prophetischer Rede, dann rede er in Übereinstimmung mit dem Glauben“ (Röm 12,6; vgl. 1 Kor 12,1-11).

TEXTE AUS DER ÖKUMENE

Es ist christliche „Überzeugung und Erfahrung, daß die Gaben der Prophetie auch heute noch verliehen werden. Diese Gaben kommen auf vielfältige Weise zum Ausdruck – bei denen, die ein bestimmtes Wort Gottes in einer Situation der Unterdrückung und Ungerechtigkeit verkündigen, oder bei denen, die die Kirche in ihrem Gottesdienst auferbauen, und bei denen, die in einigen Kirchen in Formen charismatischer Erneuerung beteiligt sind. Das Leiden prophetischer

Zeugen wird immer zum Leben der Kirche und ihrem Dienst an der Welt gehören ... Das Bekenntnis zu Jesus Christus als Herrn dient nach dem Apostel Paulus als das entscheidende Kriterium zur Unterscheidung des Geistes Gottes von anderen prophetischen Geistern (1 Kor 12,3)“ (COF 215).

Der Geist des Herrn erweckt den Geist
in Sehern und Propheten,
der das Erbarmen Gottes weist
und Heil in tiefsten Nöten.
Seht, aus der Nacht Verheißung blüht;
die Hoffnung hebt sich wie ein Lied
und jubelt: Halleluja.

(Aus: Der Geist des Herrn erfüllt das All; Maria Luise Thurmair 1941; GL 249,2)

7. Wir glauben: eine, heilige, katholische und apostolische Kirche

Was in dem Buch „Kirche im ökumenischen Verständnis, Kirche des dreieinigen Gottes“ ausführlich dargelegt ist, wird im folgenden kurz zusammengefaßt.

7.1 Die Kirche ist Glaubensgeheimnis

Sie hat eine sichtbare Gestalt und ein nur im Glauben erfaßbares geistliches Wesen. „Daß die Kirche Volk Gottes ist, Leib Christi, durch den Geist geheiligt, ist nur im Glauben zu erkennen“ (KGWS 7).

7.2 Der dreieinige Gott hat die Kirche gewollt, begründet, verwirklicht

Ihr Ursprung liegt in Gottes ewigem Heilswillen. Sie ist „vorbereitet durch die Geschichte des alten Bundesvolkes, grundgelegt durch das Wirken des irdischen Jesus, verwirklicht durch Kreuz und Auferstehung Jesu, offenbart durch die Ausgießung des Heiligen Geistes“ (KEKat 259f.; KGWS 1 und 2; COF 212).

Gott ruft sein Volk zusammen rings auf dem Erdenrund,
eint uns in Christi Namen zu einem neuen Bund.
(Friedrich Dörr 1972; GL 640)

Die Kirche ist erbauet auf Jesus Christ allein.
Wenn sie auf ihn nur schauet, wird sie im Frieden sein.
(Aus: Ein Haus voll Glorie schauet; Hans W. Marx 1972; GL 639,3)

Den Geist, der heilig insgemein, läßt Christen Christi Kirche sein,
bis wir, von Sünd und Fehl befreit, ihn selber schaun in Ewigkeit.
(Rudolf Alexander Schröder 1937; EG 184,5 / GL 276,5)

7.3 Die Kirche hat „ihr Vorbild, ihren Ursprung und ihr Ziel im Geheimnis des einen Gottes in drei Personen“ (O-RK)

7.3.1 Sie ist das neue Volk Gottes (1 Petr 2,9)

An ihm hat Gott die Verheißungen eines neuen und ewigen Bundes erfüllt (Jer 31,31ff). Im Unterschied zu Israel ist die Kirche nur dadurch Volk Gottes, daß sie zugleich der „Leib Christi“ und der „Tempel des Heiligen Geistes“ ist (N. A. Dahl).

7.3.2 Sie ist der „Leib Christi", dessen Haupt Jesus Christus ist (1 Kor 12,27; Eph 5,23; Kol 1,18) Sie ist die „Braut Christi" (vgl. Eph 5,24-29; Offb 19,7)

Die Hingabe Christi an die Kirche ist endgültig, unzerstörbar.
Die Hingabe der Kirche an Christus ist bruchstückhaft und vom Geheimnis der Treulosigkeit überschattet (J. Ratzinger).

7.3.3 Sie ist „Tempel des Heiligen Geistes" (vgl. 2 Kor 6,16; 1 Kor 3,16), der in der Kirche und durch sie handelt, sie in die Wahrheit leitet

Er schenkt jedem Gaben zum Zeugnis und zu Diensten für den Aufbau der Kirche. Die Christen sollen lebendige Bausteine sein.

7.4 Die Kirche ist Gemeinschaft (communio sanctorum)

7.4.1 Gemeinschaft durch und an Gottes Wort: hörende und bekennende Kirche

Der Glaube kommt vom Hören des Wortes Gottes (Röm 10,17). Das Evangelium „ist für alle Zeiten der Ursprung jedweden Lebens für die Kirche" (LG 20). Die Kirche ist „Geschöpf des Wortes" (creatura Verbi). Die Gottes Wort hörende Kirche antwortet darauf mit dem Bekenntnis des Glaubens; sie ist Bekenntnisgemeinschaft.

7.4.2 Gemeinschaft durch die Sakramente: betende, Liturgie feiernde Kirche

– Sie ist Gemeinschaft der Getauften: Durch die Taufe erfolgt die Aufnahme in die Kirche (1 Kor 12,13). Die Getauften sind „einer" in Christus (Gal 3,28) und untereinander verbunden.
– Sie ist Eucharistiegemeinschaft: Wir empfangen den Leib Christi (die Eucharistie) und werden Leib Christi (Kirche): 1 Kor 10,16f.

Wir, die wir alle essen von dem Mahle
und die wir trinken aus der heil'gen Schale,
sind Christi Leib, sind seines Leibes Glieder,
Schwestern und Brüder.
(Aus: Dank sei dir, Vater, für das ewge Leben; Maria Luise Thurmair 1969; EG 227,3 / GL 634,3)

7.4.3 Gemeinschaft in den Diensten: liebende Kirche

– Alle Christen als gemeinsame Priesterschaft (1 Petr 2,5.9) sind berufen, in Wort und Tat vom Evangelium Zeugnis zu geben und einander zu dienen.

– Innerhalb der Kirche gibt es das von Christus grundgelegte Dienstamt.

Die Amtsträger sind Diener Christi „an Christi Statt“ (2 Kor 5,20) mit der dreifachen Aufgabe:
* Leitung und Auferbauung der Gemeinden bzw. Kirchen,
* Verkündigung des Wortes Gottes,
* Verwaltung und Spendung der Sakramente.

– Das apostolische Dienstamt hat sich entfaltet. Aufgabe des bischöflichen Amtes ist – außer den genannten Funktionen:

Leitung regionaler Kirchen; Sorge für die Einheit, für die rechte Lehre und die Gemeinschaft mit und unter den Kirchen.

Dem Bischof von Rom obliegt nach katholischer Auffassung das Petrusamt als Dienst an der Einheit der ganzen Kirche (7.6.1).

– Die Berufung zum Dienstamt erfolgt durch Ordination unter Gebet und Handauflegung. Darin wird dem Amtsträger eine Gnadengabe des Heiligen Geistes zuteil als Sendung, Vollmacht und Segen für seinen Dienst (1 Tim 4,14; 2 Tim 1,6).

– Die Kirche wird von Gott in der Wahrheit gehalten: Im Konzil legt sie die geoffenbarte Wahrheit verbindlich aus: „Der Heilige Geist und wir haben beschlossen“ (Apg 15,28). Nach katholischer Lehre ist der Papst als Sprecher der Kirche vor Irrtum bewahrt, wenn er feierlich für die ganze Kirche entscheidet, ihren Glauben verbindlich ausspricht.

7.4.4 Gemeinschaft mit den Armen und Unterdrückten

„Die Christusgemeinschaft befähigt und verpflichtet zum Einsatz für alle Menschen“ (vgl. Gal 5,13; Röm 12,13; Lk 10,27.30-37). Diakonie und Nächstenliebe gehören unlösbar zum Evangelium.

Brich den Hungrigen dein Brot. Die im Elend wandern,
führe in dein Haus hinein; trag die Last der andern.
(Martin Jentzsch 1951; EG 411; vgl. EKG 488 / GL 618)

7.4.5 Gemeinschaft mit den Heiligen

Die Christen, die Zeugnis für ihren Glauben gegeben haben (u. a. die Martyrer; Maria: Lk 1,45; 11,28), sind uns Vorbilder christlichen Lebens und bitten für uns (CA 21).

7.5 Die Kirche steht im Dienst des Heils aller Menschen

7.5.1 Sie ist Zeichen und Instrument des Heilshandelns Gottes

Sie ist Mysterium (Eph 3,3; 5,32), Sakrament, „der Schatz der unaussprechlichen Geheimnisse Gottes“ (Johannes Chrysostomus).
Gott hat in Christus die Welt mit sich versöhnt und der Kirche aufgetragen, in Wort und Sakrament die Versöhnung zu vollziehen. Es gibt keine Christusgemeinschaft ohne Kirchengemeinschaft.

7.5.2 „Außerhalb der Kirche kein Heil“

Ohne Christus gibt es kein Heil; er ist der Mittler und Erlöser aller Menschen (Apg 4,12; 1 Tim 2,5f.). Niemand kommt zum Vater außer durch ihn (Joh 14,6).
Christus ist als Haupt der Kirche bleibend mit ihr verbunden und handelt im Heiligen Geist „in der Kirche und durch die Kirche“ (R. Frieling).
– Für Christen ist das Wort „außer der Kirche kein Heil“ (auch entsprechend seiner ursprünglichen Bedeutung) eine Mahnung: „Wer immer sich von der Kirche löst, trennt sich von den Verheißungen, die der Kirche gegeben sind“ (Cyprian von Carthago). „Wer euch hört, der hört mich, und wer euch ablehnt, der lehnt mich ab“, sagt Jesus (Lk 10,16).
– Im Blick auf Nichtchristen gilt: Gott will das Heil aller (1 Tim 2,4); daher dürfen wir „darauf vertrauen, daß Gottes Liebe auch andere Wege kennt, um Menschen zu erreichen“ (EEKat 1071; vgl. KEKat 265). Die mit ihrem Haupt Jesus Christus verbundene Kirche soll Fürbitte halten für alle (1 Tim 2,1); die Feier der Eucharistie geschieht „für alle“. Die Liebe der Christen soll Zeichen werden für die Welt (Joh 13,35).

Gedenke, Herr, die Kirche zu erlösen,
sie zu befreien aus der Macht des Bösen,
als Zeugen deiner Liebe uns zu senden
und zu vollenden.
(Aus: Dank sei dir, Vater, für das ewge Leben; Maria Luise Thurmair 1969; EG 227,6 / GL 634,6)

7.6 Die Kirche ist eine, heilige, katholische und apostolische

Diese Grundeigenschaften sind Gaben und Aufgaben.

7.6.1 Es gibt nur eine Kirche Christi. Zu ihr gehört nach katholischer Lehre das Petrusamt als Dienstamt der Einheit

Die Einheit der Kirche ist im dreieinigen Gott begründet (LG 4; L-RK/3,44; AK-O/3,20). Es gibt nur den einen Leib Christi, die Kirche, dessen Glieder wir durch die eine Taufe werden. Daß die grundlegende Einheit nie verlorenging, ist Überzeugung der noch Getrennten und wird im Glauben bekannt. Wort und Sakrament begründen die Einheit, das Dienstamt bezeugt sie.
– Die eine Kirche besteht in Ortskirchen. Das Neue Testament verwendet den Begriff Ekklesia (Kirche) für die Gesamtkirche, die Ortskirche und die im Gottesdienst versammelte Kirche.
– Einheit in Christus heißt: Einheit in der Wahrheit, im Glauben. Das bedeutet nicht Vereinheitlichung und Gleichförmigkeit, vielmehr Mannigfaltigkeit und Vielfalt, Freiheit – wo immer sie möglich ist.
– Einheit der Kirche, Überwindung von Spaltungen, ist bleibende Aufgabe (vgl. 1 Kor 1,10; Eph 4,2-6; Joh 17,21-23). Alle Christen sind gerufen, der Einheit zu dienen. Dem Petrusamt, das der Bischof von Rom innehat, obliegt in besonderer Weise die Sorge für die Einheit. Eine ökumenische Verständigung über das Petrusamt wird für möglich gehalten (vgl. KiöV 96-99).

7.6.2 Die Kirche ist heilig

Die Kirche ist heilig, „ein heiliges Volk“ (1 Petr 2,9f.), weil Christus, ihr Haupt, sich für sie hingegeben hat, um sie zu heiligen (vgl. Eph 5,25f.), und weil ihr die Güter des Heils bleibend gegeben und zum Weitergeben aufgetragen sind.
– Die Kirche ist heilig, weil die Glaubenden durch Wort und Sakrament zur Gemeinschaft der Heiligen, der Geheiligten werden (vgl. 1 Kor 1,2).
– Die Heiligkeit der Kirche leuchtet auf in Heiligen (vgl. Mt 5,14). „Wenn Christen fest im Glauben, stark in der Hoffnung und treu in der Liebe leben, sind sie ein Widerschein dieser Heiligkeit“ (KEK/CCEE 1984, 36).
– Die heilige Kirche ist Kirche der Sünder (1 Joh 1,8; Jak 3,2), sündige Kirche; sie betet immerfort in der Liturgie um Vergebung der Sünden, der Schuld.

– Die Heiligkeit der Kirche ist Aufgabe: Die Kirche ist stets der Erneuerung bedürftig (ecclesia semper reformanda). Weil Christus ihr Haupt ist und der Heilige Geist sie in die Wahrheit leitet, ist die Kirche „Säule und Fundament der Wahrheit" (1 Tim 3,15) und hat sie die Verheißung, nicht völlig in die Irre zu geraten.

7.6.3 *Die Kirche ist katholisch*

In allen Dokumenten ökumenischer Dialoge ist evangelischerseits diese Bezeichnung wieder aufgenommen worden, die aus sprachlichen Gründen durch „christlich" bzw. „allgemein" ersetzt war.[1]
In der katholischen Kirche wird der Bezeichnung „katholisch" noch „römisch" hinzugefügt; damit ist auf den Petrusdienst des Bischofs von Rom hingewiesen.
– Die Kirche ist katholisch, weil Gott ihr die Fülle der Offenbarung und der Heilsgüter anvertraut hat.
– Sie ist katholisch aufgrund des göttlichen Auftrags, allen Menschen aller Zeiten in aller Welt das Evangelium zu verkünden (vgl. Mt 28,19).
– Die Ortskirche ist Kirche Gottes, katholische Kirche; sie verwirklicht das Kirchesein – allerdings in Gemeinschaft mit, nicht getrennt von den anderen Kirchen.
– Die Katholizität der Kirche ist ständige Aufgabe. Die Kirche muß sich vor jedweder Einseitigkeit hüten, allem wahrhaft Christlichen gegenüber offen sein. Sie muß die wahre Katholizität durch Überwindung der Spaltungen anstreben: Voll verwirklichte Katholizität ist nur möglich auf dem Weg der Ökumenizität.

7.6.4 *Die Kirche ist apostolisch*

Jesus Christus ist bleibender Grund der Kirche: „Denn einen anderen Grund kann niemand legen als den, der gelegt ist: Jesus Christus" (1 Kor 3,11). Er hat die Apostel erwählt und die Kirche auf ihnen errichtet: „Ihr seid auf das Fundament der Apostel und Propheten gebaut; der Schlußstein ist Jesus Christus selbst. Durch ihn wird der ganze Bau zusammengehalten" (Eph 2,20).
– Die Kirche als ganze ist apostolisch, Gottes Gesandtschaft in der Welt. Alle Christen sind berufen und gesandt, Zeugnis vom Evangelium zu geben.

---

1 Daß man evangelischerseits die Bezeichnung „katholisch" zeitweilig aufgab, bezeichnet Karl Barth als „Zeichen höchster Gedankenlosigkeit und Schwäche" (KD IV/1,784).

– Die Kirche ist apostolisch im Glauben, in der Lehre. Sie ist für immer an das Zeugnis der Apostel gebunden (successio apostolica fidei).
– Die Kirche ist apostolisch in der Sendungsnachfolge. Jesus Christus ist der Apostel (Hebr 3,1), der vom Vater in Vollmacht Gesandte (Mt 10,40; Joh 5,24.30; 13,20).
Jesus Christus beruft Apostel; er setzt die Nachfolge seiner selbst (successio sui: Mk 3,13; 1 Kor 15,3ff.; 2 Kor 5,20; Joh 17,18; 20,21). Von den Aposteln her erfolgt die Weitergabe ihrer Sendung, die apostolische Nachfolge im engeren Sinn (Apg 20,28-32; 1 Tim 4,14 und 2 Tim 1,6) mit dem Auftrag, anderen die Sendung durch Handauflegung weiterzugeben (1 Tim 5,22; vgl. 2 Tim 2,2; Tit 1,5: successio apostolica ordinis). Diese steht im Dienst an der apostolischen Überlieferung und in Bindung an sie.
– Weil zur Reformationszeit schwerwiegende Gegensätze im Glauben vorzuliegen schienen, kam es reformatorischerseits unbeabsichtigt zum Aufgeben der Nachfolge im Bischofsamt. Wenn im ökumenischen Dialog Einheit im Glauben erkannt wird, wird evangelischerseits ein Aufnehmen der Nachfolge im Bischofsamt für möglich gehalten, die orthodoxe, katholische und anglikanische Kirchen für unabdingbar erachten.
– Apostolizität ist bleibende Aufgabe aller Christen. Mission ist Lebensausdruck des christlichen Glaubens (vgl. oben 6.4.2.3).

Gib den Boten Kraft und Mut, Glauben, Hoffnung, Liebesglut,
und laß reiche Frucht aufgehn, wo sie unter Tränen sä'n.
Erbarm dich, Herr.
(Aus: Sonne der Gerechtigkeit; Christian G. Barth 1824; EG 262,5; vgl. EKG 218,5 / GL 644,5)

7.7 Die Kirche ist auf dem Weg zum vollendeten Reich Gottes Als Gemeinschaft der Hoffnung betet sie um sein Kommen in Herrlichkeit

Nun singe Lob, du Christenheit, dem Vater, Sohn und Geist,
der allerort und allezeit sich gütig uns erweist,
der Frieden uns und Freude gibt, den Geist der Heiligkeit,
der uns als seine Kirche liebt, ihr Einigkeit verleiht.
Er lasse uns wie Brüder sein, der Eintracht uns erfreun,
als seiner Liebe Widerschein die Christenheit erneun.

Du guter Hirt, Herr Jesus Christ, steh deiner Kirche bei,
daß über allem was da ist, *ein* Herr, *ein* Glaube sei.
Herr, mache uns im Glauben treu und in der Wahrheit frei,
daß unsre Liebe immer neu der Einheit Zeugnis sei.
(Georg Thurmair 1964; EG 265 / GL 638)

Vater unser im Himmel,
geheiligt werde dein Name,
dein Reich komme.

1993 und
1994 erschienen wichtige Dokumente, die grundlegende Gemeinsamkeiten im Verständnis von Kirche bezeugen:

- Gemeinsame römisch-katholische / evangelisch-lutherische Kommission, Kirche und Rechtfertigung. Das Verständnis der Kirche im Licht der Rechtfertigungslehre.
- Kirchen in Gemeinschaft – Gemeinschaft der Kirche. Studie des DÖSTA zu Fragen der Ekklesiologie.
- Die Kirche Jesu Christi. Der reformatorische Beitrag zum ökumenischen Dialog über die kirchliche Einheit (Vollversammlung der Leuenberger Gemeinschaft).

8. Wir bekennen die eine Taufe zur Vergebung der Sünden

Die Glaubenden (2.2.4) sind eins in Christus, in der einen Kirche durch die eine Taufe (1.4). Die Kirche ist Gemeinschaft der Getauften (7.4.2). Durch die Taufe geschieht die Aufnahme in die Kirche. Durch die Taufe gibt Gott teil an Leben, Tod und Auferstehung Jesu Christi, schenkt er die Gnade der Rechtfertigung, die Vergebung der Sünden (5.8.2). Die Taufe ist eines der Sakramente der Kirche.

8.0 Die Sakramente der Kirche

8.0.1 Gottes Heilswirken erfolgt in Wort und Sakrament

Der Glaube gründet in der Botschaft Christi (Röm 10). „Selig sind ..., die das Wort Gottes hören und es befolgen" (Lk 11,28).
„Wer glaubt und sich taufen läßt, wird gerettet" (Mk 16,16).
Wer Christus im Sakrament der Eucharistie empfängt (sein Fleisch ißt und sein Blut trinkt), „hat das ewige Leben" (Joh 6,54).
Kirche ist Gemeinschaft durch Gottes Wort und durch die Sakramente.[1]
Augustinus bezeichnet Gottes Wort als „sacramentum audibile" (hörbares Sakrament) und das Sakrament als „verbum visibile" (sichtbares Wort).
„Wort Gottes ist nach der Heiligen Schrift und den Vätern die umfassende Wirklichkeit der *Zuwendung Gottes zur Welt* als ihr Schöpfer, Richter und Retter ... In der Mitte der Offenbarung Gottes im Wort steht der Sohn, der Gekreuzigte und Auferstandene. Er ist selbst Gottes Wort von Ewigkeit her ... und als geschichtliche Person, in der das richtende und neuschaffende Wirken des dreieinigen Gottes zum Ziel kommt." Gottes Wort „ist wirkendes Wort auch in der Taufe, in der Absolution, im Herrenmahl" (KGWS 11).

8.0.2 Die „großen" und „kleinen" Sakramente

„Die kirchliche Überlieferung unterscheidet ... zwischen den beiden ‚großen Sakramenten': Taufe und Eucharistie und den ‚kleinen Sakramenten'" (KEKat 320): Konfirmation (Firmung), Sündenvergebung

---

1 Vgl. oben 7.4.1 und 7.4.2; ausführlich in: KiöV 46-56.

(Buße), Krankensalbung, Ordination (Berufung, Segnung und Sendung zum geistlichen Amt) und Ehe.
In der orthodoxen, der römisch-katholischen, der altkatholischen, auch der anglikanischen Kirche werden diese sieben als „Sakramente" bezeichnet.
Evangelischerseits gelten Taufe und Eucharistie als Sakramente.
„Manche lutherischen Bekenntnisschriften (Augsburger Bekenntnis, Apologie) rechnen auch die Absolution (Lossprechung in der Beichte) und die Ordination (Übertragung des kirchlichen Amtes durch Gebet und Handauflegung) hinzu" (EEKat 1136).[2]
Konfirmation, Trauung und Krankensegnung werden evangelischerseits „als Segenshandlungen betrachtet ... Der Segen ist ein Gebet, dessen Erfüllung uns zugesagt ist. Das wird dem Menschen durch eine Gebärde (Handauflegung, Kreuzzeichen) leibhaft zugesagt" (EEKat 1137).

TEXTE AUS DER ÖKUMENE

„Mit dem Wort ‚Mysterium' wird im Neuen Testament das unfaßbare Ereignis von Gottes Heilshandeln in Christus bezeichnet.
Zur Mitteilung der Gnade wurden von Christus während seines irdischen Wirkens, das in Kreuz und Auferstehung seinen Höhepunkt fand, die Mittel gestiftet, die dem Heil dienen: die heiligen Sakramente oder Mysterien ... Was das Grundlegende und Wesentliche ihres gottesdienstlichen Vollzugs in Gebet und damit verbundenen sichtbaren Zeichen betrifft, erhielten sie ihre Gestalt durch die Apostel. Auf diese Weise werden Stiftung und Anordnung der Sakramente auf das Neue Testament zurückgeführt...
Die der Kirche übergebenen Sakramente sind: Taufe, Firmung, Eucharistie, Buße, Krankensalbung, Ordination und Ehe" (AK-O/5,1.3.4).
Der ökumenische Dialog hat „wachsende Übereinstimmung in Verständnis und Vollzug der Sakramente" erbracht – nicht nur hinsichtlich Taufe und Eucharistie: „Auch im Blick auf die anderen Sakramente in der Katholischen Kirche, denen in der lutherischen Kirche bislang nur zögernd oder gar nicht ein sakramentaler Charakter zugesprochen wurde, haben theologische Bemühungen zu einem besseren gegenseitigen Verständnis geführt" (L-RK/7,75.77).
„Die noch offenen Fragen vor allem im Blick auf die Zahl der Sakramente wurzeln letztlich in einem offenen Sakramentsbegriff" (L-RK/7,84).
„Unsere beiden Traditionen erkennen die Einzigartigkeit der beiden Schriftsakramente an. Nur für diese gibt es im Neuen Testament ein aufgezeichnetes Gebot Christi, bestimmte Handlungen mit Hilfe materieller Dinge zu vollziehen, und nur mit ihnen allein ist eine besondere Verheißung seines eigenen

---

2 Zu Absolution vgl. Apol 13,4 und unten 8.4; zu Ordination vgl. Apol 13,11.12; EEKat 1136 und unten 8.6.

Handelns und der damit verknüpften Gabe verbunden. In beiden Kirchenfamilien gibt es Glieder, die den Begriff ‚Sakrament' auf andere Riten ausweiten möchten (z. B. auf Absolution und Ordination unter Lutheranern und auf die anderen fünf der traditionellen ‚Sakramente' unter Anglikanern). Das ist weitgehend eine Sache des Sprachgebrauchs. Gemäß der engeren Definition kann es nur zwei Sakramente geben, gemäß der weiteren kann es auch andere geben, aber wenn die weitere Definition benutzt wird, wird die Vorrangstellung von Taufe und Abendmahl dennoch bejaht.
Innerhalb beider Kirchenfamilien sind entsprechend den Bedürfnissen und örtlichen Varianten gewisse Vorkehrungen getroffen für die anderen ‚fünf gewöhnlich so genannten Sakramente'. Wo die Salbung praktiziert wird, wird sie nicht als Letzte Ölung, sondern als ein Mittel zur Heilung verstanden" (A-L 70-72).

8.1 Die eine Taufe zur Vergebung der Sünden

8.1.1 Die Taufe ist im Wirken Jesu, in seinem Kreuz und seiner Auferstehung grundgelegt

In der Heiligen Schrift wird die Taufe auf Christus zurückgeführt: „Darum geht zu allen Völkern, und macht alle Menschen zu meinen Jüngern; tauft sie auf den Namen des Vaters und des Sohnes und des Heiligen Geistes, und lehrt sie, alles zu befolgen, was ich euch geboten habe" (Mt 28,19f.).[3]
Christliches Taufen nimmt auf, daß Jesus sich am Beginn seines öffentlichen Auftretens taufen ließ.

TEXTE AUS DER ÖKUMENE

„Die christliche Taufe ist . . . grundgelegt in Jesu eigener Taufe, sie schöpft ihre Kraft aus Tod und Auferweckung Jesu wie der Sendung des Geistes, und sie wird gespendet im Auftrag und der Vollmacht des auferstandenen und erhöhten Herrn: . . . (Mt 28,18-20; vgl. Mk 16,15-16)" (KEKat 331).
„Die christliche Taufe ist im Wirken Jesu von Nazaret, in seinem Tod und seiner Auferstehung verwurzelt" (FO/T 1; vgl. COF 247f.).
Sie „gründet im Befehl des auferstandenen Christus" (EEKat 1071).

Gehet hin in alle Welt, Halleluja. /
Macht zu Jüngern alle Völker, Halleluja. /
Taufet sie im Namen des Vaters und des Sohnes und des Heiligen Geistes.
(Frühmittelalterlich, 1968; EG 201; GL 646,5)

---

3 Der sogenannte Taufbefehl geht in seiner Formulierung wohl auf die frühe Christenheit zurück.

8.1.2 Die Taufe wird mit Wasser im Namen des Vaters und des Sohnes und des Heiligen Geistes vollzogen (FO/T 17 mit Mt 28,19f.)

TEXTE AUS DER ÖKUMENE

„Die Praxis der ungeteilten Kirche ist die Taufe durch dreimaliges Untertauchen. Die Taufe durch dreimaliges Übergießen ist als Nottaufe in der Kirche ebenfalls bekannt" (AK-O/5,15; vgl. O-RK I/7,49; EEKat 1075ff.; KEKat 331).

8.1.3 „Die Taufe wird normalerweise von einem ordinierten Amtsträger vorgenommen, wenngleich unter bestimmten Umständen auch andere taufen können" (FO/T 22)

TEXTE AUS DER ÖKUMENE

„Nach dem Neuen Testament ist es Christus und damit Gott, der in der Taufe am Menschen handelt. Der Täufer ist nur sein Werkzeug" (EEKat 1066; vgl. 566).
„Christus ist es, der tauft" (Augustinus, In Ioan. ev. tr. 5,18).
„Die Taufe wird vom Bischof oder Presbyter gespendet und nur im Notfall von einem Diakon oder auch einem Laien" (AK-O/5,19).
„Da die Taufe in die Gemeinschaft der Kirche eingliedert, ist die feierliche liturgische Spendung Sache des kirchlichen Amtes ... Da die Taufe jedoch heilsnotwendig ist, kann im Notfall jeder Christ, ja jeder Mensch, also auch ein Ungetaufter, die Taufe gültig spenden ... Der eigentliche Spender der Taufe ist ja Jesus Christus selbst" (KEKat 335).
„An einem ungetauften Kinde darf bei schwerer Krankheit oder großer Schwäche jeder Christ die Taufe vollziehen, wenn ein Pfarrer nicht mehr rechtzeitig herbeigeholt werden kann": Nottaufe (EEKat 1077).

8.1.4 Durch das Sakrament der Taufe geschieht:

- *die Eingliederung in die Kirche (1 Kor 12,13),*
- *die Reinigung von der Ursünde und von persönlichen Sünden (1 Kor 6,11; Apg 2,38; 22,16),*
- *Gerechtsprechung und Heiligung (Tit 3,5; 1 Petr 1,13-23),*
- *die Teilnahme am neuen Leben Jesu Christi (Röm 6,3-5; Kol 2,12)*

„Durch den einen Geist wurden wir in der Taufe alle in einen einzigen Leib aufgenommen", d. h. in die Kirche, den „Leib Christi" (1 Kor 12,13).
„Ihr seid reingewaschen, seid geheiligt, seid gerecht geworden im Namen Jesu Christi, des Herrn, und im Geist unseres Gottes" (1 Kor 6,11; vgl. Gal 6,15).
„Kehrt um, und jeder von euch lasse sich auf den Namen Jesu Christi taufen zur Vergebung seiner Sünden" (Apg 2,38; vgl. 22,16).

„Er hat uns gerettet ... durch das Bad der Wiedergeburt und der Erneuerung im Heiligen Geist“ (Tit 3,5; vgl. 1 Petr 1,3.23).
„Wißt ihr nicht, daß wir alle, die wir auf Christus Jesus getauft wurden, auf seinen Tod getauft worden sind? Wir wurden mit ihm begraben durch die Taufe auf den Tod; und wie Christus durch die Herrlichkeit des Vaters von den Toten auferweckt wurde, so sollen auch wir als neue Menschen leben. Wenn wir nämlich ihm gleich geworden sind in seinem Tod, dann werden wir mit ihm auch in seiner Auferstehung vereinigt sein“ (Röm 6,3-5; vgl. Kol 2,12).

TEXTE AUS DER ÖKUMENE

„Die Taufe ist dasjenige von Gott eingesetzte Sakrament der Kirche, durch das der im Namen der heiligen und lebenspendenden Dreifaltigkeit Getaufte ein Glied der Kirche Christi wird, indem er durch die Teilhabe am Mysterium des göttlichen Heilswerkes in Christus von der Herrschaft der Sünde befreit und zu einem neuen Geschöpf in Christus wiedergeboren wird“ (AK-O/5,12; auch O-RK I/7,49).
„Die Taufe wirkt Vergebung der Sünden, erlöst vom Tod und Teufel und gibt die ewige Seligkeit allen, die es glauben, wie die Worte und Verheißung Gottes lauten“ (Martin Luther, Kl. Kat 4,2).
„Taufe ist Eingliederung in die Kirche“ (EEKat 1082; ebenso KEKat 334; COF 242.248; UR 22; Heid 73).
„Die Taufe verleiht den Heiligen Geist, der den Getauften ein neues Leben schenkt“ (EEKat 1059).
„Durch die Taufe werden Christen in den befreienden Tod Christi eingetaucht, wo ihre Sünden begraben werden ... Völlig einbezogen in den Tod Christi, werden sie mit ihm begraben und werden hier und jetzt zu einem neuen Leben in der Macht der Auferstehung Jesu Christi auferweckt ... Die Getauften werden ... von Christus freigesprochen, reingewaschen und geheiligt“ (FO/T 3.4).
Taufe ist „Eingliederung in den Leib Christi“ und „so ein grundlegendes Band der Einheit (Eph 4,3-6) ... Daher ist unsere eine Taufe in Christus ein Ruf an die Kirchen, ihre Trennung zu überwinden und ihre Gemeinschaft sichtbar zu manifestieren“ (FO/T 6).
Die Frucht der Taufe ist „Reinigung von der Sünde und Geschenk des neuen Lebens. Die Taufe wäscht und reinigt uns von der Sünde (vgl. 1 Kor 6,11; Apg 22,16). Sie löst uns aus der verhängnisvollen Schicksalsgemeinschaft aller Menschen unter der Macht der Sünde und befreit uns von der Erbsünde wie von allen bisher begangenen persönlichen Sünden. Positiv ausgedrückt ist die Taufe Wiedergeburt zum neuen Leben ... Sie schenkt Rechtfertigung und Heiligung ..., sie gibt uns die Gabe des Heiligen Geistes ... und das Geschenk der heiligmachenden Gnade. Sie macht uns zu Kindern Gottes und Miterben Christi“ (KEKat 331f.).
„Die Taufe begründet das gemeinsame Priestertum aller Christen“ (KEKat 333; LG 10).

„Wir glauben, daß die Taufe mit Wasser im Namen des dreieinigen Gottes den Getauften mit dem Tod und der Auferstehung Jesu Christi vereint, die Aufnahme in die Eine, Heilige, Katholische und Apostolische Kirche vermittelt und die Gnadengabe neuen Lebens im Geist vermittelt" (A-EKD, Meißen 15,4).
Weitere Texte siehe oben 1.4: B-R 21; COF 249.

8.1.5 Die Taufe erfolgt nur einmal. Sie ist unwiederholbar, weil Gott den Menschen ein für allemal in die Kirche aufnimmt

TEXTE AUS DER ÖKUMENE

Die „Kirche gründet sich nicht auf den freiwilligen Zusammenschluß von gleichgesinnten Einzelpersonen, sondern auf das Handeln Gottes, der uns durch sein Wort und durch die Taufe zu sich zieht ... in den Leib Christi treten wir nicht ein, wir werden hineingenommen. Weil dies nur einmal geschehen kann, ist die Taufe unwiederholbar" (EEKat 1072; vgl. 1058 und 1074).
„Die Taufe ist eine unwiederholbare Handlung" (FO/T 13; auch COF 245).
„So wie Jesus Christus das Werk der Erlösung ein für allemal getan hat, so werden auch wir in der Taufe ein für allemal in seinen Dienst gestellt. Sie prägt der Seele des Täuflings ein bleibendes ‚unauslöschliches geistiges Prägemal', den ‚Taufcharakter', ein. Damit ist gemeint, daß der Getaufte ein für allemal Jesus Christus zugeeignet und bleibend von ihm berufen, geprägt und gesandt ist." Die Taufe ist „einmalig und kann nicht wiederholt werden" (KEKat 333).

8.1.6 „Die Taufe ist der von Gott gebotene Weg in die Gemeinschaft des Heils und darum heilsnotwendig" (EEKat 1071)

„Wenn jemand nicht von neuem geboren wird, kann er das Reich Gottes nicht sehen ... Wenn jemand nicht aus Wasser und Geist geboren wird, kann er nicht in das Reich Gottes kommen" (Joh 3,3.5).
„Wer glaubt und sich taufen läßt, wird gerettet" (Mk 16,16).

TEXTE AUS DER ÖKUMENE

„Ohne die Wiedergeburt aus dem Wasser und dem Geist kann der Mensch nicht in das Reich Gottes eingehen (Joh 3,5)" (AK-O/5,13; vgl. O-RK I/7,49).
„Die Kirche lehrt die Heilsnotwendigkeit der Taufe nur für diejenigen, denen die Taufe verkündet wurde und die die Möglichkeit hatten, sich für die Taufe zu entscheiden" (KEKat 332).[4]

---

4 Zur Heilsmöglichkeit von Menschen, die nicht um die Taufe wissen und wußten, vgl. KiöV 83-88.

8.1.7 Der Mensch empfängt die Taufe im Glauben

TEXTE AUS DER ÖKUMENE

„Der Glaube ist Voraussetzung für die Taufe und für das ganze sakramentale Leben, das darauf folgt" (O-RK I/7,12).
Die Taufe ist „Zeichen des Glaubens, d. h. das Zeichen der Bekehrung und der Lebenswende hin zu Jesus Christus und des Bekenntnisses zu ihm. Deshalb geht seit altkirchlicher Zeit der Taufe von Erwachsenen eine längere Zeit der Einführung in den Glauben und in das Leben aus dem Glauben ... voraus ... Vor der Kindertaufe soll ein Taufgespräch mit Eltern und Paten, die das getaufte Kind später in den Glauben einführen sollen, stattfinden. Bei der Tauffeier selbst muß der Täufling bzw. müssen die Eltern und die Paten dem Bösen (bzw. dem Satan) widersagen und den Glauben an Gott, den allmächtigen Vater, an Jesus Christus und an den Heiligen Geist bekennen" (KEKat 331).
„Das Wort der Taufe als Anrede und als Geschenk Gottes ruft nach der Antwort des Getauften ... Die Antwort ... nennen wir Glauben ... Gegenüber dem schöpferischen Wirken Gottes in der Taufe besteht der Glaube darin, daß der Mensch dieses Wirken Gott zutraut und sich ihm überläßt ... Der Glaube ist also die Haltung des Empfangens. Weil sich aber die Taufe ausdrücklich auf Jesu Kreuz und Auferstehung bezieht, gehört es zum Glauben, die Botschaft von diesem Geschehen anzunehmen und zu erkennen" (EEKat 1067f.).
„Glaube ist notwendig für den rechten Empfang des Sakraments" (A-L 65).

8.1.8 In der orthodoxen, der römisch-katholischen, der anglikanischen, der altkatholischen Kirche und in den meisten Reformationskirchen ist die Taufe von Kleinkindern üblich. Baptisten und andere Freikirchen hingegen taufen nur Menschen auf das persönliche Bekenntnis ihres Glaubens hin

TEXTE AUS DER ÖKUMENE

Für die Kindertaufe spricht:
- „Das durch die Taufe begründete Christsein ist freie, unverdiente Gnade, mit der Gott all unserem Tun zuvorkommt" (KEKat 332).
- Die Kindertaufe ist „ein Zeichen dafür, daß Gott seine Verheißung ohne das Wollen und Verstehen des Menschen schenkt" (EEKat 1069).
- Eine neutrale Erziehung gibt es nicht: „Eltern und Erzieher prägen und beeinflussen heranwachsende Kinder auf jeden Fall, entweder durch ihren Glauben oder durch ihre Indifferenz [Gleichgültigkeit]" (KEKat 338).
  Die Kindertaufe ist kein Eingriff in die Freiheit des Menschen, da dieser sich später selbst entscheiden kann.
- Mehrfach heißt es im Neuen Testament, daß Menschen „mit ihrem ganzen Hause" getauft wurden, d. h. mit ihrer ganzen Familie: Apg 16,15.33; 1 Kor 1,16.

„Die Möglichkeit, daß zur neutestamentlichen Zeit auch die Kindertaufe praktiziert worden ist, kann nicht ausgeschlossen werden“ (FO/T 11; EEKat 1061f.).

- Im Neuen Testament werden Christen häufig an die Taufe erinnert: Röm 6,3; 1 Kor 6,9ff.; Eph 5,8-9; 1 Petr 2,1-5. Die Taufe ist Kraftquelle des Glaubens, Anfang eines lebenslangen Wachsens im Glauben.

Die Kindertaufe ist mit der Lehre des Neuen Testaments „vereinbar und vor allem auch mit der Betonung der göttlichen Initiative bei der Erlösung des Menschen. Der Glaube der Eltern, Paten und der gesamten Gemeinschaft ist ein Unterpfand dafür, daß das getaufte Kind zu einer eigenen Antwort im Glauben auf das, was Gott für das Kind getan hat, geführt wird“ (A-L 65; O-RK I/7,47).

„Die Erwachsenentaufe und die Kindertaufe lassen für den Getauften dasselbe Geschenk der göttlichen Gnade wirksam werden.“ Es besteht die Notwendigkeit, „daß die Getauften, seien es Erwachsene oder Kinder, von der kirchlichen Gemeinschaft geführt werden ..., im Fall der Kinder besonders von den Taufpaten, die den Glauben der Kirche im Namen der Täuflinge bekennen“ (AK-O/5,17).

„Soll man auch die jungen Kinder taufen? Ja; denn dieweil sie ... in den Bund Gottes und in seine Gemeinde gehören ... und ihnen in dem Blut Christi die Erlösung von Sünden (Mt 19,14) und der Heilige Geist, welcher den Glauben wirket, (ihnen) zugesagt wird (Lk 1,14f.; Ps 22,11; Jes 44,1-3; Apg 2,39), so sollen sie auch durch die Taufe als das Bundeszeichen der christlichen Kirche eingeleibt ... werden“ (Heid 74).

Die *Baptisten*, „die die Kindertaufe ablehnen, fühlen sich dazu genötigt aus der Überzeugung, daß das Handeln Gottes in der Taufe solcher Art ist, daß ihm zur Zeit der Taufe eine unzweifelhaft persönliche Antwort auf seiten des Täuflings entsprechen muß“ (B-R 16).

8.1.9 Taufe, Firmung und Eucharistie bilden eine Einheit: Durch diese Sakramente bewirkt der Heilige Geist die volle Eingliederung in das Leben der Kirche (O-RK I/7,52)

„Die christliche Initiation“ (die Eingliederung in das Leben der Kirche) „ist ein Ganzes, in dem die Firmsalbung die Taufe vollendet und die Eucharistie beide abschließt ... Die Geschichte der Taufriten in Ost und West wie auch die Ausdeutung der Riten durch unsere Väter zeigen klar, daß die Initiationssakramente eine Einheit bilden. Diese Einheit wird von der Orthodoxen Kirche sehr stark betont. Auch die Katholische Kirche hält an ihr fest. So erklärt das neue römische Rituale für die Initiation, daß ‚die drei Sakramente der christlichen Initiation so eng miteinander verbunden sind, daß sie die Gläubigen voll dazu befähigen, durch den Heiligen Geist die Sendung zu erfüllen, die jeder Versammlung des christlichen Volkes in der Welt zukommt‘“ (O-RK I/7,37.38).

8.2 Die Firmung (Konfirmation)

8.2.1 Das in der Taufe grundgelegte Christsein wird durch das Sakrament der Firmung (d. h. Stärkung) entfaltet, gestärkt und vollendet (Auffassung der orthodoxen, katholischen, anglikanischen und altkatholischen Kirche)

„Die evangelische Konfirmation steht historisch zwar in Zusammenhang mit der mittelalterlichen Firmung, schließt auch mit einer Segnung durch Handauflegung, gilt aber nicht als Sakrament“ (KGWS 45; vgl. jedoch 8.2.5 und 8.0.2: A-L 70-72).

8.2.2 Das Sakrament der Firmung gründet auf dem von der Taufe verschiedenen Empfang des Heiligen Geistes, wie er im Neuen Testament berichtet ist

„Als die Apostel in Jerusalem hörten, daß Samarien das Wort Gottes angenommen hatte, schickten sie Petrus und Johannes dorthin. Diese zogen hinab und beteten für sie, sie möchten den Heiligen Geist empfangen. Denn er war noch auf keinen von ihnen herabgekommen; sie waren nur auf den Namen Jesu, des Herrn, getauft. Dann legten sie ihnen die Hände auf, und sie empfingen den Heiligen Geist“ (Apg 8,14-17; vgl. 19,6; Hebr 6,2).

TEXTE AUS DER ÖKUMENE

„Gemäß dem einmütigen Glauben der alten und ungeteilten Kirche wird bei der Feier der Firmung die Praxis der Apostel fortgeführt, die den Getauften die Hände auflegten, damit der Heilige Geist auf sie herabkomme (vgl. Apg 8,14-17; 19,1-7). Damit das neue Leben des Menschen in Christus wachse, erfolgte nach dem Zeugnis der östlichen Kirchenväter unmittelbar nach der Taufe die Firmung“ (AK-O/5,21; vgl. KEKat 339f.).
„Die Sakramente der Taufe, der Firmung und der heiligsten Eucharistie sind so eng miteinander verbunden, daß sie zur vollen christlichen Initiation [d. h. zur vollen Eingliederung in die Kirche und zum Wachsen des Christseins] erforderlich sind“ (CIC, can. 842,2; II. Vat., SC 71).

8.2.3 In der Firmung wird der Christ zum öffentlichen Zeugnis des Glaubens und zu verantwortlicher Mitarbeit in der Kirche gesandt und gestärkt. Er wird bleibend von Jesus Christus in Dienst genommen

Das ist mit dem „unauslöschlichen Prägemal" gemeint, das die Firmung – ähnlich wie Taufe und Ordination – verleiht.

8.2.4 Spender der Firmung ist – nach katholischer Lehre – erstlich der Bischof; sie kann aber auch – wie in der orthodoxen Kirche – durch von ihm beauftragte Presbyter erfolgen

Am Gründonnerstag wird vom Bischof das Chrisam (Salböl) geweiht; dessen vielfältige Substanzen symbolisieren (d. h. sind Hinweis auf) die Gaben des Heiligen Geistes.
Nach einem Gebet um die Gaben des Heiligen Geistes wird dem zu Firmenden die Hand aufgelegt und ihm in Kreuzesform die Stirn gesalbt – in der orthodoxen Kirche auch Augen, Nase, Ohren, Mund, Brust, Hände und Füße. Dabei spricht der Spender des Sakraments: „Sei besiegelt durch die Gabe Gottes, den Heiligen Geist."

8.2.5 Ansätze zu einer ökumenischen Verständigung mit den Reformationskirchen

Reformatorischerseits wurde die Firmung als Sakrament abgelehnt:
- weil sich dazu kein unmittelbares Einsetzungswort von Jesus Christus findet,
- weil man meinte, die Taufe werde durch die Firmung als unvollständig hingestellt und damit entwertet.

Das Konzil zu Trient verteidigte die Firmung als Sakrament. Bald nach Beginn der Reformation kam es „zur Entwicklung einer evangelischen Konfirmationsfeier. Drei Motive spielten dabei eine Hauptrolle: – der Katechismusunterricht, – die Vorbereitung auf den ersten Abendmahlsgang, – ein abschließender Gottesdienst für die Kinder" (EEKat 1097). Bei der *evangelischen Konfirmation* und der abschließenden Handauflegung „will man bewußt an die Alte Kirche anknüpfen und gibt der Handauflegung eine dem Evangelium entsprechende Deutung: Empfang des Segens und des Heiligen Geistes . . . Der eigentliche, geistliche Konfirmator . . . ist Gottes Heiliger Geist selbst: Er allein bekräftigt, bestätigt und erneuert. Er allein bewirkt, daß der Glaube gestärkt wird und wächst. Er erfüllt mit Gaben, so daß Früchte des Glaubens reifen" (EEKat 1098f.).

„Auch nach lutherischem Verständnis ist die Konfirmation eine Segenshandlung, die unter dem Gebet der Gemeinde vollzogen und in der Menschen die Gnade verheißen und zugesprochen wird" (L-RK/7,81).

Die hier gegebenen *Ansätze zu einer Verständigung* sind unbestreitbar. Hinzu kommt: In reformatorischen Kirchen bestehen Ordnungen, die eine neue Salbung mit gesegnetem Öl bei der Konfirmation vorsehen: Lutheran Book of Workship. USA 1978, 311; Prot. Episc. Church, The Book of Common Prayer, USA 1979, 30.

Im ökumenischen Dialog wurde festgestellt, daß die katholische Lehre über die Firmung „in keinem kirchentrennenden Widerspruch" zur evangelischen Auffassung von der Konfirmation stehe (vgl. Lehrverurteilungen – kirchentrennend? I, 131f.).

Ihr werdet die Kraft des Heiligen Geistes empfangen
und werdet meine Zeugen sein.
(Paul Ernst Ruppel 1964; EG 132)

8.3 Die Eucharistie, das Abendmahl

8.3.1 Dieses Sakrament trägt verschiedene Namen, u. a. heilige Eucharistie, heiliges Abendmahl, Herrenmahl, Brotbrechen, heilige Kommunion, heilige Messe, heiliges Opfer, das Heilige

– *Eucharistie*, d. h. Danksagung an Gott für seine Schöpfung, für die Erlösung und die Heiligung: Diese Bezeichnung gibt es seit dem 2. Jahrhundert. Sie ist in der orthodoxen, katholischen, anglikanischen und altkatholischen Kirche üblich und geht auf das Dankgebet zurück, das Jesus bei der Einsetzung des Sakraments sprach (Lk 22,19; vgl. 1 Kor 11,23).

– *Abendmahl*: Dieser in den Reformationskirchen übliche Name erinnert an den Abend vor seinem Leiden, als Jesus dieses Mahl stiftete (Mt 26,20; vgl. Mk 14,17; 1 Kor 11,23).

– *Herrenmahl*: Diesen Titel trägt ein Dokument des lutherisch-katholischen Dialogs – entsprechend einer Bezeichnung, die sich bei Paulus findet (1 Kor 11,20).

– *Brotbrechen*: Beim letzten Abendmahl brach Jesus das Brot (Mt 26,26; 1 Kor 11,24); am Brotbrechen erkannten die Jünger den Aufer-

standenen (Lk 24,30.35); Brotbrechen nannten die Christen ihre eucharistischen Versammlungen (Apg 2,42-46).
– *Kommunion*, d. h. Gemeinschaft: Dieses Sakrament gewährt den Teilnehmenden Gemeinschaft mit Christus und läßt Kirche als „Leib Christi“ gegenwärtig werden (vgl. 1 Kor 10,16f.).[5]
– *Heilige Messe*: Die Eucharistiefeier in der katholischen Kirche schließt mit dem Ruf „Ite, missa est“, d. h. „Geht, es ist Sendung.“ Die Christen sind gesandt, in Wort und Tat Zeugnis zu geben (vgl. Mk 6,7; Lk 10,16ff.; 1 Petr 2,9), sich „selbst als lebendiges und heiliges Opfer darzubringen, das Gott gefällt“ (Röm 12,1).
– *Heiliges Opfer*: In der Eucharistiefeier wird Christus gegenwärtig, der sich ein für allemal geopfert hat (siehe 8.3.4.1).
– *Das Heilige*: Kirche ist Gemeinschaft am heiligen Wort Gottes und an den heiligen Sakramenten, vor allem der heiligen Eucharistie (ThWNT III, 805 zu 1 Kor 10,16ff.). In der Bergpredigt erfolgt die Mahnung, „das Heilige“ nicht zu entweihen (Mt 7,6). (Siehe oben 7.4.1 und 7.4.2.)

8.3.2 Jesus Christus hat die Eucharistie begründet

– Sie ist vorbereitet in den Tischgemeinschaften (Mahlgemeinschaften) des irdischen Jesus:
Jesus sah „Levi, den Sohn des Alphäus, am Zoll sitzen und sagte zu ihm: Folge mir nach! Da stand Levi auf und folgte ihm. Und als Jesus in seinem Haus beim Essen war, aßen viele Zöllner und Sünder zusammen mit ihm und seinen Jüngern“ (Mk 2,13ff.; vgl. Mt 9,9-13; Lk 5,27-32; 15,1f.).
– Sie ist grundgelegt im letzten Mahl Jesu am Abend vor seinem Leiden: „Denn ich habe vom Herrn empfangen, was ich euch dann überliefert habe: Jesus, der Herr, nahm in der Nacht, in der er ausgeliefert wurde, Brot, sprach das Dankgebet, brach das Brot und sagte: Das ist mein Leib für euch. Tut dies zu meinem Gedächtnis! Ebenso nahm er nach dem Mahl den Kelch und sprach: Dieser Kelch ist der Neue Bund in meinem Blut. Tut dies, sooft ihr daraus trinkt, zu meinem Gedächtnis!“ (1 Kor 11,23-25; vgl. Mt 26,26-29; Mk 14,22-25; Lk 22,19-20).
– Sie wird durch den Auferstandenen bekräftigt: „Und als er mit ihnen bei Tisch war, nahm er das Brot, sprach den Lobpreis, brach das Brot und gab es ihnen. Da gingen ihnen die Augen auf, und sie erkannten ihn“ (Lk 24,30f.; vgl. Joh 21,1-14).

---

[5] Siehe 7.3.2 Kirche – Leib Christi; 7.4.2 Kirche als Eucharistiegemeinschaft.

„Die Eucharistie hat der Herr selbst eingesetzt ... vgl. Mt 26,26-29; Mk 14,22-25; Lk 22,14-23; 1 Kor 11,23-25“ (AK-O/5,24; vgl. O-RK I/6,2).
Wir können „von einer dreifachen Begründung der Eucharistie bei Jesus Christus sprechen: Sie wird vorbereitet in der Mahlgemeinschaft des irdischen Jesus, sie ist grundgelegt im letzten Mahl Jesu am Abend vor seinem Tod, und sie wird bekräftigt in den österlichen Erscheinungen des auferstandenen Christus im Zusammenhang von Mählern seiner Jünger“ (KEKat 344).
„Im Abendmahl, das wir heute feiern, laufen mehrere Ströme der Überlieferung zusammen, die im Neuen Testament begründet sind:
- das letzte Mahl Jesu am Abend vor seinem Tod
- die Mahlgemeinschaften des irdischen Jesus
- die Erscheinungmahle des Auferstandenen
- das Passahmahl im Alten Bund.

‚In der Nacht, da er verraten ward‘, hat Jesus das Abendmahl eingesetzt“ (EEKat 1113).
„Im Abendmahl vollzieht die Kirche gehorsam die von Christus im Neuen Testament gebotenen Handlungen ...“ (A-L 67; vgl. L-RK/2,6).

8.3.3 Die Gegenwart Jesu Christi in der Eucharistie

8.3.3.1 Jesus Christus ist in der Eucharistie wahrhaft und wirklich zugegen und schenkt sich den Empfangenden
Jesus sagte: „Nehmt, das ist mein Leib ... Das ist mein Blut, das Blut des Bundes, das für viele vergossen wird“ (Mk 14,22.24; vgl. Lk 22,16; 1 Kor 11,23).
(1) Beim Marburger Religionsgespräch (1529) zeigte sich zwischen der Auffassung Luthers und Zwinglis ein Gegensatz, der zur Trennung von Lutheranern und Reformierten führte: Nach *Zwingli* sind „Brot und Wein in keiner Weise Mittel der Gegenwart Christi; sie sind Zeichen, die dem Christen helfen, sich an Christus zu erinnern und darin mit den anderen Glaubenden eins zu sein ... Die Einsetzungsworte deutet Zwingli so: ‚Das bedeutet meinen Leib‘ ...
Luther hielt streng daran fest, daß es sich im Abendmahl so verhält, wie die Worte Christi sagen: ‚Das ist mein Leib‘ ... In seiner Betonung der leiblichen Gegenwart Christi ging er mit der römisch-katholischen Kirche einig“ (EEKat 1116f.).
Durch die *„Leuenberger Konkordie“* von 1973 wurde der genannte Gegensatz beigelegt mit der Aussage: „Im Abendmahl schenkt sich der auferstandene Jesus Christus in seinem für alle dahingegebenen Leib und Blut durch sein verheißendes Wort mit Brot und Wein. So gibt er sich selbst vorbehaltlos allen, die Brot und Wein empfangen“ (LK 18).
(2) Lutherischerseits wurde die römisch-katholische Lehre von der

Wesensverwandlung (Transsubstantiation) früher „als Versuch verstanden, das Geheimnis der Gegenwart Christi im Sakrament rationalistisch zu erklären“ (d. h. mit der Vernunft zu begreifen).
Katholischerseits fand man die lutherische Formulierung, Christus sei „in, mit und unter Brot und Wein“ gegenwärtig, als nicht zureichend. „Die ökumenische Diskussion hat gezeigt, daß diese beiden Positionen nicht mehr als trennende Gegensätze betrachtet werden müssen. Die lutherische Tradition bejaht mit der katholischen Tradition, daß die konsekrierten Elemente nicht schlechthin Brot und Wein bleiben, sondern kraft des schöpferischen Wortes als Leib und Blut Christi geschenkt werden.“ Die katholischerseits verwandte Begrifflichkeit (Wesensverwandlung) „will ihrerseits den Geheimnischarakter der eucharistischen Gegenwart bekennen und bewahren; sie will nicht erklären, *wie* diese Wandlung stattfindet“ (L-RK/2,49-51; vgl. KEKat 350f.).

TEXTE AUS DER ÖKUMENE

„In diesem Sakrament ist Christus wirklich und wesenhaft gegenwärtig ... Unter Brot und Wein, die in der Eucharistie konsekriert und gewandelt werden, ist der Herr selbst wahrhaft und wirklich auf übernatürliche Weise gegenwärtig und teilt sich den Gläubigen mit. Brot und Wein sind nach der Konsekration Leib und Blut Christi und nicht bloße Symbole seines Leibes und Blutes“ (AK-O/5,23.24).
„Im Sakrament des Abendmahls ist Jesus Christus, wahrer Gott und wahrer Mensch, voll und ganz mit seinem Leib und seinem Blut unter dem Zeichen von Brot und Wein gegenwärtig“ (L-RK/2,16).
„Von dem Abendmahl des Herrn wird gelehrt, daß der wahre Leib und das wahre Blut Christi unter der Gestalt des Brotes und des Weines im Abendmahl wahrhaftig gegenwärtig sind und da ausgeteilt und genommen werden. Die Gegenlehre wird verworfen“ (CA X, EEKat 1117).
„‚Leib‘ nennt der semitische Sprachgebrauch nicht nur einen Teil am Menschen, sondern die ganze konkret-leibhaftige Person ... Ähnlich meint das Wort ‚Blut‘ im Semitischen die Lebenssubstanz des Menschen“ (KEKat 348).
„Christus selbst ist mit allem, was er für uns und für die gesamte Schöpfung vollbracht hat (in seiner Menschwerdung, seiner Erniedrigung, seinem Dienst, seiner Unterweisung, seinem Leiden, seinem Opfer, seiner Auferstehung und Himmelfahrt und indem er den Geist sandte), in dieser ‚Anamnese‘ [d. h. vergegenwärtigenden Erinnerung] gegenwärtig und schenkt uns Gemeinschaft mit sich“ (FO/E 6).
Im Dokument des Dialogs zwischen der katholischen Kirche und dem Reformierten Weltbund wird gesagt, daß beide „zu dem Glauben an die Realpräsenz Christi in der Eucharistie stehen ... In der Eucharistie teilt er sich selbst uns mit in der ganzen Realität seiner Gottheit und seiner Menschheit“ (R-RK 91 und 83).

Geheimnis des Glaubens:
Deinen Tod, o Herr, verkünden wir, und deine Auferstehung preisen wir, bis du kommst in Herrlichkeit.
(Aus der Liturgie; EG 710 / GL 360,5)

8.3.3.2 Die Gegenwart Christi in der Eucharistie wird durch den Heiligen Geist bewirkt, um dessen Kommen in der „Epiklese" gebetet wird

TEXTE AUS DER ÖKUMENE

„Die Konsekration von Brot und Wein in der Eucharistie geschieht durch das ganze eucharistische Gebet. Die Worte des Herrn ‚Nehmt, eßt ... Trinkt alle daraus' im eucharistischen Gebet, das als Ganzes konsekrierenden Charakter hat, bewirken nicht für sich allein die Wandlung von Brot und Wein der Eucharistie zu Leib und Blut Christi. Die Wandlung wird durch den Heiligen Geist bewirkt, um dessen Herabkunft in der Epiklese gebetet wird" (AK-O/5,29; vgl. O-RK I/6).
„Die Vergegenwärtigung Jesu Christi in der Eucharistie ist keine magische oder mechanische Handlung. Sie geschieht vielmehr durch ein im Namen Jesu Christi an Gott den Vater gerichtetes Gebet um die Gabe des Heiligen Geistes (Epiklese) ... Darum betet der Priester, bevor er die Einsetzungsworte spricht: ‚Sende deinen Geist auf diese Gaben herab, und heilige sie, damit sie uns werden Leib und Blut deines Sohnes, unseres Herrn Jesus Christus" (KEKat 349).
Das eucharistische Wirken Jesu „geschieht durch den Heiligen Geist. Alles, was der Herr uns gibt, ... wird uns durch den Heiligen Geist zuteil. Das kommt in der Liturgie besonders in der Anrufung des Heiligen Geistes (Epiklese) zum Ausdruck" (L-RK/2,21; vgl. FO/E 15-18; A-O/1,29-32).

8.3.3.3 „Gemeinsam sind wir der Überzeugung, ‚daß die eucharistische Gegenwart des Herrn Jesus Christus ... nicht nur auf den Augenblick des Empfangs beschränkt ist'"

Diese Aussage wurde im lutherisch-katholischen Dialog gemacht und von der Gemeinsamen Ökumenischen Kommission bestätigt (L-RK/2,52; Lehrverurteilungen – kirchentrennend? I, 112).
„Einigkeit besteht darüber, daß die Zielrichtung des Sakraments der Eucharistie die Communio der Gemeinde ist, also auf den gläubigen Empfang bezogen, gleichwohl nicht auf den Moment des Empfangs beschränkt ist" (Lehrverurteilungen – kirchentrennend? I, 123).

8.3.3.4 Dem in der Eucharistie gegenwärtigen Herrn Jesus Christus gebührt Anbetung

TEXTE AUS DER ÖKUMENE

Im ökumenischen Dialog zwischen der katholischen Kirche und den Reformationskirchen wurde erklärt:
„Beide Seiten lehren übereinstimmend, daß die Anbetung dem im Abendmahl gegenwärtigen Herrn gilt und nicht den ‚äußerlich sichtbaren Elementen von Brot und Wein'. Deshalb trifft der Vorwurf der Elementenanbetung und damit der Idolatrie [d. h. Götzendienst] nicht die katholische Lehre" (Lehrverurteilungen – kirchentrennend? I, 110).
Im lutherisch-katholischen Dialog wurde als Wunsch ausgesprochen: „Was die eucharistische Anbetung betrifft, sollten die Katholiken darauf achten, daß ihre Praxis nicht der gemeinsamen Überzeugung vom Mahl-Charakter der Eucharistie widerspricht. Sie sollten sich auch dessen bewußt sein, daß es z. B. in den orthodoxen Kirchen andere Formen der eucharistischen Frömmigkeit gibt, ohne daß deshalb deren eucharistischer Glaube in Frage gestellt wird; Lutheraner sollten ihrerseits bedenken, ‚daß die Anbetung des reservierten [d. h. aufbewahrten] Sakraments' nicht nur ‚in hohem Maße ein Teil katholischen Lebens und so eine bedeutsame Form der Frömmigkeitspraxis für viele Jahrhunderte gewesen ist', sondern daß auch für sie ‚Gottesdienst, Verehrung und Anbetung so lange angemessen sind, wie Christus sakramental gegenwärtig bleibt'" (L-RK/2,55).
Bei künftiger Kirchengemeinschaft müssen Frömmigkeitsformen einer Kirche geachtet, aber nicht übernommen werden.

8.3.3.5 Die bei der Eucharistiefeier übriggebliebenen Elemente können zur Krankenkommunion aufbewahrt werden, oder sie sollten verzehrt werden

TEXTE AUS DER ÖKUMENE

„Die römisch-katholische Praxis der Aufbewahrung hat als ursprüngliches und erstes Ziel, die Kommunion den Kranken zu bringen. Die Anbetung des in den Elementen anwesenden Christus ist sekundäres Ziel. Beide Ziele haben ihre Grundlage im Glauben an die Realpräsenz [d. h. wirkliche Gegenwart Christi]. Methodisten bewahren die Elemente nicht auf, sondern verzehren sie in Ehrerbietung" (M-RK/2,61).
„Mit den konsekrierten Elementen sollte man während und nach der Feier in einer Weise umgehen, die dem Charakter der Gabe des Abendmahls angemessen ist" (Institut für Ökumenische Forschung des LWB, 1974, 27g).
„Wir sollten uns um unserer Achtung vor dem Sakrament und um der Liebe zu unseren Schwestern und Brüdern willen bemühen, nach dem Vorbild Luthers mit Brot und Wein in ehrfürchtiger Weise umzugehen" (Bischofskonferenz der VELKD 26/1984, 7f.).

„Auf lutherischer Seite sollte man ‚den bestmöglichen Modus ins Werk setzen, um den eucharistischen Elementen den Respekt zu bezeugen, der ihnen geschuldet wird, d. h., man möge sie für den späteren Empfang aufbewahren einschließlich der Verwendung für die Krankenkommunion'" (L-RK/2,55; ähnlich: Lehrverurteilungen – kirchentrennend? I, 111; FO/E 32).

8.3.4 Die Eucharistie als Opfer

8.3.4.1 In der Eucharistiefeier wird das ein für allemal geschehene Kreuzesopfer sakramental gegenwärtig; Jesus Christus „selbst ist es, der darbringt, und er selbst ist die dargebrachte Gabe" (Augustinus, PL 41,298)
Die Reformatoren lehnten das Meßopfer schärfstens ab, weil sie meinten, es werde als „Ergänzung" des Kreuzesopfers verstanden, das doch „ein für allemal" erfolgt sei (Hebr 7,27) und keiner Ergänzung bedürfe.
Luther schreibt in den *Schmalkaldischen Artikeln* (AS II, 2): „Die Messe muß als der größte und schrecklichste Greuel im Papsttum gelten; denn sie widerstrebt stracks und gewaltig diesem Hauptartikel [von der Rechtfertigung]."
Reformierterseits heißt es im *Heidelberger Katechismus* (Fr. 80): „Und ist also die Meß im Grund nichts anders denn eine Verleugnung des einigen Opfers und Leidens Jesu Christi (Hebr 9,6-10; 10,19-31) und eine vermaledeite Abgötterei."
Im ökumenischen Dialog wurde demgegenüber die wirkliche katholische Lehre dargelegt:
Jesus Christus ist der einzige Mittler (siehe 5.8.1). Durch seine Selbsthingabe am Kreuz hat er die Schuld aller gesühnt (siehe 5.8.1.1). „Nach katholischer Lehre ist das Meßopfer die Gegenwärtigsetzung des Kreuzesopfers. Es wiederholt dieses nicht und fügt seiner Heilsbedeutung nichts hinzu. In diesem Sinne ist es eine Bezeugung und keine Infragestellung der Einzigartigkeit und Vollgenügsamkeit des Kreuzesopfers Christi" (L-RK/2,61a; vgl. Lehrverurteilungen – kirchentrennend? I, 121).
Im ökumenischen Dialog *wurde daraufhin festgestellt, daß die reformatorische Kritik am Meßopfer heute nicht mehr berechtigt* ist:
„Eucharistie ist eigentliches und wahres Opfer nicht in sich, nicht neben oder zusätzlich zum Kreuz, sondern Vergegenwärtigung und Zuwendung des einen, sühnenden, universalen Opfers für die Kirche. Von evangelischer und römisch-katholischer Seite kann demgemäß übereinstimmend betont werden, daß Christi Kreuzesopfer ‚weder fortgesetzt noch wiederholt, noch ersetzt, noch ergänzt werden' kann. Auf der Basis dieses Einverständnisses wird ... die scharfe Kritik der AS und des

Heidelberger Katechismus an der römischen Messe gegenstandslos" (Lehrverurteilungen – kirchentrennend? I, 90; ebenso 121). Die Synode der Evangelischen Kirche im Rheinland hat sich diese Auffassung einstimmig zu eigen gemacht: EKiRh 1993, II,4. Ähnlich 1994 das Moderamen des Reformierten Bundes, die Generalsynode der VELKD und die Evangelische Kirche von Westfalen.
Die wichtigsten Aussagen der Heiligen Schrift lauten: „Christus wurde ein einziges Mal geopfert, um die Sünden vieler hinwegzunehmen" (Hebr 9,28; vgl. 9,14); „das hat er ein für allemal getan, als er sich selbst dargebracht hat" (Hebr 7,27; vgl. Eph 5,2).
„Das ist mein Blut, das Blut des Bundes, das für viele vergossen wird zur Vergebung der Sünden" (Mt 26,28; vgl. 1 Kor 11,24f.).
„Denn sooft ihr von diesem Brot eßt und aus dem Kelch trinkt, verkündet ihr den Tod des Herrn, bis er kommt" (1 Kor 11,26).[6]

TEXTE AUS DER ÖKUMENE

„Das eucharistische Opfer steht in direkter Beziehung zum Kreuzesopfer. Das Opfer von Golgotha wird gewiß nicht wiederholt. Es ist ein für allemal geschehen (Hebr 7,27). Aber die Eucharistie ist viel mehr als ein symbolisches oder erinnerndes Bild jenes Opfers. Sie ist dasselbe Opfer, sakramental gefeiert." Sie ist „eine wirkliche und wahre Wiedervergegenwärtigung des Opfers Christi ... ‚Jenes [Opfer] bringen wir auch jetzt dar, nämlich das einst dargebrachte und unausschöpfliche ... Nicht ein (immer) anderes Opfer, wie der (jüdische) Hohepriester damals, sondern stets dasselbe bringen wir dar; oder vielmehr: Wir wirken ein Gedächtnis des Opfers' (Johannes Chrysostomus ... PG 63, 131)" (AK-O/5,26; vgl. 5,23 und KEKat 352f.).
„Gemeinsam bekennen katholische und lutherische Christen, daß Jesus Christus im Herrenmahl ‚als der Gekreuzigte gegenwärtig ist, der für unsere Sünden gestorben und für unsere Rechtfertigung wieder auferstanden ist, als das Opfer, das ein für allemal für die Sünden der Welt dargebracht wurde'. Dieses Opfer kann weder fortgesetzt noch wiederholt, noch ersetzt, noch ergänzt werden; wohl aber kann und soll es je neu in der Mitte der Gemeinde wirksam werden" (L-RK/2,56; EEKat 1119).
Die rechte katholische Auffassung wird im Lied deutlich:

Wir weihn der Erde Gaben dir, Vater, Brot und Wein;
das Opfer hocherhaben wird Christus selber sein.
(Petronia Steiner 1945; GL 480)

Katholischerseits wird zugegeben:
„Der Zusammenhang zwischen Kreuzesopfer und Meßopfer wurde im späten Mittelalter vielfach nicht mehr richtig verstanden; das Verständnis des

---

6 Jesus Christus – für uns dahingegeben: vgl. 5.6. Jesus Christus ist der Erlöser aller Menschen, der einzige Mittler: vgl. 5.8.1.

Meßopfers war zudem durch Mißbräuche verdunkelt. Das führte die Reformatoren zu einer grundsätzlichen Leugnung des Opfercharakters der Eucharistie" (KEKat 354).
Wie der Evangelische Erwachsenenkatechismus bemerkt, ist der „Opfergedanke ... auch im evangelischen Liedgut beheimatet:

> ‚Lasset uns singen, / dem Schöpfer bringen / Güter und Gaben, / was wir nur haben, / alles sei Gotte zum Opfer gesetzt!'"
> (Aus: Die güldne Sonne; Johann G. Ebeling 1666; EG 449,3; vgl. EKG 346,3; EEKat 1120)

8.3.4.2 Die Eucharistie ist Opfer der Kirche

Zu der Frage, wie sich die Gegenwart des Selbstopfers Christi zu dem Tun der Kirche verhält, wurde katholischerseits erklärt: Die Kirche versteht sich „nicht als selbständiges Subjekt der Darbringung neben Jesus Christus, sondern als Leib Jesu Christi, in dem und durch den Jesus Christus als Haupt des Leibes das eigentliche Subjekt ist. Jesus Christus und seine ein für allemal geschehene Lebenshingabe am Kreuz ermöglicht und fordert als Antwort unsere Hingabe im Heiligen Geist durch ihn an den Vater. Sie hat die Gestalt des Dankes (Eucharistie) und des Lobens (hostia laudis) für Gottes Heilstat in Jesus Christus, und sie hat Gott dabei nichts anderes darzubieten als eben das Opfer Jesu Christi" (KGWS 36 und 37).
Darauf wurde lutherischerseits festgestellt: „Eine Lehre von der Eucharistie als Opfer im Sinne und in den Grenzen dieser Aussagen katholischer Theologie kann von der Kirche der Wittenberger Reformation nicht als Verfälschung des Evangeliums gewertet werden" (KGWS 38).
Die Bischofskonferenz und Kirchenleitung der VELKD betont daraufhin: „Die so re-interpretierte Lehre wird vom reformatorischen Protest nicht mehr getroffen" (14.11.1985).
Die rechte katholische Auffassung wird im Lobpreis jeder Eucharistiefeier deutlich. Die Kirche als Leib Christi betet: „Durch Christus und mit ihm und in ihm ist dir, Gott, allmächtiger Vater, in der Einheit des Heiligen Geistes alle Herrlichkeit und Ehre jetzt und in Ewigkeit! Amen."

8.3.4.3 Die Sühnekraft des ein für allemal geschehenen Kreuzesopfers kann fürbittweise den Verstorbenen zugewandt werden

Die Konkordienformel hat die „Opfermeß für die Lebenden und Toten" als „Mißbrauch" und „Greuel" verworfen (FC SD 109), weil sie als zusätzliche Sühne zum Kreuzesopfer verstanden wurde.
Im ökumenischen Dialog wurde klargestellt, daß die Eucharistie dem Kreuzesopfer Christi „nichts an ‚Verdienstlichkeit' oder Sühnekraft

hinzufügt", vielmehr dieses in seiner einmaligen Heilsfunktion gegenwärtig setzt.
„Die ‚Meßopferkontroverse' und ihr kirchentrennender Charakter ist damit überholt. Insofern der Verdacht der ‚Werkerei' durch dieses Opferverständnis als unbegründet bewiesen ist, gilt diese Feststellung auch für die ‚Messen für die Verstorbenen'" (Lehrverurteilungen – kirchentrennend? I, 119 und 121).
„... für die Toten zu beten ... Ein heiliger und frommer Gedanke!" heißt es in 2 Makk 12,44.

TEXTE AUS DER ÖKUMENE

Die Kirche feiert „im Glauben und in der Hoffnung, daß Gott der Entschlafenen in Barmherzigkeit gedenke, die heilige Eucharistie" (AK-O/6,7).
„Die Gemeinschaft der Glaubenden, die Kirche, wird durch den Tod nicht zerbrochen. Wie im Leben, so ist auch im Tode der Christ auf die Gemeinschaft angewiesen. Im Gebet tritt die Gemeinde für den Entschlafenen vor Gott ein, sie erbittet für ihn Vergebung der Schuld, Aufnahme bei Gott und das ewige Leben" (EEKat 1345).
„Daß eine solche Fürbitte gerade in der Verbindung mit dem im Abendmahl gegenwärtigen Herrn, der beim Vater für uns eintritt, ausgesprochen wird, ist kein theologischer Streitpunkt" (Lehrverurteilungen – kirchentrennend? I, 120).

8.3.5 Die Eucharistie als Mahl

8.3.5.1 Die eucharistische Gegenwart Jesu Christi ist auf den gläubigen Empfang ausgerichtet
Das ergibt sich aus den Abendmahlsworten der Schrift: „Nehmt und eßt ... Trinkt alle daraus" (Mt 26,26; vgl. 1 Kor 11,17-34).
„Das Brot, das ich geben werde, ist mein Fleisch ... für das Leben der Welt ... Wer mein Fleisch ißt und mein Blut trinkt, der bleibt in mir, und ich bleibe in ihm" (Joh 6,51.54).

TEXTE AUS DER ÖKUMENE

In der heiligen Eucharistie teilt Christus „sich den Gläubigen mit" (AK-O/5,23).
„Gemeinsam bekennen katholische und lutherische Christen, daß die eucharistische Gegenwart des Herrn Jesus Christus auf den gläubigen Empfang ausgerichtet ist" (L-RK/2,52; vgl. FO/E 31).
„Gemeinsam bekennen katholische und lutherische Christen, daß in der Eucharistie Leib und Blut des Herrn real [d. h. wirklich] empfangen werden, sei es zum Heil, sei es zum Verderben (vgl. 1 Kor 11,27-29). Sie bekennen, daß der gläubige Empfang des eucharistischen Brotes und Weines die persönliche

Vereinigung mit Jesus Christus, unserem Herrn und Heiland, schenkt" (L-RK/2,62).
„Der Empfang der Eucharistie in der Kommunion ist ein integrierender Teil der eucharistischen Feier" (d. h., er gehört wesentlich dazu) (KEKat 357).

8.3.5.2 Zur Vollgestalt der Eucharistie gehören Brot und Wein, wenngleich Christus unter jeder der beiden Gestalten ganz gegenwärtig ist
Der frühere Gegensatz und seine Überwindung:
„In der katholischen Eucharistiefeier wird den Gläubigen bei der Kommunion zumeist lediglich die Gestalt des Brotes gereicht. Dies geschieht vornehmlich aus praktischen Gründen und beruht auf der Überzeugung von der vollen Gegenwart Christi in jeder der beiden Gestalten, so daß der Empfang nur einer Gestalt keine Minderung der Wirkung bedeutet.
Die Reformatoren sahen dagegen die stiftungsgemäße Vollkommenheit und Ganzheit des sakramentalen Zeichens nur dort gewahrt, wo alle auch den Kelch empfangen. Gleichwohl verneint lutherische Lehre nicht, daß Christus unter jeder der beiden Gestalten ganz gegenwärtig ist, und die lutherische Praxis kennt zwingende pastorale Fälle, in denen das Abendmahl auch unter einer Gestalt empfangen werden kann.
Die Möglichkeiten zum Empfang der Eucharistie unter beiderlei Gestalt sind im Zweiten Vatikanischen Konzil erheblich erweitert worden, sowohl in bezug auf die Anlässe wie auch auf die Kommunikanten. Wenn hier auch weiterhin Unterschiede in der Lehre und Praxis bestehen, so haben diese keinen kirchentrennenden Charakter mehr" (L-RK/2,64; auch: Lehrverurteilungen – kirchentrennend? I, 116 und 123).

TEXTE AUS DER ÖKUMENE

„Katholiken und Lutheraner sind gemeinsam der Überzeugung, daß zur Vollgestalt der Eucharistie Brot und Wein gehören" (L-RK/2,64).
„Die heilige Kommunion wird zu einem deutlicheren Zeichen, wenn sie unter beiden Gestalten empfangen wird. Denn in dieser Form ist das Zeichen des eucharistischen Mahls leichter erkennbar; es kommen klarer zum Ausdruck: die Absicht, daß der neue und ewige Bund im Blute des Herrn geschlossen werden sollte, und die Beziehung zwischen dem eucharistischen Mahl und dem endzeitlichen Mahl im Reiche des Vaters" (Ritenkongregation, Rom, AAS 49, 558; vgl. AK-O/5,23 und 30; KEKat 358).

8.3.6 *Die Eucharistie ist Zeichen der Einheit der Kirche und Band der Liebe. Gemeinschaft mit Christus in der Eucharistie ist zugleich Gemeinschaft im Leib Christi, der Kirche*

„Ein Brot ist es, darum sind wir viele ein Leib; denn wir alle haben teil an dem einen Brot“ (1 Kor 10,17; vgl. Joh 6,56).[7]

TEXTE AUS DER ÖKUMENE

Wir, die wir alle essen von dem Mahle
und die wir trinken aus der heil'gen Schale,
sind Christi Leib, sind seines Leibes Glieder,
Schwestern und Brüder.
Aus vielen Körnern ist ein Brot geworden:
So führ auch uns, o Herr, aus allen Orten
zu einer Kirche brüderlich zusammen
in Jesu Namen.
(Aus: Dank sei dir, Vater, für das ewge Leben; Maria Luise Thurmair 1969; EG 227, 3.4 / GL 634, 3.4)

8.3.7 *Jesus Christus schenkt denen, die ihn in der heiligen Eucharistie empfangen, Kraft zum Leben als Christen, Vergebung und ewiges Leben*

Gemeinsame Auffassung der Christen ist, daß durch das Sakrament der Taufe Vergebung der Sünden erfolgt (vgl. 8 und 8.1.4).
Gemeinsame Überzeugung besteht ferner darin, daß durch das Sakrament der Buße die Lossprechung von Sünden geschieht, schließlich darin, daß zur Vorbereitung auf die heilige Eucharistie das Bekenntnis von Schuld und die Bitte um Vergebung gehören.
Vergebung der Sünden verkünden auch die Abendmahlsworte: „Das ist mein Blut, das Blut des Bundes, das für viele vergossen wird zur Vergebung der Sünden“ (Mt 26,28).
Vor allem wird verheißen:
„Wer mein Fleisch ißt und mein Blut trinkt, der bleibt in mir, und ich bleibe in ihm“ (Joh 6,56; vgl. 15,5).
„Amen, amen, das sage ich euch: Wenn ihr das Fleisch des Menschensohnes nicht eßt und sein Blut nicht trinkt, habt ihr das Leben nicht in euch. Wer mein Fleisch ißt und mein Blut trinkt, hat das ewige Leben, und ich werde ihn auferwecken am letzten Tag“ (Joh 6,53f.).

---

7 Vgl. oben 7.3.2 und 7.4.2.

„O heiliges Gastmahl, in dem Christus empfangen, ... das Herz mit Gnade erfüllt und das Unterpfand der künftigen Herrlichkeit uns gegeben wird“ (Liturgie von Fronleichnam; vgl. SC 47).
„Durch die Vereinigung mit Christus wird der Gläubige mit Gnade und mit all den geistlichen Gaben und Segenswirkungen erfüllt, welche die Vereinigung mit Christus mit sich bringt. Er macht im geistlichen Leben Fortschritte, vervollkommnet sich und hat die Hoffnung auf die Auferstehung zum ewigen Leben und die volle Teilhabe am herrlichen und seligen Reich Christi“ (AK-O/5,31; vgl. FO/E 18).
Die „Eucharistie vergibt und heilt auch die Sünden, da sie das Sakrament der Liebe des Vaters ist, die durch den Sohn im Heiligen Geist die Gläubigen vergöttlicht“ (O-RKI/6,8).
„Wann immer die Christen aller Zeiten das Mahl des Herrn nach seinem Willen zu seinem Gedächtnis feiern, gewährt der Herr ... Gemeinschaft ... und schenkt so ‚Vergebung der Sünden, Leben und Seligkeit‘ (Martin Luther)“ (L-RK/2,6; vgl. 2,26).

Mir armem Gast bereitet hast
das reiche Mahl der Gnaden.
Das Lebensbrot stillt Hungers Not,
heilt meiner Seele Schaden.
Ob solchem Gut jauchzt Sinn und Mut
mit alln, die du geladen.
(Aus: Im Frieden dein, o Herre mein; Wolfgang Dachstein vor 1530; EKG 165,2 / GL 473,2)

8.3.8 Zum Empfang der heiligen Eucharistie bedarf es der Selbstprüfung und Bereitung. Wer unwürdig ißt und trinkt, zieht sich das Gericht zu (1 Kor 11,27-29)

Erforderlich ist:
- Besinnung auf die einzigartige Vereinigung mit Jesus Christus, dem Herrn und Gott (Joh 20,28), die im eucharistischen Mahl geschieht;
- Bewußtsein eigener Unwürdigkeit, Bekenntnis der Schuld und Bitte um Vergebung;
- Vertrauen auf die – alle Erkenntnis übersteigende – Liebe Christi (Eph 3,19), der gekommen ist, um die Sünder zu rufen und ihnen Gemeinschaft zu schenken (Mk 2,16; vgl. Lk 15,7).

Wer sich schwerer Schuld bewußt wird, ist nach katholischer Lehre zum Empfang des Sakraments der Buße, der göttlichen Barmherzigkeit, verpflichtet.
„Wer unwürdig von dem Brot ißt und aus dem Kelch des Herrn trinkt, macht sich schuldig am Leib und am Blut des Herrn. Jeder soll sich selbst

prüfen; erst dann soll er von dem Brot essen und aus dem Kelch trinken. Denn wer davon ißt und trinkt, ohne zu bedenken, daß es der Leib des Herrn ist, der zieht sich das Gericht zu, indem er ißt und trinkt" (1 Kor 11,27-29). Erklärung: Unwürdig ist, wer sich lieblos gegenüber anderen verhält, ichbezogen ist, auch, wer in Gedankenlosigkeit „das Mahl des Herrn nicht von einer Sättigungsmahlzeit unterscheidet" (EEKat 1128).

„Wenn du deine Opfergabe zum Altar bringst und dir dabei einfällt, daß dein Bruder etwas gegen dich hat, so laß deine Gabe dort vor dem Altar liegen, geh und versöhne dich zuerst mit deinem Bruder" (Mt 5,23f.).

TEXTE AUS DER ÖKUMENE

Am Beginn der Feier der Eucharistie bzw. des Abendmahls steht das Sündenbekenntnis.

Im Augsburger Bekenntnis wird auf die Gewohnheit hingewiesen, „das Sakrament [d. h. das Abendmahl] denen nicht zu reichen, die nicht vorher verhört und absolviert (losgesprochen) wurden" (CA 25).

„Für einen geistlich fruchtbaren Empfang der Kommunion sind deshalb eine Prüfung des Gewissens und eine sorgfältige Vorbereitung notwendig ... In der (östlichen) Chrysostomus-Liturgie ruft der Priester vor der Spendung der Kommunion den Gläubigen zu: ‚Das Heilige den Heiligen'. So ist der Christ, der im Stand der schweren Sünde ist, gehalten, bevor er zur Kommunion geht, nach Möglichkeit zuerst das Sakrament der Buße zu empfangen (vgl. DS 1646-1647). Aus demselben Grund beginnt jede Feier der Eucharistie mit einem Bußakt zur Vergebung der alltäglichen Sünden. Wichtig ist vor allem die Versöhnung mit den anderen (vgl. Mt 5,23-24)" (KEKat 357).

„Die Unbußfertigen und Heuchler essen und trinken sich selbst das Gericht" (Heid 81).

„Herr, ich bin nicht würdig, daß du eingehst unter mein Dach, aber sprich nur ein Wort, so wird meine Seele gesund" (Liturgie zur Kommunion).

Christe, du Lamm Gottes, der du trägst die Sünd der Welt,
erbarm dich unser; gib uns deinen Frieden.
(Martin Luther 1528; EG 190,2; vgl. EKG 136 / GL 428)

8.3.9 Leiter der Eucharistiefeier ist der ordinierte Amtsträger

Nach orthodoxer, katholischer, altkatholischer und anglikanischer Auffassung muß der Amtsträger von einem Bischof in der apostolischen Sendungsnachfolge ordiniert sein.

„Vollziehender Priester jeder Eucharistie ist der Herr selbst ... Die ganze eucharistische Versammlung, Klerus und Volk, hat in organischer Weise am Vollzug der eucharistischen Feier teil; Liturgen des Sakraments sind Bischof und Priester" (AK-O/5,27; vgl. O-RK I/6,9; I/9,25.34).

Die Feier der Eucharistie ist „Sache der gesamten versammelten Gemeinde. Deshalb sollen die Gläubigen ... die Eucharistie tätig mitfeiern ... Aus der Lehre, daß die Eucharistie das Sakrament der Einheit ist, folgt freilich auch, daß sie allein durch den gültig geweihten Priester gefeiert werden kann (vgl. DS 802; 1771 ...)" (KEKat 359).

Daß Christus der eigentliche Spender der Sakramente ist, gilt selbstverständlich auch für die Eucharistie.

„Nach Confessio Augustana wird ... für die Verwaltung der Sakramente das Amt vorausgesetzt. Nach Confessio Augustana XIV wird dieses Amt der öffentlichen Verkündigung und Sakramentsverwaltung nur durch ordentlich dazu Berufene ausgeübt, das heißt nach heutigem Verständnis durch ordinierte Amtsträger: ‚Überall, wo das Amt der Kirche ausgeübt werden soll, ist Ordination erforderlich'" (L-RK/5,30).

Wir weisen „darauf hin, daß die Leitung des Heiligen Abendmahls gemäß dem Bekenntnis unserer Kirche Aufgabe des ordinierten Pfarrers ist" (Bischofskonferenz der VELKD, 1984/26,7f.).

„Besonders in der eucharistischen Feier ist das ordinierte Amt der sichtbare Brennpunkt der tiefen und allumfassenden Gemeinschaft zwischen Christus und den Gliedern seines Leibes. In der Feier der Eucharistie sammelt, lehrt und erhält Christus die Kirche. Es ist Christus, der zum Mahl einlädt und ihm vorsteht" (FO/A 14; vgl. A-RK/3,12-14).

Zur Möglichkeit der Verständigung über die apostolische Sendungsnachfolge vgl. oben 7.6.4 und KiöV 115-123.

8.4 Die Beichte (Buße, Lossprechung)

„Beichte hat mit Schuld zu tun ... Der Ausdruck Schuld ist zwar unmodern. Es ist aber ähnliches gemeint, wenn von Fehlern, Versagen, von Falschem und Mißglücktem, von Konflikten und vielleicht auch vom Scheitern geredet wird" (EEKat 1084).

„Gottes Barmherzigkeit ist größer als alle Sünde und Schuld" (KEKat 363).

O Herr, nimm unsre Schuld, mit der wir uns belasten,
und führe selbst die Hand, mit der wir nach dir tasten.
(Hans-Georg Lotz 1964; EG 232 / GL 168)

8.4.1 Die Beichte wird Sakrament der Versöhnung, der Vergebung (Lossprechung), der Umkehr (Buße) genannt

- *Sakrament der Versöhnung* entsprechend dem Ruf des Apostels: „Laßt euch mit Gott versöhnen!" (2 Kor 5,20)
- *Sakrament der Verzeihung*, Vergebung, Absolution (Lossprechung), weil darin in Vollmacht Jesu die Vergebung der Sünden erfolgt (Joh 20,22f.; vgl. Mt 16,19; 18,18).
- *Sakrament der Umkehr* gemäß dem Aufruf Jesu (Mk 1,15). „Umkehr" (d. h. Abwendung von der Sünde und Hinwendung zu Gott) gibt genauer als „*Buße*" den Sinn von Mk 1,15 u. a. wieder.
- *Sakrament der Beichte,* weil die Lossprechung auf die Beichte, auf das Bekenntnis von Sünde und Schuld hin, erfolgt.

8.4.2 Das Sakrament der Versöhnung und Verzeihung gründet in der Vollmacht zur Sündenvergebung, die Jesus seinen Jüngern übertragen hat

Jesus hat sich hingegeben „zur Vergebung der Sünden" (Mt 26,28). Zu Petrus sagt er: „Ich werde dir die Schlüssel des Himmelreichs geben; was du auf Erden binden wirst, das wird auch im Himmel gebunden sein, und was du auf Erden lösen wirst, das wird auch im Himmel gelöst sein" (Mt 16,19; vgl. 18,18: Hier wird dies auch den anderen Jüngern verheißen).
„Jesus hauchte sie an und sprach zu ihnen: Empfangt den Heiligen Geist! Wem ihr die Sünden vergebt, dem sind sie vergeben; wem ihr die Vergebung verweigert, dem ist sie verweigert" (Joh 20,22f.).

TEXTE AUS DER ÖKUMENE

„Das Neue Testament berichtet an mehreren Stellen, daß Jesus die Vollmacht der Sündenvergebung auf seine Jünger übertragen hat: zunächst auf Petrus allein, dann auf alle zwölf Jünger als die Repräsentanten des neuen Gottesvolkes" (Mt 16,19; 18,18; Joh 20,21-23)" (EEKat 1082).
„Das Augsburger Bekenntnis rechnet die Buße und Beichte und Absolution unter die Sakramente (CA XI-XIII), weil sie auf der Stiftung Christi beruht und gewisses Zeichen der Vergebung Gottes ist ... Wenn der Sakramentbegriff im Sinne von CA und Apol XIII weiter gefaßt wird, dann hat die evangelisch-lutherische Kirche keine Schwierigkeit, von der Buße, genauer der Absolution, als Sakrament zu sprechen" (KGWS 46; L-RK 7,79; vgl. Apol 13,4).
„Die Evangelien berichten uns, daß Jesus einzelnen Menschen die Sünden vergeben hat ... (Mk 2,5; Lk 7,48). Er hat diese Vollmacht aber auch ‚den Menschen' gegeben (Mt 9,8) ... In besonderer Weise ist diese Vollmacht ...

dem apostolischen Amt gegeben. Ihm ist der ,Dienst der Versöhnung' aufgetragen (vgl. 2 Kor 5,18); es ist gesandt an Christi statt, und Gott ist es, der durch es mahnt . . . ,Laßt euch mit Gott versöhnen!' (2 Kor 5,20). So führt die Kirche die Vollmacht des kirchlichen Amtes zur Vergebung der Sünden auf den auferstandenen Herrn selbst zurück: . . . (Joh 20,22-23)" (KEKat 367f.).
„Die Vollmacht zur Vergebung der Sünden wurde den Aposteln vom Herrn verheißen (Mt 16,19; 18,18) und ihnen nach der Auferstehung auch verliehen . . . (Joh 20,23). Diese Vollmacht wurde von den Aposteln an ihre Nachfolger weitergegeben. Auf der Grundlage dieser Vollmacht entfaltete sich das Sakrament der Buße als eine von Gott gestiftete, feste Einrichtung im Leben der Kirche" (AK-O/5,33).
Anglikanischerseits wird die Buße („Penance") unter den Sakramenten aufgezählt (Art. 25).

8.4.3 Ursprünglich hat es die öffentliche Buße gegeben. Später hat sich die Privatbeichte durchgesetzt. In außerordentlichen Situationen kann eine Versöhnung mit allgemeinem Bekenntnis und Generalabsolution (gemeinsame Lossprechung) erfolgen

Martin Luther „nennt die Privatbeichte das ,allerheilsamste Ding', das er sich von niemanden nehmen lassen wollte. Nach seinem Verständnis repräsentiert der Beichtvater für den Beichtenden Christus [d. h., der Beichtvater handelt an Christi statt: 2 Kor 5,20]" (EEKat 1083).
„Von einem Sündenbekenntnis in den ersten christlichen Gemeinden hören wir bereits im Neuen Testament" (EEKat 1082f.). Das ergibt sich aus Joh 20,22f., ferner aus 1 Joh 1,9: „Wenn wir unsere Sünden bekennen, ist er treu und gerecht; er vergibt uns die Sünden"; und: „Bekennt einander eure Sünden" (Jak 5,16).

8.4.4 Seitens des Beichtenden sind erforderlich: Reue und Glaube, Sündenbekenntnis, Umkehr (Besserung)

Zwischen lutherischer und katholischer Auffassung gab es früher Gegensätze über das, was zum Sakrament der Versöhnung gehört, vor allem auf seiten des Beichtenden. Gemeinsame Untersuchungen haben gezeigt, daß „in der Frage des Bußsakramentes und der Beichte keine wesentlichen Differenzen [Unterschiede] zwischen der [lutherischen] Augustana und Apologie einerseits und der katholischen Auffassung andererseits bestehen".[8]
Im Gleichnis vom barmherzigen Vater (Text oben 4.1.3) „kommen

---

[8] H. Fagerberg / H. Jorissen, in: Confessio Augustana – Bekenntnis des einen Glaubens, hg. von H. Meyer / H. Schütte, 1980, 252.

Elemente vor, die wir später in der Beichte wiederfinden: die Reue, das Bekenntnis der Sünde und die Vergebung" – auch der Wille zur Besserung (EEKat 1082).

TEXTE AUS DER ÖKUMENE

„Zur Vergebung der Sünden sind aufrichtige Reue des Herzens und das Schuldbekenntnis vor dem Priester unerläßlich ... Der Priester ... kann nach seinem seelsorglichen Ermessen eine Buße auferlegen." Sie „zielt darauf, den Sünder geistlich zu bessern und ihn davor zu bewahren, die gleiche Sünde wieder zu begehen. Die Buße hat also nicht den Charakter einer Strafe, sondern eines Heilmittels" (AK-O/5,35.37).
Die „von der Gnade ermöglichten menschlichen Akte" der Umkehr sind: Reue, Bekenntnis, Genugtuung „als Frucht und Zeichen der vom Geist Gottes gewirkten und geschenkten" Umkehr (KEKat 369f.).
„Zur Echtheit der Beichte gehört auch der Vorsatz, nach Kräften danach zu trachten, das begangene Unrecht nicht noch einmal zu tun" (EEKat 1085).

8.4.5 Durch das Sakrament der Versöhnung und Verzeihung erfolgt die Lossprechung von Sünden, dadurch die Versöhnung mit Gott und der Kirche[9]

TEXTE AUS DER ÖKUMENE

„Im Sakrament der Buße werden die nach der Taufe begangenen Sünden jenen Gläubigen, die aufrichtig bereuen und sie vor dem Priester bekennen, vergeben ..." (AK-O/5,32.38).
„Wirkung dieses Sakraments ist Lossprechung von Sünden" (DS 1323).
„Die Frucht dieses Sakraments besteht in der Versöhnung mit Gott und mit der Kirche. Sie ist oft mit dem Frieden und der Freude des Gewissens und mit großem Trost der Seele verbunden" (KEKat 369; vgl. DS 1674 und 1675).
„Die Lossprechung ist ein reales Geschehen" (EEKat 1085).
„Wer die Vergebung Gottes empfangen hat, erfährt, daß Vergebung unser Leben mit Freude erfüllt, neuen Mut und Zuversicht gibt und inneren Frieden schenkt" (EEKat 1080).

Ich danke dir, du wahre Sonne,
daß mir dein Glanz das Licht gebracht;
ich danke dir, du Himmelswonne,
daß du mich froh und frei gemacht.
(Angelus Silesius 1657; EG 400,5; vgl. EKG 254,5 / GL 558,5)

---

[9] Vgl. oben 8.4.2, vgl. Joh 20,22f.

8.4.6 Spender des Sakraments der Versöhnung und Verzeihung ist der ordinierte Amtsträger (Bischof, Presbyter)[10]

TEXTE AUS DER ÖKUMENE

„Spender (Liturgen) des Sakramentes der Buße sind der Bischof und die von ihm beauftragten Priester" (AK-O/5,34; ebenso DS 1685; KEKat 371). „Durch die Ordination beruft und bevollmächtigt" die Kirche „einzelne Christen, Beichte zu hören und die Absolution zu erteilen" (EEKat 1087). „Nun lehren die Unseren so, daß die Gewalt der Schlüssel ... oder der Bischöfe nach dem Evangelium eine Gewalt oder ein Befehl Gottes ist, das Evangelium zu predigen, Sünden zu vergeben und zu behalten und die Sakramente zu reichen und zu verwalten" (CA 28).

8.4.7 Der Spender des Sakraments ist an das Beichtgeheimnis gebunden

TEXTE AUS DER ÖKUMENE

„Jeder, der eine Beichte entgegennimmt, ist zur Verschwiegenheit verpflichtet. Der Pfarrer hat bei seiner Ordination vor Gott gelobt, das Beichtgeheimnis unverbrüchlich zu wahren. Auch wenn er von verübten oder geplanten Verbrechen Kenntnis bekommt, darf er nicht zur Anzeige bringen" (EEKat 1093). „Das Beichtgeheimnis ist unverletzlich; dem Beichtvater ist es daher streng verboten, den Pönitenten [d. h. den Beichtenden] durch Worte oder auf irgendeine andere Weise und aus irgendeinem Grund irgendwie zu verraten" (CIC, Can. 983).

8.5. Die Krankensalbung

8.5.1 Grundlage für dieses Sakrament ist das Verhalten Jesu gegenüber den Kranken und sein Auftrag zur Krankenheilung

Jesus „verkündete das Evangelium vom Reich und heilte im Volk alle Krankheiten und Leiden" (Mt 4,23; 9,35).
Er sandte die Zwölf, gab ihnen den Auftrag: „Heilt Kranke!" (Mt 10,8).
Er „rief die Zwölf zu sich und sandte sie aus, jeweils zwei zusammen. Er gab ihnen die Vollmacht, die unreinen Geister auszutreiben ... Sie trieben viele Dämonen aus und salbten viele Kranke mit Öl und heilten sie" (Mk 6,7.13).
Im Jakobusbrief heißt es: „Ist einer von euch krank? Dann rufe er die

---

10 Vgl. oben 8.4.2: Mt 16,19; 18,18; Joh 20,22f.; 2 Kor 5,18.20, unten 8.6.8.

Ältesten der Gemeinde zu sich; sie sollen Gebete über ihn sprechen und ihn im Namen des Herrn mit Öl salben. Das gläubige Gebet wird den Kranken retten, und der Herr wird ihn aufrichten; wenn er Sünden begangen hat, werden sie ihm vergeben“ (Jak 5,14f.).

TEXTE AUS DER ÖKUMENE

„In seinem erlösenden Wirken auf Erden heilte der Herr Kranke, die an körperlichen und seelischen Krankheiten litten. Er trug auch seinen Jüngern auf, dies zu tun (vgl. Mk 6,7.13; Mt 4,23; 9,35). Dem Beispiel des Herrn und der Apostel folgend, vollzieht die Kirche das Sakrament der Krankensalbung“ (AK-O/5,39).
Anglikanische Kirche: Articles of Religion, Nr. 25.
Das Sakrament der Krankensalbung „ist grundgelegt in Jesu gesamtem Verhalten gegenüber den Kranken; es wird angedeutet in dem Bericht über die Aussendung der zwölf Jünger: ‚Sie trieben viele Dämonen aus und salbten viele Kranke mit Öl und heilten sie‘ (Mk 6,13). Daraus hat sich in urchristlichen Gemeinden die Praxis der Krankensalbung entwickelt, wie sie uns im Jakobusbrief bezeugt wird ... (Jak 5,14-15)“ (KEKat 376).

8.5.2 Der Vollzug der Krankensalbung

Im sakramentalen Gottesdienst legt der Spender dem (den) Kranken schweigend die Hand auf. Dann salbt er Stirn und Hände mit geweihtem Öl und spricht die Worte: „Durch diese heilige Salbung helfe dir der Herr in seinem reichen Erbarmen, er stehe dir bei mit der Kraft des Heiligen Geistes. Der Herr, der dich von Sünden befreit, rette dich, in seiner Gnade richte er dich auf“ (KEKat 378).

8.5.3 „Spender dieses Sakraments sind die Vorsteher der Kirche, also Bischof und Priester. Wenn möglich, sollten es, wie Jakobus sagt, mehrere Spender sein“ (AK-O/5,41; vgl. KEKat 379: DS 1697; 1719)

8.5.4 Dieses Sakrament wird Getauften gespendet, deren Gesundheitszustand ernstlich angegriffen ist

Das Zweite Vatikanum „hat den ursprünglichen und umfassenden Sinn dieses Sakraments wieder herausgestellt“, das jahrhundertelang als „Letzte Ölung“ bezeichnet und nur bei Todesgefahr gespendet worden war (vgl. KEKat 377).

„Das Sakrament der Krankensalbung können alle Getauften empfangen, nicht nur solche, die auf den Tod erkrankt sind" (AK-O/5,43).
„Pfingstler und römisch-katholische Christen stimmen darin überein, daß sie durch vertrauensvolles Bittgebet die Heilung des ganzen Menschen in seinen leiblichen, geistlichen und seelischen Nöten suchen ... Die Pfingstler akzeptieren die Salbung mit Öl als Teil des Auftrags, mit der Verkündigung des Evangeliums der Heilung zu dienen" (P-RK/2,31).

8.5.5 Möglichkeit einer ökumenischen Verständigung

- Evangelischerseits gibt es die „Krankensegnung": „Der verläßliche Zuspruch und die leibliche Gebärde sind Merkmale, die die Segenshandlungen mit den Sakramenten gemeinsam haben" (EEKat 1137).
- „Lutheraner haben die Krankensalbung kaum praktiziert, haben aber ein besonderes Gewicht auf die Krankenseelsorge gelegt. Das hat in einzelnen lutherischen Kirchen in letzter Zeit Bemühungen ausgelöst, die Krankensalbung wieder einzuführen. Sie könnte somit zum *Gegenstand eines durchaus verheißungsvollen Dialogs* zwischen Katholiken und Lutheranern werden, wenn man die sich abzeichnende Annäherung wie auch die gemeinsamen pastoralen Aufgaben bedenkt: Beide, Katholiken und Lutheraner, begegnen sich darin, daß die einen ein isoliertes Verständnis der einzelnen Sakramente und die anderen einen engen Gebrauch des Sakramentsbegriffs mehr und mehr hinter sich lassen, um gemeinsam die sakramentale Dimension christlicher Existenz neu und besser zu verstehen und zu leben; beide haben aber auch, gerade in der gegenwärtigen Situation gesellschaftlicher Vereinzelung und persönlicher Vereinsamung, einen besonderen Auftrag gegenüber Kranken und Sterbenden" (L-RK/7,82).
  „Die ‚Kasualien' (‚Occasual Services', 1982) der nordamerikanischen lutherischen Kirchen ... enthalten ein Formular für ‚Handauflegung bei Kranken und Krankensalbung' (Minneapolis/Philadelphia, 89-102)" (L-RK/7,A 126).
  - Die 1994 erschienene Agende für evangelisch-lutherische Kirchen und Gemeinden, Bd. III/4: Dienst am Kranken, enthält auch die Möglichkeit zur Krankensalbung mit einer der katholischen Liturgie verwandten Spendeformel (84-109).

8.6 Das geistliche Amt (Ordo) und die Berufung, Segnung und Sendung dazu (Ordination)[11]

8.6.1 Das geistliche Amt (Ordo) „hat seinen Ursprung und bleibenden Grund in der Sendung der Apostel durch den auferstandenen Herrn" (AK-O/5,44)

8.6.2 Der Amtsträger ist nicht „Priester" im Sinne außerchristlicher Religionen, weil Jesus Christus ein für allemal das Heil gewirkt hat. Der Amtsträger ist Diener Christi an Christi Statt mit den Aufgaben:
Verkündigung des Wortes Gottes,
Vorsitz in der Liturgie, im sakramentalen Leben der Kirche,
Leitung und Auferbauung der Gemeinde bzw. Kirche und Sorge um die Armen

8.6.3 Seit der Alten Kirche gibt es die Gliederung des Amtes: Bischof, Presbyter, Diakon. Für jede Stufe des Amtes besteht eine eigene Ordination

8.6.4 Berufung, Segnung und Sendung zum geistlichen Amt erfolgen durch Ordination unter Gebet und Handauflegung. Dem Amtsträger wird in der Ordination eine Gnadengabe des Heiligen Geistes für seinen Dienst zuteil

8.6.5 Die Ordination wird von der orthodoxen, der römisch-katholischen, der anglikanischen und der altkatholischen Kirche als Sakrament bezeichnet; der Sache nach wird sie auch lutherischerseits so verstanden

8.6.6 Die Ordination geschieht ein für allemal und verpflichtet den Ordinierten sein Leben lang

---

[11] Was in dem Buch „Kirche im ökumenischen Verständnis" (61-71) ausführlicher dargelegt wurde, wird im folgenden kurz zusammengefaßt.

8.6.7 Spender der Ordination ist der Bischof in der orthodoxen, römisch-katholischen, anglikanischen und altkatholischen Kirche bzw. der die episkopale Aufgabe versehende ordinierte Amtsträger in den evangelischen Kirchen

8.6.8 Nach orthodoxer, römisch-katholischer, anglikanischer und altkatholischer Überzeugung kann nur der in apostolischer Sendungsnachfolge befindliche Bischof gültig ordinieren. Das Fehlen dieser apostolischen Sendungsnachfolge in den aus der Reformation entstandenen Kirchen hat einen noch trennenden Gegensatz zur Folge.
Es besteht Hoffnung auf Überwindung dieses Gegensatzes (KiöV 121f.)

8.6.9 Es gibt Zulassungsbedingungen zur Ordination.
In der lateinischen Kirche ist die Ordination an die Verpflichtung zur Ehelosigkeit gebunden (Zölibat); dies ist ein kirchliches Gesetz, das einer Kirchengemeinschaft nicht im Wege steht. In der orthodoxen, der römisch-katholischen und der altkatholischen Kirche werden nur Männer zum geistlichen Amt ordiniert

8.7 Die Ehe

8.7.1 Die Ehe gehört zu den „kleinen" Sakramenten (vgl. 8.0.2)

8.7.1.1 Die Ehe ist von Gott, dem Schöpfer, begründet und von Jesus Christus bestätigt; sie ist als Abbild der Liebe Christi zur Kirche ein Mysterium, ein tiefes Geheimnis
Dies ergibt sich aus der Heiligen Schrift.
„Als Mann und Frau schuf er sie. Gott segnete sie, und Gott sprach zu ihnen: Seid fruchtbar und vermehrt euch" (Gen 1,27). „Dann sprach Gott, der Herr: Es ist nicht gut, daß der Mensch allein bleibt. Ich will ihm eine Hilfe machen, die ihm entspricht . . . Gott, der Herr, baute aus der Rippe, die er vom Menschen genommen hatte, eine Frau und führte sie dem Menschen zu.[12] Und der Mensch sprach: Das endlich ist Bein von meinem Bein und Fleisch von meinem Fleisch. Frau soll sie heißen; denn vom Mann ist sie genommen. Darum verläßt der Mann Vater und

[12] Vgl. dazu die Erklärung im Talmud: oben 4.3.4.

Mutter und bindet sich an seine Frau, und sie werden ein Fleisch" (Gen 2,18.22-24).
Jesus nimmt dies in der Bergpredigt auf: „Habt ihr nicht gelesen, daß der Schöpfer die Menschen am Anfang als Mann und Frau geschaffen hat und daß er gesagt hat: Darum wird der Mann Vater und Mutter verlassen und sich an seine Frau binden, und die zwei werden ein Fleisch sein? Sie sind also nicht mehr zwei, sondern eins. Was aber Gott verbunden hat, das darf der Mensch nicht trennen" (Mt 19,4-6).
Im Epheserbrief heißt es: „Ihr Männer, liebt eure Frauen, wie Christus die Kirche geliebt und sich für sie hingegeben hat, um sie im Wasser und durch das Wort rein und heilig zu machen ... Darum wird der Mann Vater und Mutter verlassen und sich an seine Frau binden, und die zwei werden ein Fleisch sein. Dies ist ein tiefes Geheimnis; ich beziehe es auf Christus und die Kirche" (Eph 5,25.31f.).

TEXTE AUS DER ÖKUMENE

Die Ehe wurde „von Gott als eine Gemeinschaft der Liebe und der gegenseitigen Hilfe von Mann und Frau (Gen 2,18) gestiftet, dann vom Herrn bestätigt (Mt 19,4-6) und von ihm durch seine Anwesenheit bei der Hochzeit zu Kana gesegnet (Joh 2,1-11) ... Schon im Alten Bund bildete die eheliche Verbindung ein bezeichnendes Bild für den Bund Gottes mit seinem Volk. Im Neuen Bund stellt die Ehe ... als großes Geheimnis die Liebes- und Einheitsbeziehung zwischen Christus und der von ihm gestifteten Kirche im Bild dar (Eph 5,32)" (AK-O/5,51; ähnlich KEKat 387-389; GS 48).
„Die Ehe ist ein durch Gottes Willen vorgegebener Lebensraum, in den Mann und Frau eintreten ... Nach dem biblischen Zeugnis ist sie in der Schöpfung begründet. Jesus weist, wenn er von Ehe spricht, auf den Schöpfer hin ... (Mt 19,4) ... Die eheliche Beziehung zwischen Mann und Frau wird im Epheserbrief verglichen mit der zwischen Christus und seiner Gemeinde ... (Eph 5,30-32). Die neutestamentliche Deutung der christlichen Ehe als Abbild der Liebe Christi zu seiner Gemeinde knüpft an die alttestamentliche Aussage vom Bund an, den Gott mit seinem Volk geschlossen hat ... (Hos 2,21f.)" (EEKat 534).

8.7.1.2 Nach orthodoxer, katholischer, altkatholischer und anglikanischer Auffassung ist die Ehe ein Sakrament

Dafür wird auf Eph 5,25.31 und Mt 19,4-6 hingewiesen: vgl. 8.7.1.1.
„Wenn ein Bruder [d. h. Christ] eine ungläubige Frau hat ... soll er sie nicht verstoßen. Auch eine [getaufte] Frau soll ihren ungläubigen Mann nicht verstoßen ... Denn der ungläubige Mann ist durch die Frau geheiligt, und die ungläubige Frau ist durch ihren gläubigen Mann geheiligt" (1 Kor 7,12-14).

TEXTE AUS DER ÖKUMENE

„Aus 1 Kor 7,14 ergibt sich, daß der ungläubige Ehepartner durch den gläubigen (und getauften) ‚geheiligt' wird. Die Neuqualifizierung der Ehe durch den christlichen Glauben verweist deutlich auf die Beziehung der christlichen Eheleute zu Christus und folglich auch auf das Wirken Christi in den christlichen Ehepartnern und in ihrer Ehe ... Eph 5,21-32 bringt nun die Liebeseinheit Christus – Kirche mit der Liebeseinheit von Mann und Frau in enge Verbindung: In der Verbindung zwischen Mann und Frau ist ein lebendiges Abbild des Mysteriums der Vereinigung Christi und seiner Kirche gegeben. Deshalb nimmt die Ehe an dem großen Geheimnis teil und ist in solchem Sinn dann selbst Mysterium ... Die Kraft der Gnade Christi ergreift das gegenwärtige Leben in allen Bereichen, auch im Bereich der Ehe ... Die mittelalterliche Theologie und Trient ... sagen aber zugleich: Die Ehe ist anders Sakrament als die Hauptsakramente Taufe und Abendmahl/Eucharistie" (Lehrverurteilungen – kirchentrennend? I, 144f.; vgl. AK-O/5,4 und 51ff.; DS 1799; LG 11; GS 48; KEKat 386-397; Articles of Religion 25: Matrimony).

8.7.1.3 Der ökumenische Dialog hat „eine im tiefsten gemeinsame Sicht der Ehe" erbracht (L-RK/7,80 und L-R-RK/E 18)

TEXTE AUS DER ÖKUMENE

Im lutherisch/reformiert/römisch-katholischen Dialog 1976 wurde erklärt:
„Wir meinen alle, daß der biblische Begriff des ‚Bundes' das Mysterium der Ehe am besten kennzeichnet. Diesen Bund nennt die Katholische Kirche ein Sakrament. Die reformatorischen Kirchen ziehen es vor, diesen Begriff nicht zu gebrauchen, zunächst wegen ihrer Definition des Sakraments und auch wegen der besonderen Stellung der Ehe im Verhältnis zum Sakrament der Taufe und der Eucharistie und schließlich wegen der Auseinandersetzungen und Mißverständnisse der Vergangenheit. Wir glauben, daß wir selbst von einer unterschiedlichen Mentalität und von verschiedenen historischen Situationen her eine im tiefsten gemeinsame Sicht der Ehe haben können" (L-R-RK/E 18).
Solche Gemeinsamkeit wurde in einem Dokument 1986 deutlich:
„Angesichts der besonderen Verpflichtung der Eheleute, ihrer intensiven Lebensgemeinschaft und ihres Angewiesenseins auf den göttlichen Segen könnte auch die evangelische Seite (mit Apol 13,14f.) vom ‚Sakrament' der Ehe sprechen, sofern einerseits der grundlegende Unterschied zu den Sakramenten Taufe und Abendmahl beachtet und andererseits ihre Sakramentalität mit Bezug auf diese Christusgemeinschaft, vermittelt durch Verkündigung, Taufe und Abendmahl, beschrieben wird: Die Eheleute realisieren in spezifischer Weise, bezogen auf ihr Verhältnis zueinander und auf die gemeinsamen Aufgaben, die allen Christen geltende Gabe und Verpflichtung Jesu Christi" (Lehrverurteilungen – kirchentrennend? I, 149).
In diesem Dokument wird auf den lutherisch/reformiert/römisch-katholischen

Dialog von 1976 hingewiesen, in dem gemeinsam vom „sakramentalen Charakter der Ehe“ gesprochen wurde (I, 151 unter Hinweis auf L-R-RK/E 17-21).

8.7.2 Für das Zustandekommen der Ehe ist das gegenseitige Ja der Partner notwendig

TEXTE AUS DER ÖKUMENE

„Die Kirche, die schon seit alter Zeit die Ehe segnet, . . . fügt das neue Paar in die eucharistische Gemeinschaft ein und stellt so die Ehe in das Mysterium der Kirche hinein.
Der Konsens [d. h. das beiderseitige Ja] der Brautleute ist unerläßlich für die Ehe, die als Sakrament durch die Segnung durch einen rechtmäßigen Amtsträger vollendet wird“ (AK-O/5,53).
Nach katholischer Auffassung spenden sich die Brautleute „das Sakrament der Ehe gegenseitig durch die Erklärung ihres Ehewillens (Ja-Wort; Konsens). Dieser findet seine Erfüllung darin, daß beide zu einem Fleisch werden (vgl. Gen 2,24; Mk 10,8), was alle Bereiche des Lebens umfaßt. Der Priester, welcher der Trauung assistiert, nimmt dieses Ja-Wort im Namen der Kirche entgegen und spricht darüber den Segen der Kirche“ (KEKat 390).
Die auf dem Standesamt erfolgte Trauung[13] ist nach katholischer Auffassung Voraussetzung für das Sakrament der Ehe, das vor dem Pfarrer und zwei Zeugen in der Kirche empfangen bzw. geschlossen wird.
Evangelischerseits gilt die auf dem Standesamt geschlossene Ehe. „In der kirchlichen Trauung empfangen Mann und Frau Gottes Segen für den gemeinsamen Weg. Sie bekennen sich vor ihm zueinander . . . Die Trauung wird ihnen zur Quelle der Kraft“ (EEKat 537).

8.7.3 Zur christlichen Ehe gehört das Bereitsein
– zu personaler Liebe und Partnerschaft,
– zu Fruchtbarkeit und Elternschaft in Verantwortung vor Gott,
– zu unverbrüchlicher Treue

Dies sind Folgerungen aus der Heiligen Schrift (vgl. oben 8.7.1.1: Gen 1,27f.; Mt 19,4ff.; Eph 5,25.31f.).

---

13 Aufgrund staatlichen Gesetzes darf die kirchliche Eheschließung erst nach standesamtlicher Trauung erfolgen.

TEXTE AUS DER ÖKUMENE

„Bei der kirchlichen Trauung wird das Ja-Wort der Brautleute in dreifacher Form erfragt und gegeben . . .: das Ja zur Einheit, zur Fruchtbarkeit und zur unauflöslichen Treue in der Ehe“ (KEKat 392).
„Mit der Ehe hat Gott die Zeugung von Kindern verbunden . . . (Gen 1,28). Dadurch, daß der Mensch Kinder zur Welt bringt und sie ‚in der Zucht und Weisung des Herrn‘ (Eph 6,4) aufzieht, wird er zum Mitarbeiter Gottes, indem er das Werk des Schöpfers weiterführt. Durch die Kinder kennt der Mensch die Gaben der Vaterschaft und Mutterschaft, und er bildet mit seinem Ehepartner und den Kindern eine Familie, die so etwas wie eine kleine Kirche, die Hauskirche, ist . . . Die . . . Liebe und Einheit der Gatten als Hauptzweck der Ehe wird erreicht, wenn sie in der Gnade des Heiligen Geistes bleiben“ (AK-O/5,52).

8.7.4 Die Ehe ist – entsprechend dem Vorbild der Liebe Christi zur Kirche – Gemeinschaft und Einheit von Mann und Frau auf Lebenszeit; sie ist unauflöslich

„Was aber Gott verbunden hat, das darf der Mensch nicht trennen“ (Mk 10,9; vgl. oben 8.7.1.1: Mt 19,4-6).

TEXTE AUS DER ÖKUMENE

Die Heiligkeit der Ehe und der geistliche Charakter der in der Ehe gesegneten Vereinigung und Gemeinschaft von Personen nach dem Vorbild der Vereinigung Christi und der Kirche sind der Grund für das kirchliche Bewußtsein, daß die Ehe eine Vereinigung auf Lebenszeit und unauflöslich ist. Der Herr hat die Heiligkeit und die Unauflöslichkeit der Ehe verkündet (Mt 19,6)“ (AK-O/5,54).
„Schließlich gehört zum Wesen ehelicher Liebe ihre unauflösliche Treue. Sie ergibt sich aus der Ganzheitlichkeit, mit der sich die Eheleute gegenseitig schenken und annehmen; Liebe, die diesen Namen verdient, ist immer endgültig und kann nie nur bis auf weiteres und zur Probe geschenkt werden. Dazu kommt, daß auch das Wohl der Kinder die unbedingte und unauflösliche Treue der Ehegatten erforderlich macht. Sie ist von Gott bei der Schöpfung selbst gewollt: . . . (Mk 10,9). Die tiefste Begründung liegt in der Treue Gottes zu seinem Bund, besonders in der unauflöslichen Treue, die Christus seiner Kirche entgegenbringt und von der das Sakrament der Ehe Zeichen und Frucht darstellt“ (KEKat 393f.).
„Die Ehe ist nach biblischem Verständnis auf Lebenszeit angelegt. ‚Sie sind nun nicht mehr zwei, sondern ein Fleisch. Was nun Gott zusammengefügt hat, das soll der Mensch nicht scheiden!‘ (Mt 19,6). Eine so enge Verbindung erträgt keine Einschränkungen und Vorbehalte. Sind Menschen einander so nahe gekommen wie hier, so kommen sie nicht wieder voneinander los, ohne daß im Leben beider etwas zerbricht“ (EEKat 534 unter Hinweis auf Eph 5,30-32).
Die „Unauflösbarkeit der Ehe“ wird betont: EEKat 547.

„Es ist unsere gemeinsame Gewißheit, daß Mann und Frau sich für das ganze Leben zur ehelichen Gemeinschaft verpflichten und daß die Partnerschaft durch die Ehe dazu bestimmt ist, das ganze Leben zu währen, ‚bis der Tod euch scheidet‘, wie es in unseren Liturgien heißt“ (L-R-RK/E 24).

8.7.5 Die Unauflöslichkeit der Ehe

8.7.5.1 „Der Herr hat die Heiligkeit und Unauflöslichkeit der Ehe verkündet (Mt 19,6), aber ihre Auflösung wegen Unzucht zugestanden (Mt 5,32; 19,9)“ (AK-O/5,54). Dies wird orthodoxer- und altkatholischerseits, auch lutherischer- und reformierterseits zu bedenken gegeben.

„Wer seine Frau entläßt, obwohl kein Fall von Unzucht[14] vorliegt, liefert sie dem Ehebruch aus; und wer eine Frau heiratet, die aus der Ehe entlassen worden ist, begeht Ehebruch“ (Mt 5,32; ähnlich Mt 19,9).

TEXTE AUS DER ÖKUMENE

„Die nur bei Mt (5,32; 19,9) sich findende Bemerkung, bei ‚Unzucht‘ sei die Ehescheidung zulässig, erweist sich als abschwächender Zusatz. Jesu Scheidungsverbot ist absolut gemeint. Wenn trotzdem Eheleute sich voneinander scheiden, so wird darin die ‚Herzenshärtigkeit‘ des Menschen offenbar, der Gottes Willen mißachtet und daran schuldig wird.

Es gilt also ein Doppeltes:

– Nach Gottes Willen ist die Ehe unauflösbar ...

– Der Mensch kann den Willen Gottes in bezug auf die Ehe verfehlen.

Evangelisches Verständnis der Ehe hat dieser Doppelheit Rechnung zu tragen. Das heißt erstens: Ehe ist ihrem Wesen nach unauflösbar, aber dies bedeutet nicht, daß sie in keinem Fall geschieden werden kann. Das heißt zweitens: Menschen können den Willen Gottes in Bezug auf die Ehe verfehlen, aber das bedeutet nicht, daß wir den Willen Gottes nicht mehr ernst zu nehmen brauchen und die Ehe für eine jederzeit kündbare Bindung halten dürfen“ (EEKat 548).

8.7.5.2 Es kann Situationen geben, in denen eine Trennung der Ehegatten verantwortbar ist. Das ist gemeinsame Auffassung der Kirchen

„Es wäre unmenschlich, um der Unauflöslichkeit der Ehe willen einem Menschen zuzumuten, daß er an der Ehe körperlich oder seelisch zugrunde geht“ (EEKat 552).

„Die Kirche hat ... von allem Anfang an die schmerzliche Erfahrung gemacht, daß auch Ehen unter Christen scheitern können. Es gibt Situationen, in denen, nachdem sich jeder andere vernünftige Versuch,

---

14 „Unzucht“ meint beharrlichen Ehebruch, durch den die Gemeinschaft zerstört wurde (E. Lohse, Theologische Ethik des NT, 67f.).

die Ehe zu retten, als vergeblich erwiesen hat, als äußerstes Mittel die Trennung der Ehegatten angesehen werden muß. Sie ist kirchlich möglich, und die kirchliche Gemeinschaft muß solchen Menschen helfen, damit sie mit ihrer schwierigen Situation zurechtkommen und die Treue wahren können" (KEKat 394).

8.7.5.3 Orthodoxerseits und evangelischerseits wird eine (kirchliche) Wiedertrauung Geschiedener nicht ausgeschlossen (vgl. EEKat 552) „Die katholische Kirche hält jedoch in Treue zum Wort Jesu daran fest, daß sie eine solche Verbindung, wenn die erste Ehe gültig war und solange der erste Ehepartner lebt, nicht als sakramentale Ehe anerkennen kann" (KEKat 395).
Die reformatorischen Kirchen vertreten im Dialog „ein Verständnis des Evangeliums, wonach dieses über jeden Anspruch hinaus Barmherzigkeit und Vergebung gewähren muß; eine Deutung des Einschubs im Matthäusevangelium als christliche Duldung der Ehescheidung." In diesen beiden „Punkten nähern sich die reformatorischen Kirchen der orthodoxen Praxis ..., die auch auf ihre Weise durch die Barmherzigkeit gegenüber den geschiedenen Ehegatten ein Zeugnis für das Evangelium geben möchte". Die reformatorischen Kirchen „weisen überdies darauf hin, daß die Katholische Kirche auf den Konzilen von Florenz und Trient einerseits die Unauflöslichkeit der Ehe bekräftigt hat, andererseits aber die Position der Orthodoxen nicht hat formell verurteilen wollen" (L-R-RK/E 32).
Katholischerseits wurde bestätigt: „Im Blick auf die Alte Kirche vermeidet es das Konzil [zu Trient] ..., die Praxis der Wiederheirat in den orthodoxen Kirchen des Ostens mit dem Anathema zu belegen", d. h. zu verurteilen (Lehrverurteilungen – kirchentrennend? I, 152).

8.7.5.4 Möglichkeit einer ökumenischen Verständigung
„Evangelische und katholische Lehre stimmen darin überein" – und das gilt auch unter Einschluß orthodoxer Lehre –, „daß eine Ehescheidung in keinem Fall eine normale Lösung sein kann, weil die Ehe auf Lebenszeit geschlossen wird; auch bei Krisen sollte die Bindung durchgehalten werden ... Sie stimmen ferner darin überein, daß es Situationen gibt, wo das eheliche Zusammenleben nicht mehr zumutbar ist. Allerdings ziehen sie daraus unterschiedliche Folgerungen, da die katholische Lehre nicht die Scheidung, sondern nur die – vorübergehende oder dauerhafte – Trennung von Tisch und Bett zuläßt. Trotz erheblicher Unterschiede in Lehre und Praxis sind beide Kirchen aber in dieser Frage nicht unversöhnlich voneinander getrennt ... Ob ... die gegenseitigen Verwerfungen bzw. Ablehnungen in ihrer kirchentren-

nenden Wirkung fortgelten müssen, sei zumindest gefragt. Die evangelische und die katholische Position berufen sich jeweils auf biblische Aussagen; sie entsprechen jeweils einem zentralen Aspekt der Ehe (prinzipielle Unlösbarkeit – tatsächliche Realisierung der intensiven Lebensgemeinschaft)" (Lehrverurteilungen – kirchentrennend? I, 154).

8.7.6 „Die Ehe ist nicht unvereinbar mit Ordination" (AK-O/5,56)[15]

Zur konfessionsverschiedenen Ehe (die Synode der EKiRh spricht von „konfessionsverbindender" Ehe) siehe „Christsein im ökumenischen Verständnis".[16]

---

[15] Vgl. oben 8.6.9: Zulassungsbedingungen zur Ordination; ausführlicher: KiöV 69f.

[16] H. Schütte, Christsein im ökumenischen Verständnis (in Vorbereitung).

9. Wir erwarten die Auferstehung der Toten und das Leben der kommenden Welt

9.1 In der Begegnung mit Gott unmittelbar nach dem Tod erfolgt das Gericht über das Leben des Menschen

Dahin geht der Glaube der katholischen, orthodoxen und altkatholischen (weitgehend auch der anglikanischen) Kirche. In diesem Sinn heißt es bei Paulus: „Ich sehne mich danach, aufzubrechen und bei Christus zu sein“ (Phil 1,23; vgl. 2 Kor 5,8).
Einer der Verbrecher, die neben Jesus am Kreuz hingen, sagte: „Jesus, denk an mich, wenn du in dein Reich kommst.“ Jesus antwortete ihm: „Heute noch wirst du mit mir im Paradies sein“ (Lk 23,42f.).

TEXTE AUS DER ÖKUMENE

„Aufgrund der Taten während ihres Lebens ... werden die Menschen von Gott gleich nach dem Tod gerichtet. Die Gerechten und Heiligen werden nahe zu ihm geführt, die Sünder aber weit weg von ihm in die Unterwelt“ (AK-O/6,5; vgl. A-O/4,66-78).
„Die Begegnung mit Gott, die im Tod stattfindet, bedeutet für den Menschen zugleich das Gericht über sein Leben .... Es wird dem Menschen endgültig offenkundig, ob er sein Leben gewonnen oder verfehlt hat ... Der Tod bedeutet die Trennung von Seele und Leib. Während der Leib im Tod verfällt, wird bei Menschen, die im Stand der Gnade sterben, die Seele in die ewige Gemeinschaft mit Gott aufgenommen.“ Die Seele ist „das Lebensprinzip des einen und ganzen Menschen, modern formuliert: sein Ich, sein Selbst, die Mitte seiner Person“ (KEKat 407f.).

Möglichkeit zu einer ökumenischen Verständigung
Evangelischerseits wird ein Gericht unmittelbar nach dem Tod nicht vertreten, jedoch auch nicht einfachhin bestritten. Es legt sich als Konsequenz nahe, wenn und weil evangelischerseits anerkannt wird,
- daß es biblische Aussagen über eine Existenz bei Christus unmittelbar nach dem Tode gibt: Paulus konnte „in Phil 1,23 daran denken, daß er sofort nach seinem Tod bei Christus sein werde (vgl. Lk 23,43 oder Offb 6,9-11)“ (EEKat 1323);
- daß (gemäß 1 Petr 3,18) „im Tode auch die Menschen Christus begegnen, die ihn in ihrem Leben nicht kannten“ (EEKat 1326);
- daß die Heiligen für die Kirche bitten: Apol 21,8; AS III,2;
- daß Gottes Beziehung zu uns im Tod nicht aufhört: „Unser Leben als Geschöpf auf dieser Erde findet im Tod sein Ende. Aber durch Gottes Ja zu uns bleibt seine Beziehung zu uns lebendig: Er bleibt

bei uns, wenn wir durch das Tor des Todes gehen. Das, was durch den Tod hindurch hält, das Kontinuum [das Fortwährende] unserer Existenz über den Tod hinaus, liegt in seiner Liebe zu uns begründet, von der uns nichts scheiden kann (Röm 8,38f.)." Dann zitiert der Evangelische Erwachsenenkatechismus Kardinal Ratzinger: „Der Mensch kann deshalb nicht mehr total untergehen, weil er von Gott erkannt und geliebt ist . . . eine geistige Seele haben heißt: ein Wesen sein, das von Gott auf ewigen Dialog hin gerufen und darum seinerseits fähig ist, Gott zu erkennen und ihm zu antworten" (EEKat 1328).

Ich bin ein Glied von deinem Leib, des tröst ich mich von Herzen;
von dir ich ungeschieden bleib in Todesnot und Schmerzen.
Wenn ich gleich sterb, so sterb ich dir; ein ewig Leben hast du mir
mit deinem Tod erworben.
(Nikolaus Hermann vor 1561; GL 658,2)

9.2 Am Ende der Zeit werden alle Toten auferstehen und zusammen mit den dann Lebenden zum Weltgericht des wiederkommenden Herrn Jesus Christus erscheinen[1]

In späteren Schriften des *Alten Testaments* finden sich Aussagen, die eine Hoffnung über den Tod hinaus ausdrücken, u. a. Jes 26,19; Dan 12,2; 2 Makk 7,9 (EEKat 1319; COF 263).

„Der König der Welt wird uns zu einem neuen, ewigen Leben auferwekken" (2 Makk 7,9).

„Von denen, die im Land des Staubes schlafen, werden viele erwachen, die einen zum ewigen Leben, die anderen zur Schmach, zum ewigen Abscheu" (Dan 12,2).

Im *Neuen Testament* wird die Botschaft von der Auferstehung der Toten deutlich bezeugt (COF 264).

„Wenn der Geist dessen in euch wohnt, der Jesus von den Toten auferweckt hat, dann wird er . . . auch euren sterblichen Leib lebendig machen durch seinen Geist, der in euch wohnt" (Röm 8,11).

„Wer mein Fleisch ißt und mein Blut trinkt, hat das ewige Leben, und ich werde ihn auferwecken am Letzten Tag" (Joh 6,54).

„Die Posaunen werden erschallen, die Toten werden zur Unvergänglichkeit auferweckt" (1 Kor 15,52).

„Wenn der Menschensohn in seiner Herrlichkeit kommt und alle Engel mit ihm, dann wird er sich auf den Thron seiner Herrlichkeit setzen.

1 Siehe dazu oben 5.9: Er wird wiederkommen in Herrlichkeit, zu richten die Lebenden und die Toten.

Und alle Völker werden vor ihm zusammengerufen werden, und er wird sie voneinander scheiden, wie der Hirt die Schafe von den Böcken scheidet..." Die zur Linken „werden weggehen und die ewige Strafe erhalten, die Gerechten aber das ewige Leben" (Mt 25,31f.46).

TEXTE AUS DER ÖKUMENE

„Der ganze göttliche Heilsplan findet seine geschichtliche Vollendung mit dem Kommen des Herrn in Herrlichkeit. Sein Erscheinen begleiten die Auferstehung der Toten und die Erneuerung der Welt ... Alle werden zur Auferstehung des Leibes gelangen, damit sie in der Einheit von Leib und Seele vor dem Herrn erscheinen und nach dem Gericht sich entweder an der Seligkeit erfreuen oder die ewige Strafe erleiden" (AK-O/6,8.11).

„Am Ende wird offenbar werden, daß Jesus Christus von Anfang an die Sinnmitte aller Wirklichkeit und Geschichte war und ist, das Alpha und das Omega, der Erste und der Letzte, der Anfang und das Ende (vgl. Offb 1,8; 22,13)" (KEKat 415).

„Dem Gericht Gottes am Ende kann kein Mensch entgehen: ... (Mt 25,31ff.) ... Durch das Jüngste Gericht erhält das menschliche Leben ein ungeheures Gewicht. Was der Mensch in seinem Leben getan bzw. nicht getan hat, verfällt nicht der Vergessenheit, sondern wird im Jüngsten Gericht ‚gewogen' (vgl. Mt 7,21; 25,31; Röm 2,6; 2 Kor 5,10). In diesem Gericht wird kein Mensch aufgrund seiner Werke bestehen können. Nur an der Seite Jesu Christi, der das Urteil des Jüngsten Gerichts über unser Leben am Kreuz schon getragen hat, können wir vor dem Richterstuhl bestehen" (EEKat 1324f.).

„Jesus Christus, von dessen Wort und Werk die Kirche wissend, die Welt noch unwissend herkommt, ist derselbe, der der Kirche und der Welt als das Ziel der zu Ende gehenden Zeit entgegenkommt, um die in ihm geschehene Entscheidung endgültig und für Alle sichtbar zu machen: Gottes Gnade und Reich als das Maß, an dem die ganze Menschheit und jede einzelne menschliche Existenz gemessen ist" (K. Barth, DiG 150).

„Vergänglichkeit und Tod sind nicht die letzten Worte über das menschliche Leben, sondern Gott hat vielmehr dem menschlichen Dasein durch die Verheißung des ewigen Lebens eine einzigartige Würde verliehen. Auferstehung bedeutet für den christlichen Glauben, daß der Mensch nach dem Tod eine Zukunft hat" (COF 267).

Wir sind nur Gast auf Erden und wandern ohne Ruh
mit mancherlei Beschwerden der ewigen Heimat zu.
(Georg Thurmair 1935; GKL 89 / GL 656)

9.3 Wir kennen nicht den von Gott schon bestimmten Zeitpunkt der Vollendung, sind daher gerufen, stets bereit zu sein

„Jenen Tag und jene Stunde kennt niemand, ... nur der Vater. Seht euch also vor und bleibt wach! Denn ihr wißt nicht, wann die Zeit da ist“ (Mk 13,32f.; vgl. Mt 24,42ff.).
„Ihr selbst wißt genau, daß der Tag des Herrn kommt wie ein Dieb in der Nacht“ (1 Thess 5,2).

TEXTE AUS DER ÖKUMENE

„Der Zeitpunkt des zweiten Kommens des Herrn ist unbekannt (Mk 13,32); deshalb wird den Gläubigen von der Kirche ans Herz gelegt, immer bereit zu sein und zu wachen ... Die Kirche hat jede Bemühung, den Zeitpunkt der Wiederkunft des Herrn zu bestimmen, abgelehnt“ (AK-O/6,9).
„Den Zeitpunkt der Vollendung der Erde und der Menschheit kennen wir nicht, und auch die Weise wissen wir nicht, wie das Universum umgestaltet werden soll“ (GS 39).
„Die in der Schrift genannten Vorzeichen des Endes haben ... die Funktion, uns zu beständiger Wachsamkeit zu mahnen (vgl. Mt 13,33-37)“ (KEKat 418; vgl. EEKat 1367f.).

Mitten wir im Leben sind mit dem Tod umfangen.
Wer ist, der uns Hilfe bringt, daß wir Gnad erlangen?
Das bist du, Herr, alleine.
(Martin Luther 1524, nach Media vita in morte sumus; EG 518; vgl. EKG 309 / GL 654)

9.4 Der Himmel – das ewige Leben

9.4.1 Christliche Hoffnung richtet sich auf den Himmel, auf die von Gott verheißene ewige Glückseligkeit, die alles menschliche Begreifen übersteigt

„Ich weiß: Mein Erlöser lebt, als letzter erhebt er sich über den Staub ... ich werde Gott schauen ... meine Augen werden ihn sehen, nicht mehr fremd“ (Ijob 19,25ff.).
„Was kein Auge gesehen und kein Ohr gehört hat, was keinem Menschen in den Sinn gekommen ist: das Große, das Gott denen bereitet hat, die ihn lieben“ (1 Kor 2,9).
„Das ist das ewige Leben: dich, den einzigen wahren Gott, zu erkennen und Jesus Christus, den du gesandt hast“ (Joh 17,3).

„Wir wissen, daß wir Gott ähnlich sein werden ... denn wir werden ihn sehen, wie er ist" (1 Joh 3,2; vgl. 1 Kor 13,12; Mt 5,8).
Siehe auch die biblischen Stellen, auf die in den Texten aus der Ökumene Bezug genommen wird.

TEXTE AUS DER ÖKUMENE

„Wenn von Vollendung in der Bibel gesprochen wird, dann wird in Bildern gesprochen, Bilder, die hinweisen auf eine Wirklichkeit, die unsere Vorstellungskraft übersteigt; Bilder, die Freude, Erfüllung und vor allem Gemeinschaft mit Gott ausdrücken.

- Der Bräutigam erwartet seine Braut (Mt 25,1ff.): engste Gemeinschaft der Liebe.
- Das Hochzeitsmahl (Mt 22,1-14), die Hochzeit (Offb 19), das Gastmahl (Mt 8,11; Lk 14,16-24): Freude in der Gemeinschaft mit Gott und allen Menschen.
- Das neue Jerusalem (Offb 21): Schönheit und Harmonie.
- Das lebendige Wasser (Offb 22,1.17): Klarheit und überströmendes, immer neu sprudelndes Leben.
- Der Baum des Lebens (Offb 22,2): die Fülle des Lebens, das weder von Mangel noch Tod bedroht wird.

In der Mitte aller Erwartungen aber steht die Hoffnung, Gottes Angesicht zu schauen (Mt 5,8; 1 Kor 13,12), Gott ohne Gebrochenheit und Verhüllung erkennen und ihn sehen zu können, ohne vor ihm vergehen zu müssen. Gott wird sein alles in allem" (EEKat 1357; vgl. Heid 58).
Es „wird sich unser tägliches Gebet um das Kommen seines Reiches erfüllen, wie es in der Offenbarung bezeugt wird: ‚Ich sah einen neuen Himmel und eine neue Erde'" (AK-O/6,12).
Himmel ist: „Zustand vollendeter Glückseligkeit ... ewige Gemeinschaft des Menschen mit Gott ... Anschauung Gottes ‚von Angesicht zu Angesicht' ... Liebe, Friede, Freude ... vollendete Teilnahme am dreifaltigen Leben Gottes ... vollendete ‚Gemeinschaft der Heiligen'. So gehört zur Seligkeit des Himmels auch die Gemeinschaft mit Jesus Christus, mit den Engeln und Heiligen, die Gemeinschaft mit Angehörigen und Freunden aus der Zeit des Erdenlebens, die Freude über die Schönheit der Werke Gottes in der Schöpfung und Geschichte, über den Sieg der Wahrheit und der Liebe im eigenen Leben wie im Leben der anderen" (KEKat 420f.).

9.4.2 Jeder erhält seinen besonderen Lohn, je nach der Mühe, die er aufgewendet hat (1 Kor 3,8)[2]

„Selig die Toten, die im Herrn sterben ... ihre Werke begleiten sie" (Offb 14,13).

---

[2] Vgl. oben 5.8.3.2 Gott „wird jedem vergelten, wie es seine Taten verdienen".

„Der Menschensohn wird ... jedem Menschen vergelten, wie es seine Taten verdienen" (Mt 16,27; vgl. Mk 8,38).
„Denkt daran: Wer kärglich sät, wird auch kärglich ernten; wer reichlich sät, wird reichlich ernten" (2 Kor 9,6; 1 Kor 3,8).

TEXTE AUS DER ÖKUMENE

„Weil der Himmel die Erfüllung und Krönung des Lebens ist, geht auch die ganze und erhaltene Frucht unseres irdischen Lebens in die Verklärung des ewigen Lebens ein. Die Freude des Himmels ist deshalb auch Freude über den empfangenen Lohn. Dabei krönt Gott in der Krönung unserer Verdienste das Werk seiner eigenen Gnade. Jeder wird den ihm gemäßen Lohn empfangen ... Aus diesem Grund kann von unterschiedlichen Graden der himmlischen Seligkeit die Rede sein" (KEKat 421f.).
„Im endgültigen Gericht wird Gott die Menschen nach ihrem Tun beurteilen" (EEKat 441).

9.4.3 Die Heiligen erfreuen sich schon jetzt der Nähe Gottes[3]

TEXTE AUS DER ÖKUMENE

„Die Verehrung, welche die Kirche den Heiligen erweist, beruht auf dem Glauben, daß sie schon in der Nähe Gottes sind und sich schon in gewisser Weise an der göttlichen Herrlichkeit erfreuen, auf deren Erfahrung in Fülle bei der allgemeinen Auferstehung am Jüngsten Tage sie noch warten. Auf derselben Überzeugung beruht auch die Anrufung der Gottesmutter und der Heiligen um Fürbitte bei Gott, bei dem sie leben und bei dem sie jederzeit Gehör finden" (AK-O/6,6).
„Das Gedenken der Heiligen und besonders der Jungfrau Maria gründet sich auf der Gewißheit, daß nach Beendigung ihres Erdenlebens diejenigen, die an Christus, den Erlöser, geglaubt haben, die ihn geliebt und ihm gedient haben, in seiner Gegenwart weiterleben werden" (VELKD/DNK, Maria: 1982).
Apol 21,8 und AS II, 2; EEKat 1323 und 1326; siehe oben 9.1.
„Am intensivsten wird unsere Einheit mit der himmlischen Kirche in der Liturgie verwirklicht, wenn wir zusammen mit allen Engeln und Heiligen gemeinsam das Lob von Gottes Herrlichkeit und das Werk seiner Erlösung feiern" (KEKat 308).

Der Apostel heilger Chor, der Propheten hehre Menge
schickt zu deinem Thron empor neue Lob- und Dankgesänge,
der Blutzeugen lichte Schar lobt und preist dich immerdar.
(Aus: Großer Gott, wir loben dich; EG 331,4 / GL 257,4)

---

3 Siehe oben 9.1, besonders Phil 1,23 und Lk 23,42f.

9.4.4 Maria in der himmlischen Herrlichkeit

9.4.4.1 Die katholische Kirche glaubt, daß Maria, die Mutter des Herrn, mit Leib und Seele zur himmlischen Herrlichkeit aufgenommen wurde

Dieses Dogma wurde 1950 von Papst Pius XII. verkündet. Das darin Ausgesagte ist nicht neu: In der Liturgie wird das Fest „Mariä Heimgang" bzw. „Aufnahme Marias in den Himmel" seit Jahrhunderten begangen.

Die Verkündigung des Dogmas erfolgte am 1. November. Maria wird also als Glied innerhalb der Gemeinschaft der Heiligen verstanden.

Warum geschah die Dogmatisierung?

- Der Glaubenssatz von 1854 (gnadenhafte Bewahrung Marias vor der Ursünde) ist eine Antwort auf die Entchristlichung durch Rationalismus und Aufklärung und betont die Erlösungsbedürftigkeit des Menschen und seine Rettung durch die Gnade Jesu Christi.
- Der Glaubenssatz von 1950 stellt dem Materialismus und dem diesseits gerichteten Menschen die christliche Wahrheit vor Augen: „Wir erwarten die Auferstehung der Toten und das Leben der kommenden Welt."

  Beide Mariendogmen sind also Aussagen über die Wirklichkeit der Erlösung.
- Das Dogma von 1950 richtet sich gegen einen Spiritualismus, der die Auferweckung des Leibes leugnet und das Christentum von Anfang an bedrohte: Als Paulus die Auferstehung der Toten predigte, „spotteten die einen, andere aber sagten: Darüber wollen wir dich ein andermal hören" (Apg 17,32).

9.4.4.2 Möglichkeit einer ökumenischen Verständigung

Kardinal Ratzinger hat einen Weg zur Einigung über das 1870 ausgesprochene Dogma vom Primat des Papstes gewiesen und in der Ökumene Zustimmung gefunden:[4]

Auf die zur Zeit der Trennung formulierten Dogmen von 1854 und 1950 angewandt, bedeutet dies: Erforderlich ist grundlegende Übereinstimmung hinsichtlich Maria – entsprechend dem Glauben der alten, ungeteilten Kirche.[5]

---

4 Vgl. J. Ratzinger, Theologische Prinzipienlehre, 209, auch H. Schütte, KiöV, 97f.

5 Vgl. 5.3: Jesus Christus, geboren von der Jungfrau Maria.

Dann bedarf es nicht einer formellen Annahme der im zweiten Jahrtausend ausgesprochenen Dogmen. Notwendig ist jedoch eine „positive Zurkenntnisnahme“ derselben:

- daß diese Dogmen als auf der Linie des gemeinsamen Glaubens befindlich eingesehen werden, eine mögliche Entfaltung desselben darstellen,
- daß der Inhalt dieser Dogmen als nicht im Widerspruch zum gemeinsamen Glauben stehend erkannt wird.

Daß das Dogma von der leiblichen Aufnahme in den Himmel auf der Linie des gemeinsamen Glaubens liegt, ihm nicht widerspricht, geht aus Folgendem hervor:

- Gemeinsame Überzeugung ist, daß die Heiligen leben (siehe oben 9.4.3).
  Die Kirche feiert „den Eingang der Gottesmutter ins ewige Leben und begeht festlich den Tag ihres Hinscheidens“ (AK-O/2,16).
- Gemeinsame Hoffnung sind die Auferstehung und ewiges Leben.
  „Die Auferstehung [Christi] ist kein isoliertes Ereignis, sondern der Beginn der allgemeinen Totenauferstehung“ (EEKat 426).
- Mt 27,52 deutet auf eine leibliche Auferstehung vor der Wiederkunft Christi hin: „Die Gräber öffneten sich, und die Leiber vieler Heiliger, die entschlafen waren, wurden auferweckt. Nach der Auferstehung Jesu verließen sie ihre Gräber, kamen in die Heilige Stadt und erschienen vielen.“
- Eph 2,6 heißt es: „Er hat uns mit Christus auferweckt und uns mit ihm einen Platz im Himmel gegeben.“ Dazu bemerkt Kardinal Ratzinger: „Der Getaufte ist jetzt schon in die Himmelfahrt [Christi] einbezogen ... Die Formel von der ‚Aufnahme‘ Marias mit Leib und Seele verliert von diesem Text her alles Spekulative und Willkürliche ... Es wird gesagt, daß in der, die den Herrn geboren hat, ... der Tod verschlungen ist in den Sieg Christi hinein.“[6]
- 1 Kor 15,23 spricht nicht gegen die Möglichkeit einer leiblichen Aufnahme in den Himmel vor der Wiederkunft Christi: Paulus gibt den Grund der Auferstehung aller an; er will nichts zur Chronologie sagen.
- Martin Luther erklärte 1522, es stehe nicht in der Schrift, „wie Maria im Himmel sei“, entscheidend bleibe, daß die Heiligen leben. 1544 ließ er die Frage nach der leiblichen Aufnahme Marias offen (WA 10/3, 268).[7]

---

6 J. Ratzinger, Die Tochter Sion, 80f.

7 Vgl. H. Schütte, Ziel: Kirchengemeinschaft, ^{4}1986, 187.

9.5 Die Läuterung der Verstorbenen („Fegfeuer")

9.5.1 „Die im Tod sich ereignende Begegnung mit dem Feuer der Liebe Gottes hat für den Menschen . . . eine läuternde und umwandelnde Kraft, die alles beim Tod noch Unvollkommene richtet, reinigt, heilt und vollendet" (KEKat 424f.). Die offizielle katholische Lehre spricht von „purgatorium", d. h. Reinigung, Läuterung (im Volksmund: „Fegfeuer")

„Das Werk eines jeden wird offenbar werden: Jener Tag wird es sichtbar machen, weil es im Feuer offenbart wird. Das Feuer wird prüfen, was das Werk eines jeden taugt. Hält das stand, was er aufgebaut hat, so empfängt er Lohn. Brennt es nieder, dann muß er den Verlust tragen. Er selbst aber wird gerettet werden, doch so wie durch Feuer hindurch" (1 Kor 3,13-15).
„Judas Makkabäus ließ die Toten entsühnen, damit sie von der Sünde befreit werden" (2 Makk 12,45).
Der Verstorbene begegnet Christus, dem Allheiligen, dessen Augen „wie Feuerflammen" sind (Offb 1,14) – durchdringend und läuternd. „Der verwandelnde ‚Augenblick' dieser Begegnung entzieht sich irdischen Zeitmaßen."[8]

9.5.2 Die Kirche hat von Anfang an für die Toten gebetet

TEXTE AUS DER ÖKUMENE

„Die Gemeinschaft der Glaubenden, die Kirche, wird durch den Tod nicht zerbrochen. Wie im Leben, so ist auch im Tode der Christ auf die Gemeinschaft angewiesen. Im Gebet tritt die Gemeinde für den Entschlafenen vor Gott ein, sie erbittet für ihn Vergebung der Schuld, Annahme bei Gott und das ewige Leben" (EEKat 1345).
Wir wissen, „daß die Alten vom Gebet für die Toten sprechen, das wir nicht verbieten" (Apol 24,94).
Die Kirche feiert „im Glauben und in der Hoffnung, daß Gott der Entschlafenen in Barmherzigkeit gedenke, die heilige Eucharistie, sie hält Gedächtnisgottesdienst und empfiehlt den Gläubigen Werke der Wohltätigkeit. Darin drückt sich die liebevolle Gemeinschaft der Lebenden mit den Heimgegangenen . . . aus. ‚Wir glauben, daß das Gebet denen, für die es dargebracht wird, zum größten Nutzen gereicht' (Kyrill von Jerusalem: PG 33, 1116f.)" (AK-O/6,6).
Aus der Fürbitte für die Entschlafenen spricht die „Überzeugung, daß Gottes

---

8 J. Ratzinger, Eschatologie: KKD IX, 188.

Gnadenhandeln im Tod keine endgültigen Grenzen gesetzt sind" (Lehrverurteilungen – kirchentrennend? I, 122).

9.5.3 Möglichkeit einer ökumenischen Verständigung

Zur katholischen Lehre von der Läuterung („Fegfeuer") heißt es im *Evangelischen Erwachsenenkatechismus:* Die Reformation lehnte die Vorstellung von Fegfeuer ab: „Sie sah hierin die alleinige Geltung des Versöhnungswerkes Christi gefährdet. Die heutige Annäherung im Verständnis der Rechtfertigung und des Abendmahls ermöglicht auch in diesem Punkt ein neues gegenseitiges Verständnis. So denken heutige römisch-katholische Theologen die ‚Läuterung im Fegfeuer' als ‚Vollendungsleiden', in ‚dem der vor Gottes Angesicht tretende Mensch mit all seiner sündigen Widerständigkeit Gott selbst als die schmerzlich-lösende Läuterung zur endgültigen Liebesgemeinschaft erfährt' (Lehrverurteilungen – kirchentrennend? I)" (EEKat 1325f.).
Der reformatorische Protest richtete sich gegen phantastische Vorstellungen und abwegige Frömmigkeitsformen. Das Konzil zu Trient war daraufhin bemüht, „Neugierde ... Aberglauben ... schmählichen Gewinn ... Ärgernis und Anstoß für die Gläubigen" zu beseitigen (DS 1820).

9.6 Die Gefahr ewigen Scheiterns (Hölle)

„Das Wesen der Hölle ist ... selbstverschuldeter endgültiger Ausschluß aus der Gemeinschaft mit Gott. Weil aber Gott allein die endgültige Sinnerfüllung des Menschen ist, bedeutet die Hölle die Erfahrung und den Schmerz letzter Sinnlosigkeit und die Verzweiflung über das endgültige Verlorensein des Menschen" (KEKat 424).
„Wir glauben und bekräftigen, daß es nicht Gottes Wille ist, die Welt, die er geschaffen hat, zu verurteilen und zu zerstören. Indem er seinen Sohn dahingibt, will er, daß seine Welt gerettet wird (Joh 3,17). Das biblische Zeugnis enthält jedoch die Möglichkeit einer letzten Verdammung (vgl. Mt 25,45f.; Offb 20,15)" (COF 268).
„Wenn dich dein rechtes Auge zum Bösen verführt, dann reiß es aus und wirf es weg! Denn es ist besser für dich, daß eines deiner Glieder verlorengeht, als daß dein ganzer Leib in die Hölle geworfen wird" (Mt 5,29).
„Fürchtet euch vor dem, der Seele und Leib ins Verderben der Hölle stürzen kann" (Mt 10,28; vgl. Mt 23,33).
„Dann wird der [in seiner Herrlichkeit kommende] Menschensohn sich

auch an die auf der linken Seite wenden und zu ihnen sagen: Weg von mir, ihr Verfluchten, in das ewige Feuer, das für den Teufel und seine Engel bestimmt ist! ... Und sie werden weggehen und die ewige Strafe erhalten“ (Mt 25,41.46).

„In Treue zur Unterweisung des Neuen Testaments muß christliche Lehre sowohl der grenzenlosen Absicht der erlösenden Liebe Gottes als auch den vielen neutestamentlichen Warnungen, daß eine ewige Verdammung möglich ist, gerecht werden. Dennoch bleibt der rettende Wille Gottes ein letztes Geheimnis, das noch Möglichkeiten offenhält, wo das Lebensbuch für Menschen geschlossen zu sein scheint“ (COF 268, Kommentar).

TEXTE AUS DER ÖKUMENE

Die „ewige Strafe der Ungerechten“ ist „feste Lehre der Heiligen Schrift und der Kirchenväter“ (AK-O/6,11).

Es gibt „den Ernst der Glaubensentscheidung ... und die Verantwortlichkeit des Menschen für sein Leben ... Der Mensch kann sein Leben verfehlen“ (EEKat 1326).

„Gottes Heiligkeit und Gerechtigkeit läßt sich nicht spotten. Er wird den richten, der ihn verleugnet und verachtet hat“ (EEKat 1365).

„Die Heilige Schrift läßt ... keinerlei Zweifel daran, daß es Sünden gibt, die vom Reiche Gottes ausschließen (vgl. 1 Kor 6,9f.; Gal 5,20-21; Eph 5,5; Offb 21,8). Es geht also in unserem Leben um eine Entscheidung auf Leben und Tod. Die Heilige Schrift sagt uns freilich nicht, ob jemals ein Mensch sich tatsächlich mit letzter Endgültigkeit gegen Gott entschieden und damit den Sinn des Daseins endgültig verfehlt hat ... Man muß die Aussagen der Heiligen Schrift über die Ewigkeit der Hölle ... richtig verstehen ...: Sie haben eine mahnende und zur Entscheidung herausfordernde Funktion. Es sollen dem Sünder die Konsequenzen seines Tuns vor Augen gestellt werden, nicht damit er bestraft werde, sondern damit er umkehre und so zum ewigen Leben finde. Deshalb wird weder in der Heiligen Schrift noch in der kirchlichen Glaubensüberlieferung von irgendeinem Menschen mit Bestimmtheit gesagt, er sei tatsächlich in der Hölle“ (KEKat 423).

„Gottes Liebe ist allgegenwärtig und allen angetragen, aber nicht alle nehmen sie an. Nach Meinung einiger Kirchenväter haben selbst die in die Hölle Gekommenen Gottes Liebe nicht eingebüßt, aber aus ihrer eigenen freien Wahl heraus erleben sie das als Qual, was die Heiligen als Freude erfahren. Das Licht von Gottes Herrlichkeit ist auch das Feuer des Gerichts. Gottes Zorn ist nichts anderes als seine Liebe; wie wir diese Liebe in diesem Leben und nach dem Tode erfahren, hängt von unserer Einstellung ab. In den Pfingstgebeten betet die Orthodoxe Kirche, die glaubt, daß Christus die Schlüssel der Hölle und des Todes hält (Offb 1,18), und hofft, daß die Liebe Gottes eine Antwort auch in manchen Seelen derer findet, die in der Hölle sind, für deren Heil, selbst wenn deren letztliches Geschick ein Geheimnis bleibt (Mt 25,31-46 im Sinne der patristischen Auslegung)" (A-O/4,71).

9.7 Die Ansicht, am Ende gebe es eine Erlösung aller – auch der Verdammten – zu ewiger Glückseligkeit, ist von der Heiligen Schrift her nicht zu begründen[9]

„Gott hat alle in den Ungehorsam eingeschlossen, um sich aller zu erbarmen" (Röm 11,32): Diese Aussage bezieht sich – im Zusammenhang von Röm 9-11 – auf Israel, das am Ende gerettet wird; „alle" in Röm 11,32 meint Juden und Heiden, nicht alle einzelnen Menschen.

TEXTE AUS DER ÖKUMENE

Im Anschluß an Röm 11,32 „entwickelten manche christlichen Theologen und Gruppen den Gedanken der ‚Wiederbringung aller', eine Allversöhnungslehre, die jedoch im Neuen Testament keinen Anhalt findet. Denn bei Paulus bezieht sich dieser Satz (Röm 11,32) auf das Volk Israel, das von Gott erwählt wurde, doch Christus weithin ablehnte und am Ende gerettet werden wird (vgl. Apg 3,21). Aber nirgendwo wird dieser Gedanke dazu benutzt, den Ernst der Glaubensentscheidung zu verschleiern und die Verantwortlichkeit des Menschen für sein Leben aufzuheben. Der Mensch kann sein Leben verfehlen" (EEKat 1326; ähnlich COF 268, Kommentar).
Die Kirche hat „die dem Origines (3. Jh.) zugeschriebene und später immer wieder vertretene Lehre verurteilt, am Ende der Zeit finde die Wiederherstellung der ganzen Schöpfung statt" (KEKat 422).

9.8 Die Kirche ist Gemeinschaft der Hoffnung. Im Vertrauen auf Gottes Verheißungen erwarten Christen den „neuen Himmel und die neue Erde", das vollendete Reich Gottes der Gerechtigkeit, der Liebe und des Friedens

„Durch eure Berufung ist euch eine gemeinsame Hoffnung gegeben" (Eph 4,4).
„Wir warten auf die selige Erfüllung unserer Hoffnung" (Tit 2,13; auch 3,7; vgl. Röm 8,18-30: Die Hoffnung auf die Erlösung der Welt).
„Dann sah ich einen neuen Himmel und eine neue Erde . . . Ich sah die

---

9 Vgl. auch oben 9.6.

Heilige Stadt, das neue Jerusalem, von Gott her aus dem Himmel herabkommen ... Da hörte ich eine laute Stimme vom Thron her rufen: Seht, die Wohnung Gottes unter den Menschen! Er wird in ihrer Mitte wohnen, und sie werden sein Volk sein; und er, Gott, wird bei ihnen sein. Er wird alle Tränen von ihren Augen abwischen: Der Tod wird nicht mehr sein, keine Trauer, keine Klage, keine Mühsal ... Er, der auf dem Thron saß, sprach: Seht, ich mache alles neu" (Offb 21,1-5).
„Wenn ihm [Christus] dann alles unterworfen ist, wird auch er, der Sohn, sich dem unterwerfen, der ihm alles unterworfen hat, damit Gott herrscht über alles und in allem" (1 Kor 15,28).

TEXTE AUS DER ÖKUMENE

„Der Glaube der Apostel, daß ‚wir hier keine bleibende Stadt haben, sondern die zukünftige suchen' (Hebr 13,14) und daß ‚die Gestalt dieser Welt vergeht' (1 Kor 7,31), bestimmt den Inhalt der christlichen Hoffnung ... Durch die Sakramente und die anderen heiligmachenden Gnadenmittel empfangen wir in der Kirche das Unterpfand des Geistes in der hoffnungsvollen Erwartung der künftigen Freude am Ganzen" (AK-O/6,1 und 2).
Christen „hoffen auf die Zukunft. Diese Hoffnung hat einen Grund in der Vergangenheit: Kreuz und Auferstehung Jesu. Sie hat einen Grund in der Gegenwart: die erfahrbare Nähe des lebendigen Christus. Paulus drückt dies auch so aus: Die Christen haben eine ‚Erstlingsgabe', ein ‚Unterpfand' ... für die Vollendung erhalten. Dieses Angeld ist der Heilige Geist, die Kraft zum Glauben und Leben (Röm 8,23; 2 Kor 1,22; 5,5; Eph 1,13f.)" (EEKat 1354f.).
„Der letzte Satz des Glaubensbekenntnisses: ‚Wir erwarten die Auferstehung der Toten und das Leben der kommenden Welt' ist die christliche Antwort auf die Urhoffnung der Menschheit ... Grund und bleibender Maßstab unserer Hoffnung ist ... die Auferstehung Jesu Christi" (KEKat 398f.).
Das ewige, alles umfassende Reich Gottes wird sein „das Reich der Wahrheit und des Lebens, das Reich der Heiligkeit und der Gnade, das Reich der Gerechtigkeit, der Liebe und des Friedens" (Liturgie des Christkönigsfestes).
„Das Reich Gottes ist die Wirklichkeit, in der die souveräne Herrschaft Gottes durch seinen Sohn Jesus Christus in der Kraft des Heiligen Geistes verwirklicht wird ... In dem neuen Himmel und der neuen Erde (Jes 65,17; Offb 21,1) wird die neue Menschheit Gott von Angesicht zu Angesicht sehen und preisen (1 Kor 13,12). Gott wird alles in allem sein (1 Kor 15,28)" (COF 270f.).
Die Kirche ist „eine Gemeinschaft (communio) der Hoffnung inmitten einer Welt, die mit Tod und Zerstörung konfrontiert ist". Sie blickt „nach vorn auf die endgültige Vollendung. Die Hoffnung der Kirche ist somit eine Hoffnung für die Welt und ein Vertrauen auf Gottes erlösende Verheißung der Treue gegenüber seiner ganzen Schöpfung" (COF 272; vgl. EEKat 95).

Gloria sei dir gesungen mit Menschen- und mit Engelzungen,
mit Harfen und mit Zimbeln schön.
Von zwölf Perlen sind die Tore an deiner Stadt;

wir stehn im Chore der Engel hoch um deinen Thron.
Kein Aug hat je gespürt, kein Ohr hat mehr gehört solche Freude.
Des jauchzen wir und singen dir das Halleluja für und für.
(Aus: „Wachet auf“, ruft uns die Stimme; Philipp Nikolai 1599; EG 147,3; vgl. EKG 121,3 / GL 110,3)

10. Amen

Amen besagt: Es gilt, es steht fest, so sei es.
Im Amen bekundet und bekräftigt die im Gottesdienst versammelte Gemeinde ihre Gemeinschaft im Glauben mit der ganzen Kirche. In Christus „ist das Ja verwirklicht. Er ist das Ja zu allem, was Gott verheißen hat. Darum rufen wir durch ihn zu Gottes Lobpreis auch das Amen“ (2 Kor 1,19f.).
„Aus ihm [Gott] und durch ihn und auf ihn hin ist die ganze Schöpfung. Ihm sei Ehre in Ewigkeit! Amen“ (Röm 11,36; vgl. Gal 1,5).
„Dem König der Ewigkeit, dem unvergänglichen, unsichtbaren, einzigen Gott, sei Ehre und Herrlichkeit in alle Ewigkeit. Amen“ (1 Tim 1,17; vgl. Röm 16,27; Eph 3,21; Phil 4,20; 1 Tim 6,16; 2 Tim 4,18; Hebr 13,21; 1 Petr 4,11; 5,11; 2 Petr 3,18; Offb 1,6; 22,20). „Amen, amen, ich sage euch“ (Joh 6,26): Vielfach – 30mal bei den Synoptikern, 25mal im Johannesevangelium – stellt Jesus dieses „Amen“ vor seine Aussagen, z. T. verdoppelt.

TEXTE AUS DER ÖKUMENE

„Amen, Amen, das heißt: Ja, ja, es soll also geschehen“ (Martin Luther, Kl. Kat III).
„Amen heißt: Das soll wahr und gewiß sein; denn mein Gebet ist viel gewisser von Gott erhört, als ich in meinem Herzen fühle, daß ich solches von ihm begehre“ (Heid 129).
„Das ‚Amen‘ am Schluß nimmt . . . das ‚Ich glaube‘ am Anfang des Credo wieder auf und bekräftigt es nochmals: ‚Ja, so ist es‘, ‚dazu stehe ich‘, ‚in diesem Glauben ist meine Hoffnung fest gegründet‘“ (KEKat 430).
Das Amen „bringt das *Ja* zum dreieinigen Gott voll Vertrauen zum Ausdruck, der uns als der Vater, der Sohn und der Heilige Geist offenbart worden ist“ (COF 279).

- Amen zu aller Stund sprech ich aus Herzensgrund;
  du wollest selbst uns leiten, Herr Christ, zu allen Zeiten,
  auf daß wir deinen Namen ohn Ende preisen. Amen.
  (Aus: Auf meinen lieben Gott trau ich in Angst und Not; Lübeck vor 1603; GKL 73,5; Leuchte, bunter Regenbogen 176)
- Darauf so sprech ich Amen und zweifle nicht daran,
  Gott wird es alls zusammen in Gnaden sehen an,
  und streck nun aus mein Hand, greif an das Werk mit Freuden,
  dazu mich Gott beschieden in meim Beruf und Stand.
  (Aus: Aus meines Herzens Grunde; Georg Niege vor 1585: GKL 93,4)

Nachwort

1. Von der schon bestehenden zur vollen Kirchengemeinschaft

„Alle in der Kirche sollen unter Wahrung der Einheit im Notwendigen ... in der Verschiedenheit der liturgischen Riten sowie der theologischen Ausarbeitung der Offenbarungswahrheit die gebührende Freiheit walten lassen, in allem aber die Liebe üben" (UR 4). Mit dieser Aussage stimmt das Zweite Vatikanische Konzil dem ökumenischen Grundsatz zu: „Im Notwendigen Einheit, im Zweifelhaften Freiheit, in allem Liebe".

Angesichts der erreichten Übereinstimmungen und Annäherungen stellt sich dringlich die Frage, was zur Verwirklichung voller Kirchengemeinschaft nun noch fehlt.

- Es besteht eine große Nähe, eine fast vollkommene Gemeinschaft im Glauben zwischen der *orthodoxen* und der *römisch-katholischen* Kirche.[1]
- Zwischen der *römisch-katholischen* Kirche und den *evangelischen* Kirchen existiert ein Fundamentalkonsens, und es wurden darüber hinaus Übereinstimmungen in früher trennenden Gegensätzen erzielt.[2] Doch gibt es noch Bereiche, in denen Streitpunkte bisher kaum oder nicht abschließend behandelt wurden, besonders Lehramt, Konzil, Dienstamt der Einheit (Petrusamt) und einige Lehren über Maria. Diese sollten unverzüglich angegangen und einer Verständigung zugeführt werden, die man als möglich erachtet. Ist sie erreicht, dann existiert eine breite und tiefe Übereinstimmung, die als „Einheit in der Wahrheit" bezeichnet werden darf.[3] Um diese geht es, nicht um Einheitlichkeit in deren Formulierung (UR 11).

---

1 Hinsichtlich des Hervorgangs des Heiligen Geistes, im Verständnis des Petrusamts und der mariologischen Dogmen von 1854 und 1950, auch der Unauflöslichkeit der Ehe haben sich Wege zur Verständigung gezeigt.

2 Das gilt vor allem im Blick auf die Lehre von der Rechtfertigung, der Eucharistie, der Ehe, des Dienstamts und der Ordination.

3 Ob bzw. inwiefern dies für ethische Grundsätze gilt, wird in „Christsein im ökumenischen Verständnis" dargelegt.

2. Rangordnung der Wahrheiten

Hinzu kommt, daß die noch strittigen Punkte nicht das Zentrum des Christlichen betreffen. Das Zweite Vatikanum erklärt, „daß es eine Rangordnung ... der Wahrheiten innerhalb der katholischen Lehre gibt, je nach der verschiedenen Art ihres Zusammenhangs mit dem Fundament des christlichen Glaubens" (UR 11).[4] Daher „müssen die einzelnen Dogmen als Entfaltung ... des einen und im Grunde einzigen – weil alles umfassenden – Inhalts des Glaubens verstanden werden: Gottes Heil in Jesus Christus" (KEKat 57).[5] Daraus folgt im Blick auf die einzelnen Lehren: „Wer so glaubt wie Abraham, wer in der Nachfolge Jesu seinen Weg geht und wer dies in und mit der ganzen Gemeinschaft der Glaubenden tut, der glaubt nicht nur einen Teil, sondern einschlußweise den ganzen Glauben, *der nicht eine äußere Summe einzelner Sätze, sondern ein Ganzes darstellt*" (KEKat 58).
Gilt das nur für katholische Christen? Entspricht etwa der Glaube der heidnischen Frau nicht demjenigen Abrahams, da Jesus gerade zu ihr sagte: „Dein Glaube ist groß" (Mt 15,28)? Und angesichts der Haltung des Hauptmanns von Kafarnaum konstatierte Jesus sogar: „Einen solchen Glauben habe ich in Israel noch bei keinem gefunden" (Mt 8,10).

3. Bedrängende Fragen

Die gegenwärtig lebenden Christen haben die Spaltungen nicht verursacht, finden sich vielmehr in getrennten Kirchen vor. Zwischen engagierten Christen aus verschiedenen Kirchen gibt es keine Eucharistiegemeinschaft, obwohl zwischen ihnen vielfach tiefe Glaubensgemeinschaft besteht, anders als zwischen ihnen und solchen, die abständig sind: Das ist ein Skandal!
Von daher stellen sich bedrängende Fragen:
„‚Dürfen wir einander die Kommunion verweigern?' ... dies darf doch nur geschehen, wenn wirklich das Wesentliche des Glaubens und der Kirchenordnung dazu zwingt. Geschieht es ohne solchen zwingenden Grund, machen wir uns schuldig."[6]

---

4 Vgl. dazu W. Beinert, Hierarchie der Wahrheiten: LkD 257ff.; J. Feiner, Kommentar zu UR: LThK/VatKonz II, 88ff.

5 Ähnlich spricht man auch evangelischerseits von einer „Mitte des Evangeliums".

6 Metropolit Damaskinos Papandreou, in: R. Erni / D. Papandreou, Eucharistiegemeinschaft, 91f. Daß auch im Kirchenverständnis „Einheit im Notwendigen" möglich ist, wurde in „Kirche im ökumenischen Verständnis" aufzuzeigen versucht.

„Um das Recht zu haben, in getrennten Kirchen zu leben, müßte man ... sicher wissen, daß man eindeutig uneins ist in der Wahrheit“.[7]
Wir müßten „nicht nur immer nach der Vertretbarkeit der Einigung, sondern noch viel nachdrücklicher nach der Vertretbarkeit des [noch] Getrenntbleibens ... fragen, denn nicht die Einheit bedarf der Rechtfertigung, sondern die Trennung.“[8]
Um das „Ärgernis für die Welt“ und den „Schaden für die heilige Sache der Verkündigung des Evangeliums“ (UR 1) zu beseitigen, um das Leid, das Leiden vieler Menschen aufgrund der Spaltung zu beheben, darf eine Antwort auf solche Fragen nicht hinausgezögert werden, sind Konsequenzen aufgrund der bereits erreichten Glaubensgemeinschaft erforderlich.

4. Das Erreichte prüfen und verbindlich machen

Den Verantwortlichen in den Kirchen obliegt es, über die im Dialog erarbeiteten Dokumente zu befinden: sie zu ergänzen, zu verbessern, sie – wenn möglich – aufzunehmen und sie verbindlich zu machen.

- Sie haben die Aufgabe, das anvertraute Gut zu bewahren (vgl. 1 Tim 6,20); sie müssen daher gewissenhaft prüfen, ob Einheit in der Wahrheit (nicht unbedingt in der Ausdrucksweise) vorliegt; die Art und Weise der Formulierung darf kein Hindernis bilden (UR 11).
- Andererseits haben sie darauf zu achten, daß der Weheruf Jesu auf sie nicht zutrifft: „Ihr siebt Mücken aus und verschluckt Kamele“ (Mt 23,24). Denn Einheit steht „in der Rangordnung so hoch ..., daß sie nur um des ganz Grundlegenden willen geopfert werden darf, nicht aber, wo Formulierungen und Praktiken im Wege sind, die noch so bedeutsam sein mögen, aber die Gemeinschaft im Glauben der Väter und in seiner kirchlichen Grundgestalt nicht aufheben“.[9] An Maximalforderungen würde jegliches Bemühen um Einheit scheitern.[10]

Im Anblick von Jerusalem weinte Jesus und sagte: „Wenn doch auch du an diesem Tag erkannt hättest, was dir Frieden bringt. Jetzt aber bleibt es vor deinen Augen verborgen“ (Lk 19,41f.). Auf die noch bestehende Spaltung angewandt, könnte dieses Wort lauten: Wenn du doch erkennen würdest, getrennte Christenheit, heute – angesichts der tiefen

---

7 K. Rahner, Schriften zur Theologie IV, 245.

8 J. Ratzinger, a.a.O. 210f.

9 A.a.O. 210.

10 A.a.O. 207f.

Gemeinsamkeit im Glauben –, was dir Versöhnung und volle Einheit bringt! – Gott gebe, daß es nicht verborgen bleibt vor unseren Augen und daß wir die Stunde der Gnade nicht verpassen.

Kurzkatechismus
(Ausführliches Inhaltsverzeichnis)

Einleitung

1. „Ein Herr, ein Glaube, eine Taufe, ein Gott und Vater aller“

1.1 Ökumenische Erklärungen: Unser gemeinsamer Glaube
Die Christen sind trotz aller Trennungen tief miteinander verbunden:
- durch gemeinsame Glaubensbekenntnisse
- durch die Heilige Schrift
- durch die eine Taufe: Sie bewirkt die Aufnahme in die eine Kirche
- durch gemeinsames Gebet und Gotteslob

1.2 Ökumenisches Glaubensbekenntnis

1.2.1 Gemeinsame Erklärung zum Bekenntnis von Nizäa-Konstantinopel (1981)

1.2.2 Das Glaubensbekenntnis von Nizäa-Konstantinopel (381)

1.2.3 Das Apostolische Glaubensbekenntnis

1.3 Die gemeinsame Heilige Schrift

1.3.1 Die Heilige Schrift des Alten und Neuen Testaments ist das alle Christen verbindende Grunddokument des Glaubens; sie ist Erkenntnisquelle der Offenbarung

1.3.2 Die Heilige Schrift hat unbedingte Autorität. Sie ist Maßstab von Lehre und Verkündigung

1.3.3 Die Heilige Schrift ist in Menschenwort sich bergendes Wort Gottes, unter Einwirkung des Heiligen Geistes geschrieben („inspiriert“)

1.3.4 Die Kirche hat kraft des ihr von Christus zugesagten Heiligen Geistes erkannt, welche Schriften zur Bibel gehören; so hat sie den Umfang der Bibel festgestellt und als Kanon, d. h. als Richtschnur, als Maßstab, festgesetzt

1.3.5 Die Bibel will als Buch der Kirche verstanden und gelesen werden

1.3.6 Es lassen sich gemeinsame Grundsätze der Schriftauslegung nennen

1.3.7 In der Heiligen Schrift gibt es große Mannigfaltigkeit und Vielfalt, nicht aber unvereinbare Widersprüche

1.3.8 Der Streit „Allein die Schrift“ – „Schrift und Tradition“ ist weitgehend behoben

1.3.9 Es gibt gemeinsame Übersetzungen und Auslegungen der Heiligen Schrift, ebenso gemeinsame biblische Untersuchungen

1.4 Eins in Christus, in der einen Kirche durch die eine Taufe

1.5 Gemeinsames Gebet und Gotteslob

1.6 Ziel: Volle Glaubens- und Kirchengemeinschaft

2. Gemeinsam glauben und bekennen

2.1 Glaube als Bekennen und Bekenntnis

2.1.1 Unter „Glauben“ versteht man einerseits den Glaubensakt, die Gläubigkeit: Das Sich-für-Gott-, Sich-für-Christus-Entscheiden; das Vertrauen, das Bekennen

2.1.2 Unter „Glauben“ versteht man sodann den Glaubensinhalt: an wen ich glaube, was ich glaube. Dies wird im Glaubensbekenntnis ausgedrückt.

2.2 Was heißt „glauben“?

2.2.1 Glaube ist Gottes Geschenk, Gnade

2.2.2 Glaube ist – in und kraft der Gnade – personale Hingabe an den dreieinigen Gott

2.2.3 Zum Glauben gehört (bzw. Glauben besteht in):
Umkehr – Annehmen der Heilsbotschaft – Hoffnung und Vertrauen – Bekennen – als einzelner und in der Gemeinschaft

2.2.4 Mit dem Glauben ist die Taufe verbunden

2.2.5 Lebendiger Glaube ist in der Liebe wirksam

2.2.6 Glaube ist ein Weg

3. Wir glauben an den einen Gott

3.1 Gott – unergründliches Geheimnis
Gott überragt alles menschliche Denk- und Vorstellungsvermögen

3.2 Gott offenbart sich selbst

3.2.1 Gott gibt sich den Menschen von jeher durch seine Schöpfung zu erkennen

3.2.2 Gott hat – durch Wort und Tat – sich und seinen Heilswillen offenbart. Das Zeugnis dieser Offenbarung ist uns in der Heiligen Schrift zugänglich

3.3 Wir glauben an den einen Gott

3.4 Der eine Gott in der biblischen Botschaft
Der eine Gott ist der Gott Israels, der Gott unserer Väter – Er ist der Gott des Bundes – Gott ist der Schöpfer, durch den alles wurde – Er ist der Gott der Hoffnung – Gott ist Güte und Liebe – Gott ist Vater – Gott ist Anfang und Ziel von allem – Gott ist Geist – Gott ist Licht – Gott ist der Allheilige, der Gute – Gott ist der Lebendige, Urheber allen Lebens – Gott ist ewig, überzeitlich – Gott ist allwissend – Gott ist allmächtig, ist Allmacht – Gott ist gerecht – Gott ist der Wahrhaftige – Gott ist treu – Gott ist gütig und barmherzig – Gott ist ein Gott des Friedens – Gott ist der Unfaßbare und Unbegreifliche

3.5 Geheimnis der Dreieinigkeit. Christen bekennen Gott als den Dreieinen, als Vater, Sohn und Heiligen Geist

3.6 Gott ist die Liebe. Das innerste Wesen Gottes ist Liebe, absolute Güte

4. Wir glauben an Gott, den Vater, den Allmächtigen, der alles geschaffen hat

4.1 Gott, der Vater, der Allmächtige

4.1.1 Gott Vater ist von Ewigkeit her der Ursprung des Sohnes und des Heiligen Geistes

4.1.2 Gott Vater ist in einzigartiger Weise „Vater Jesu Christi“

4.1.3 Gott ist „unser Vater“, voll Güte und Erbarmen. Bei ihm weiß sich der Glaubende geborgen

4.1.4 „Gott ist Vater und Mutter“

4.1.5 Gott ist der Allmächtige

4.2 Gott, der alles geschaffen hat, die sichtbare und die unsichtbare Welt

4.2.1 Gott ist der Schöpfer des Alls, der sichtbaren Welt

4.2.2 Gott hat auch die unsichtbare Welt erschaffen

4.2.3 Gott hat alles gut geschaffen
Damit wird die Ansicht (der Gnosis, der Manichäer und Katharer) abgewiesen, daß die materielle Welt böse sei

4.2.4 Gott hat alles aus Nichts geschaffen
Damit wird die Ansicht abgelehnt, die Materie sei das Ursprüngliche gewesen

4.2.5 Gott hat alles in Freiheit geschaffen
Die Welt entspringt weder einem blinden Schicksal noch dem Zufall, noch einem Zwang

4.2.6 Gott erhält die Schöpfung
Damit wird die Ansicht (des Deismus) abgelehnt, Gott habe nach der Schöpfung keinen Einfluß mehr auf die Welt

4.2.7 Schöpfungsglaube und Naturwissenschaft sind miteinander vereinbar

4.3 Der Mensch in der Schöpfung

4.3.1 Der Mensch ist von Gott gut erschaffen

4.3.2 Der Mensch ist Leib und Seele, eine Ganzheit

4.3.3 Gott hat den Menschen als sein Ebenbild erschaffen

4.3.4 Gott hat den Menschen als Mann und Frau erschaffen

4.4 Der Mensch als Sünder – sündige Menschheit

4.4.1 Seit Beginn der Menschheitsgeschichte gibt es Sünde und Schuld

4.4.2 Sünde besteht in Selbst-herrlichkeit und in Gott-losigkeit
Der Mensch will selbst Herr sein. Er will unabhängig sein von Gott. Sünde verwirklicht sich in Sünden

4.4.3 Jeder wird in eine von Sünde geprägte Menschheit und Welt hineingeboren. Keiner beginnt am Punkt Null.
Jeder wird persönlich sündig und hat teil an der Schuld anderer

4.4.4 Die Sündigkeit aller muß im Zusammenhang der Heilstat für alle gesehen werden, die in Jesus Christus erfolgt ist

4.4.5 Frühere Gegensätze hinsichtlich Sünde und Ursünde („Erbsünde“) konnten überwunden werden

5. **Wir glauben an den einen Herrn Jesus Christus**

Jesus ist die griechische Form des hebräischen Jeschua: Gott ist Hilfe, Gott rettet.

Christus ist die griechische Übersetzung des hebräischen Wortes Messias: der Gesalbte. Im Alten Testament wurden Könige und Priester gesalbt zum Zeichen, daß sie von Gott beauftragt waren. „Jesus Christus" heißt, er ist der von den Propheten verheißene, von Gott gesandte Heilbringer

5.1 Jesus Christus – eines Wesens mit Gott, dem Vater

5.1.1 Jesus Christus ist wahrer Gott

5.1.2 Alles ist durch Christus geschaffen, auf ihn ausgerichtet und hat in ihm Bestand

5.2 Jesus Christus – Mensch geworden für uns Menschen und zu unserem Heil

5.2.1 Im Licht der Menschwerdung und Selbsthingabe Jesu wird die wirkliche Lage der Menschheit deutlich: Alle Menschen sind Sünder und bedürfen der Erlösung

5.2.2 In der Menschwerdung und Selbsthingabe Jesu Christi wird die ewige Liebe Gottes zu allen seinen Geschöpfen offenkundig

5.3 Jesus Christus – Mensch geworden durch den Heiligen Geist – von der Jungfrau Maria

5.3.1 Empfangen durch den Heiligen Geist

5.3.2 Geboren von der Jungfrau Maria

Jesus Christus ist Mensch geworden aus Maria, der Jungfrau. Maria ist „Gottesgebärerin", Gottesmutter

5.4 Jesus Christus – Gott und Mensch zugleich in einer Person

– Jesus Christus ist wirklich Gott – Jesus Christus ist wirklich Mensch – Gottheit und Menschheit bilden in der Person Jesus Christus ungetrennt eine Einheit – Die Menschheit ist nicht in der Gottheit aufgegangen wie ein Tropfen in einem Meer – Jesus Christus ist uns in allem gleich geworden, aber er war ohne Sünde

5.5 Jesus Christus verkündete in Vollmacht das Evangelium

5.5.1 Jesus lebte zur Zeit des Herodes und des Pontius Pilatus

5.5.2 Jesus verkündete das Kommen von Gottes Herrschaft und Reich

5.5.3 Jesus stellte „dem überlieferten Gesetzesverständnis den ursprünglichen Willen Gottes gegenüber"

5.5.4 Jesus wußte sich in Vollmacht gesandt

5.5.5 Jesus kam, um die in Sünden und Schuld Gefangenen zu befreien, um ihnen Vergebung zu bringen

5.5.6 Jesus hatte Mitleid mit Trauernden, half Menschen in Not, heilte Kranke und liebte die Kinder

5.5.7 „Jesus hat Wunder gewirkt, die sein vollmächtiges Wort beglaubigen"

5.5.8 Jesus rief in die Nachfolge

5.6 Jesus Christus – für uns dahingegeben

5.6.1 Er wurde gekreuzigt unter Pontius Pilatus

5.6.1.1 Jesus hat sein Leiden und seinen Tod vorausgesehen und vorausgesagt

5.8.3.1 In und kraft der Gnade ist der Mensch zum Glaubenswirken gerufen, zum Handeln in der Liebe

5.8.3.2 Gott „wird jedem vergelten, wie es seine Taten verdienen"

5.8.4 In der Rechtfertigungslehre gibt es keine trennenden Gegensätze mehr

5.9 Er wird wiederkommen in Herrlichkeit, zu richten die Lebenden und die Toten, und seiner Herrschaft wird kein Ende sein

5.9.1 Jesus Christus ist der Richter aller Menschen

5.9.2 Wer im Glauben an Christus lebt, hat das ewige Leben

5.9.3 Das Gericht erfolgt nach den im Glauben geschehenen Werken

5.9.4 Seiner Herrschaft wird kein Ende sein

6. Wir glauben an den Heiligen Geist

6.1 Die Heiligkeit von Gottes Geist

6.2 Der Heilige Geist in der biblischen Botschaft
– Der Heilige Geist ist Schöpfergeist, Ursprung und Träger allen Lebens – „Er ist der Geist der Weisheit und der Einsicht, der Geist des Rates und der Stärke, der Geist der Erkenntnis und der Gottesfurcht" – der Geist der Heiligkeit – der Geist der Wahrheit – der Beistand (Anwalt) – Der Heilige Geist bewirkt die Menschwerdung des Sohnes Gottes – Christus ist erfüllt vom Geist Gottes – Der Heilige Geist hat gesprochen durch die Propheten – Der Heilige Geist wirkt in den Christen – Die Kirche ist Gemeinschaft des Heiligen Geistes, Tempel des Geistes – Der Heilige Geist gibt die Kraft zum Glauben – Er verleiht die Gabe, in rechter Weise zu beten – Der Heilige Geist wirkt durch das Wort – Er wirkt durch die Taufe – Der Empfang des Heiligen Geistes gehört zur Vollmacht der Sündenvergebung – Der Heilige Geist wirkt durch das geistliche Amt – Der Heilige Geist führt in die Wahrheit – Der Heilige Geist ist den Christen gegeben – Die „Frucht des Geistes ist Liebe, Freude, Langmut, Freundlichkeit, Güte, Treue, Sanftmut und Selbstbeherrschung" – Die Kraft des Geistes wird kund in der Verkündigung, im freimütigen Auftreten, im Martyrium – Der Heilige Geist verleiht vielerlei Gaben – Der Heilige Geist bewirkt Erneuerung – Er schenkt und fordert die Hingabe des ganzen Menschen, die Heiligung – Der Heilige Geist wird die Kirche und die Welt zur Vollendung führen

6.3 Der Heilige Geist – wahrer Gott wie der Vater und der Sohn

6.4 Der Heilige Geist – Lebenspender

6.4.1 Er ist Ursprung und Träger allen Lebens in der Schöpfung

6.4.2 Der Heilige Geist gibt das neue Leben in Christus

6.4.2.1 Durch den Heiligen Geist geschahen die Menschwerdung, das Wirken und die Auferweckung Jesu Christi

6.4.2.2 Der Heilige Geist vermittelt die Heilstat Gottes in Jesus Christus durch Wort und Sakramente

6.4.2.3 Der Heilige Geist wirkt auch außerhalb der Kirche

6.4.3 Der Heilige Geist lenkt alles hin auf das Ziel des ewigen Lebens

6.5 Christen glauben an den Heiligen Geist, „der aus dem Vater hervorgeht“: Die Sendung des Heiligen Geistes in der Zeit geschieht vom Vater durch den Sohn (vgl. Joh 16,7 und 14,16); das ewige Hervorgehen des Heiligen Geistes wird nur als vom Vater ausgehend ausgesagt (Joh 15,26)
6.6 Der Heilige Geist wird „mit dem Vater und dem Sohn zugleich angebetet und verherrlicht“
6.7 Der Heilige Geist hat gesprochen durch die Propheten
6.7.1 Christen glauben, daß Jesus Christus die Erfüllung der alttestamentlichen Prophetie ist
6.7.2 Der Heilige Geist spricht durch Propheten im Alten wie im Neuen Gottesvolk

7. Wir glauben: eine, heilige, katholische und apostolische Kirche

7.1 Die Kirche ist Glaubensgeheimnis. Sie hat eine sichtbare Gestalt und ein nur im Glauben erfaßbares geistliches Wesen
7.2 Der dreieinige Gott hat die Kirche gewollt, begründet, verwirklicht
7.3 Die Kirche hat „ihr Vorbild, ihren Ursprung und ihr Ziel im Geheimnis des einen Gottes in drei Personen“
7.3.1 Sie ist das neue Volk Gottes
7.3.2 Sie ist der „Leib Christi“, dessen Haupt Jesus Christus ist. Sie ist die „Braut Christi“
7.3.3 Sie ist „Tempel des Heiligen Geistes“, der in der Kirche und durch sie handelt, sie in die Wahrheit leitet
7.4 Die Kirche ist Gemeinschaft (communio sanctorum)
7.4.1 Gemeinschaft durch und an Gottes Wort: hörende und bekennende Kirche
7.4.2 Gemeinschaft durch die Sakramente: betende, Liturgie feiernde Kirche
7.4.3 Gemeinschaft in den Diensten: liebende Kirche
7.4.4 Gemeinschaft mit den Armen und Unterdrückten
7.4.5 Gemeinschaft mit den Heiligen
7.5 Die Kirche steht im Dienst des Heils aller Menschen
7.5.1 Sie ist Zeichen und Instrument des Heilshandelns Gottes
7.5.2 „Außerhalb der Kirche kein Heil“
7.6 Die Kirche ist eine, heilige, katholische und apostolische
Diese Grundeigenschaften sind Gaben und Aufgaben
7.6.1 Es gibt nur eine Kirche Christi. Zu ihr gehört nach katholischer Lehre das Petrusamt als Dienstamt der Einheit
7.6.2 Die Kirche ist heilig
7.6.3 Die Kirche ist katholisch
7.6.4 Die Kirche ist apostolisch
7.7 Die Kirche ist auf dem Weg zum vollendeten Reich Gottes
Als Gemeinschaft der Hoffnung betet sie um sein Kommen in Herrlichkeit

8. Wir bekennen die eine Taufe zur Vergebung der Sünden

8.0 Die Sakramente der Kirche
8.0.1 Gottes Heilswirken erfolgt in Wort und Sakrament
8.0.2 Die „großen" und „kleinen" Sakramente
8.1 Die eine Taufe zur Vergebung der Sünden
8.1.1 Die Taufe ist im Wirken Jesu, in seinem Kreuz und seiner Auferstehung grundgelegt
8.1.2 Die Taufe wird mit Wasser im Namen des Vaters und des Sohnes und des Heiligen Geistes vollzogen
8.1.3 „Die Taufe wird normalerweise von einem ordinierten Amtsträger vorgenommen, wenngleich unter bestimmten Umständen auch andere taufen können"
8.1.4 Durch das Sakrament der Taufe geschieht:
- die Eingliederung in die Kirche,
- die Reinigung von der Ursünde und von persönlichen Sünden,
- Gerechtsprechung und Heiligung,
- die Teilnahme am neuen Leben Jesu Christi

8.1.5 Die Taufe erfolgt nur einmal. Sie ist unwiederholbar, weil Gott den Menschen ein für allemal in die Kirche aufnimmt
8.1.6 „Die Taufe ist der von Gott gebotene Weg in die Gemeinschaft des Heils und darum heilsnotwendig"
8.1.7 Der Mensch empfängt die Taufe im Glauben
8.1.8 In der orthodoxen, der römisch-katholischen, der anglikanischen, der altkatholischen Kirche und in den meisten Reformationskirchen ist die Taufe von Kleinkindern üblich. Baptisten und andere Freikirchen hingegen taufen nur Menschen auf das persönliche Bekenntnis ihres Glaubens hin
8.1.9 Taufe, Firmung und Eucharistie bilden eine Einheit: Durch diese Sakramente bewirkt der Heilige Geist die volle Eingliederung in das Leben der Kirche
8.2 Die Firmung (Konfirmation)
8.2.1 Das in der Taufe grundgelegte Christsein wird durch das Sakrament der Firmung (d. h. Stärkung) entfaltet, gestärkt und vollendet
8.2.2 Das Sakrament der Firmung gründet auf dem von der Taufe verschiedenen Empfang des Heiligen Geistes, wie er im Neuen Testament berichtet ist
8.2.3 In der Firmung wird der Christ zum öffentlichen Zeugnis des Glaubens und zu verantwortlicher Mitarbeit in der Kirche gesandt und gestärkt. Er wird bleibend von Jesus Christus in Dienst genommen
8.2.4 Spender der Firmung ist – nach katholischer Lehre – erstlich der Bischof; sie kann aber auch – wie in der orthodoxen Kirche – durch von ihm beauftragte Presbyter erfolgen
8.2.5 Ansätze zu einer ökumenischen Verständigung mit den Reformationskirchen

8.3 Die Eucharistie, das Abendmahl

8.3.1 Dieses Sakrament trägt verschiedene Namen, u. a. heilige Eucharistie, heiliges Abendmahl, Herrenmahl, Brotbrechen, heilige Kommunion, heilige Messe, heiliges Opfer, das Heilige

8.3.2 Jesus Christus hat die Eucharistie begründet

8.3.3 Die Gegenwart Jesu Christi in der Eucharistie

8.3.3.1 Jesus Christus ist in der Eucharistie wahrhaft und wirklich zugegen und schenkt sich den Empfangenden

8.3.3.2 Die Gegenwart Christi in der Eucharistie wird durch den Heiligen Geist bewirkt, um dessen Kommen in der „Epiklese" gebetet wird

8.3.3.3 „Gemeinsam sind wir der Überzeugung, ‚daß die eucharistische Gegenwart des Herrn Jesus Christus ... nicht nur auf den Augenblick des Empfangs beschränkt ist'"

8.3.3.4 Dem in der Eucharistie gegenwärtigen Herrn Jesus Christus gebührt Anbetung

8.3.3.5 Die bei der Eucharistiefeier übriggebliebenen Elemente können zur Krankenkommunion aufbewahrt werden, oder sie sollten verzehrt werden

8.3.4 Die Eucharistie als Opfer

8.3.4.1 In der Eucharistiefeier wird das ein für allemal geschehene Kreuzesopfer sakramental gegenwärtig; Jesus Christus „selbst ist es, der darbringt, und er selbst ist die dargebrachte Gabe"

8.3.4.2 Die Eucharistie ist Opfer der Kirche

8.3.4.3 Die Sühnekraft des ein für allemal geschehenen Kreuzesopfers kann fürbittweise den Verstorbenen zugewandt werden

8.3.5 Die Eucharistie als Mahl

8.3.5.1 Die eucharistische Gegenwart Jesu Christi ist auf den gläubigen Empfang ausgerichtet

8.3.5.2 Zur Vollgestalt der Eucharistie gehören Brot und Wein, wenngleich Christus unter jeder der beiden Gestalten ganz gegenwärtig ist

8.3.6 Die Eucharistie ist Zeichen der Einheit der Kirche und Band der Liebe. Gemeinschaft mit Christus in der Eucharistie ist zugleich Gemeinschaft im Leib Christi, der Kirche

8.3.7 Jesus Christus schenkt denen, die ihn in der heiligen Eucharistie empfangen, Kraft zum Leben als Christen, Vergebung und ewiges Leben

8.3.8 Zum Empfang der heiligen Eucharistie bedarf es der Selbstprüfung und Bereitung. Wer unwürdig ißt und trinkt, zieht sich das Gericht zu

8.3.9 Leiter der Eucharistiefeier ist der ordinierte Amtsträger

8.4 Die Beichte (Buße, Lossprechung)

8.4.1 Die Beichte wird Sakrament der Versöhnung, der Vergebung (Lossprechung), der Umkehr (Buße) genannt

8.4.2 Das Sakrament der Versöhnung und Verzeihung gründet in der Vollmacht zur Sündenvergebung, die Jesus seinen Jüngern übertragen hat

8.4.3 Ursprünglich hat es die öffentliche Buße gegeben.
Später hat sich die Privatbeichte durchgesetzt.
In außerordentlichen Situationen kann eine Versöhnung mit allgemeinem Bekenntnis und Generalabsolution (gemeinsame Lossprechung) erfolgen

8.4.4 Seitens des Beichtenden sind erforderlich: Reue und Glaube, Sündenbekenntnis, Umkehr (Besserung)

8.4.5 Durch das Sakrament der Versöhnung und Verzeihung erfolgt die Lossprechung von Sünden, dadurch die Versöhnung mit Gott und der Kirche

8.4.6 Spender des Sakraments der Versöhnung und Verzeihung ist der ordinierte Amtsträger (Bischof, Presbyter)

8.4.7 Der Spender des Sakraments ist an das Beichtgeheimnis gebunden

8.5 Die Krankensalbung

8.5.1 Grundlage für dieses Sakrament ist das Verhalten Jesu gegenüber den Kranken und sein Auftrag zur Krankenheilung

8.5.2 Der Vollzug der Krankensalbung

8.5.3 „Spender dieses Sakraments sind die Vorsteher der Kirche, also Bischof und Priester. Wenn möglich, sollten es, wie Jakobus sagt, mehrere Spender sein“

8.5.4 Dieses Sakrament wird Getauften gespendet, deren Gesundheitszustand ernstlich angegriffen ist

8.5.5 Möglichkeit einer ökumenischen Verständigung

8.6 Das geistliche Amt (Ordo) und die Berufung, Segnung und Sendung dazu (Ordination)

8.6.1 Das geistliche Amt (Ordo) „hat seinen Ursprung und bleibenden Grund in der Sendung der Apostel durch den auferstandenen Herrn“

8.6.2 Der Amtsträger ist nicht „Priester“ im Sinne außerchristlicher Religionen, weil Jesus Christus ein für allemal das Heil gewirkt hat
Der Amtsträger ist Diener Christi an Christi Statt mit den Aufgaben: Verkündigung des Wortes Gottes, Vorsitz in der Liturgie, im sakramentalen Leben der Kirche, Leitung und Auferbauung der Gemeinde bzw. Kirche

8.6.3 Seit der Alten Kirche gibt es die Gliederung des Amtes: Bischof, Presbyter, Diakon. Für jede Stufe des Amtes besteht eine eigene Ordination

8.6.4 Berufung, Segnung und Sendung zum geistlichen Amt erfolgen durch Ordination unter Gebet und Handauflegung
Dem Amtsträger wird in der Ordination eine Gnadengabe des Heiligen Geistes für seinen Dienst zuteil

8.6.5 Die Ordination wird von der orthodoxen, der römisch-katholischen, der anglikanischen und der altkatholischen Kirche als Sakrament bezeichnet; der Sache nach wird sie auch lutherischerseits so verstanden

8.6.6 Die Ordination geschieht ein für allemal und verpflichtet den Ordinierten sein Leben lang

8.6.7 Spender der Ordination ist der Bischof in der orthodoxen, römisch-katholischen, anglikanischen und altkatholischen Kirche bzw. der die episkopale Aufgabe versehende ordinierte Amtsträger in den evangelischen Kirchen

8.6.8 Nach orthodoxer, römisch-katholischer, anglikanischer und altkatholischer Überzeugung kann nur der in apostolischer Sendungsnachfolge befindliche Bischof gültig ordinieren. Das Fehlen dieser apostolischen Sendungsnachfolge in den aus der Reformation entstandenen Kirchen hat einen noch trennenden Gegensatz zur Folge.
Es besteht Hoffnung auf Überwindung dieses Gegensatzes

8.6.9 Es gibt Zulassungsbedingungen zur Ordination
In der lateinischen Kirche ist die Ordination an die Verpflichtung zur Ehelosigkeit gebunden (Zölibat); dies ist ein kirchliches Gesetz, das einer Kirchengemeinschaft nicht im Wege steht.
In der orthodoxen, der römisch-katholischen und der altkatholischen Kirche werden nur Männer zum geistlichen Amt ordiniert

8.7 Die Ehe

8.7.1 Die Ehe gehört zu den „kleinen" Sakramenten

8.7.1.1 Die Ehe ist von Gott, dem Schöpfer, begründet und von Jesus Christus bestätigt; sie ist als Abbild der Liebe Christi zur Kirche ein Mysterium, ein tiefes Geheimnis

8.7.1.2 Nach orthodoxer, katholischer, altkatholischer und anglikanischer Auffassung ist die Ehe ein Sakrament

8.7.1.3 Der ökumenische Dialog hat „eine im tiefsten gemeinsame Sicht der Ehe" erbracht

8.7.2 Für das Zustandekommen der Ehe ist das gegenseitige Ja der Partner notwendig

8.7.3 Zur christlichen Ehe gehört das Bereitsein
- zu personaler Liebe und Partnerschaft,
- zu Fruchtbarkeit und Elternschaft in Verantwortung vor Gott,
- zu unverbrüchlicher Treue

8.7.4 Die Ehe ist – entsprechend dem Vorbild der Liebe Christi zur Kirche – Gemeinschaft und Einheit von Mann und Frau auf Lebenszeit; sie ist unauflöslich

8.7.5 Die Unauflöslichkeit der Ehe

8.7.5.1 „Der Herr hat die Heiligkeit und Unauflöslichkeit der Ehe verkündet (Mt 19,6), aber ihre Auflösung wegen Unzucht zugestanden (Mt 5,32; 19,9)." Dies wird orthodoxer- und altkatholischerseits, auch lutherischer- und reformierterseits zu bedenken gegeben

8.7.5.2 Es kann Situationen geben, in denen eine Trennung der Ehegatten verantwortbar ist. Das ist gemeinsame Auffassung der Kirchen

8.7.5.3 Orthodoxerseits und evangelischerseits wird eine (kirchliche) Wiedertrauung Geschiedener nicht ausgeschlossen

8.7.5.4 Möglichkeit einer ökumenischen Verständigung

8.7.6 „Die Ehe ist nicht unvereinbar mit Ordination"

9. Wir erwarten die Auferstehung der Toten und das Leben der kommenden Welt

9.1 In der Begegnung mit Gott unmittelbar nach dem Tod erfolgt das Gericht über das Leben des Menschen

9.2 Am Ende der Zeit werden alle Toten auferstehen und zusammen mit den dann Lebenden zum Weltgericht des wiederkommenden Herrn Jesus Christus erscheinen

9.3 Wir kennen nicht den von Gott schon bestimmten Zeitpunkt der Vollendung, sind daher gerufen, stets bereit zu sein

9.4 Der Himmel – das ewige Leben

9.4.1 Christliche Hoffnung richtet sich auf den Himmel, auf die von Gott verheißene ewige Glückseligkeit, die alles menschliche Begreifen übersteigt

9.4.2 Jeder erhält seinen besonderen Lohn, je nach der Mühe, die er aufgewendet hat

9.4.3 Die Heiligen erfreuen sich schon jetzt der Nähe Gottes

9.4.4 Maria in der himmlischen Herrlichkeit

9.4.4.1 Die katholische Kirche glaubt, daß Maria, die Mutter des Herrn, mit Leib und Seele zur himmlischen Herrlichkeit aufgenommen wurde

9.4.4.2 Möglichkeit einer ökumenischen Verständigung

9.5 Die Läuterung der Verstorbenen („Fegfeuer“)

9.5.1 „Die im Tod sich ereignende Begegnung mit dem Feuer der Liebe Gottes hat für den Menschen ... eine läuternde und umwandelnde Kraft, die alles beim Tod noch Unvollkommene richtet, reinigt, heilt und vollendet.“ Die offizielle katholische Lehre spricht von „purgatorium“, d. h. Reinigung, Läuterung (im Volksmund: „Fegfeuer“)

9.5.2 Die Kirche hat von Anfang an für die Toten gebetet

9.5.3 Möglichkeit einer ökumenischen Verständigung

9.6 Die Gefahr ewigen Scheiterns (Hölle)

9.7 Die Ansicht, am Ende gebe es eine Erlösung aller – auch der Verdammten – zu ewiger Glückseligkeit, ist von der Heiligen Schrift her nicht zu begründen

9.8 Die Kirche ist Gemeinschaft der Hoffnung. Im Vertrauen auf Gottes Verheißungen erwarten Christen den „neuen Himmel und die neue Erde“, das vollendete Reich der Gerechtigkeit, der Liebe und des Friedens

10. Amen

Ökumenische Lieder

Seite	EG	EKG	GL	
25	227		634	Dank sei dir, Vater, für das ewge Leben
30		190,4	614,3	Dein Wort, Herr, nicht vergehet
33	262,7		644,7	Laß uns eins sein, Jesu Christ
36		127,2	520,2	Unser Wissen und Verstand ist mit Finsternis umhüllet
38	369	298	295	Wer nur den lieben Gott läßt walten
40			293	Auf dich allein ich baue
48	179	131	457	Allein Gott in der Höh sei Ehr
49	294		269	Nun saget Dank und lobt den Herren
52	331		257,1	Großer Gott, wir loben dich
55	142		605	Gott, aller Schöpfung heil'ger Herr
55	41	33	144,1	Jauchzet, ihr Himmel
63			164	Erbarme dich, erbarm dich mein
68	37,3	28,3	141,3	Ich lag in tiefster Todesnacht
69	41,3	33,3	144,3	Sehet dies Wunder, wie tief sich der Höchste hier beuget
72	23	15	130,1-3	Gelobet seist du, Jesu Christ
77	72	50	643	O Jesu Christe, wahres Licht
85	85,8	63,8	179,5	Ich danke dir von Herzen
89			229,5	Ihr Christen, hoch erfreuet euch
90	190,1	55	470	O Lamm Gottes, unschuldig
91	81,4	60,4	180,4	Wie wunderbarlich ist doch diese Strafe
93	79	59	178	Wir danken dir, Herr Jesu Christ
96	331,11		257,11	Herr, erbarm, erbarme dich
97f.	372	299	294	Was Gott tut, das ist wohlgetan
99f.	385,6	256,6	616,5	So laßt uns denn dem lieben Herrn
102	GKL 46,2		262,3	Es kommt der Herr, der Herr wird kommen
103	3,5	402,5	116,5	Wir bitten dich, o heilger Geist
104	124	99	248	Nun bitten wir den Heiligen Geist
109	125	98	247	Komm, Heilger Geist, Herre Gott
113			242	Komm, allgewaltig heilger Hauch
115	689		464	Gott in der Höh sei Preis und Ehr
117			249,2	Der Geist des Herrn erweckt den Geist
118			640	Gott ruft sein Volk zusammen
118			639,3	Die Kirche ist erbauet
118	184,5		276,5	Den Geist, der heilig insgemein
119	227,3		634,3	Wir, die wir alle essen von dem Mahle
121	227,6		634,6	Gedenke, Herr, die Kirche zu erlösen
124	262,5	218,5	644,5	Gib den Boten Kraft und Mut
124f.	265		638	Nun singe Lob, du Christenheit
128	201		646,5	Gehet hin in alle Welt, Halleluja

Seite	EG	EKG	GL	
136	132			Ihr werdet die Kraft des Heiligen Geistes empfangen
140	710		360,5	Geheimnis des Glaubens
143			480,1	Wir weihn der Erde Gaben
144	449,3	346,3		Lasset uns singen
147	227,3.4		634,3.4	Wir, die wir alle essen von dem Mahle
148		165,2	473,2	Mir armem Gast bereitet hast
149	190.2	136	482	Christe, du Lamm Gottes
150	232		168	O Herr, nimm unsre Schuld
153	400,5	254,5	558,5	Ich danke dir, du wahre Sonne
167			658,2	Ich bin ein Glied an deinem Leib
168		GKL 89	656	Wir sind nur Gast auf Erden
169	518	309	654	Mitten wir im Leben
171	331,4		257,4	Der Apostel heil'ger Chor
178f.	147,3	121,3	110,3	Gloria sei dir gesungen
180		GKL 73,5		Amen zu aller Stund
180		GKL 93,4		Darauf so sprech ich Amen

Literaturverzeichnis

Die im Abkürzungsverzeichnis zu den Texten aus der Ökumene enthaltenen Werke werden im Folgenden nicht mehr erwähnt.
Ein ausführliches Literaturverzeichnis zu *Kirche* findet sich in: H. Schütte, Kirche im ökumenischen Verständnis. Paderborn/Frankfurt ^{4}1992

Althaus, P., Der Brief an die Römer. Göttingen 1968

Augoustinos Lambardakis, Maria – Mutter des Herrn. Das Zeugnis der römisch-katholischen Kirche in orthodoxer Sicht: KNA-ÖKI 1986 52/53, 7-9

Balthasar, H. U. von, Eschatologie: J. Feiner u. a. (Hg), Fragen der Theologie heute. Einsiedeln 1971, 403-421

– Karl Barth, Darstellung und Deutung seiner Theologie. Köln 1951

Barth, H.-M., „Nun komm, der Heiden Heiland". Ökumenische Meditation eines Adventsliedes Luthers: US 47 (1992) 115-122

Beinert, W., Heute von Maria reden. Kleine Einführung in die Mariologie. Freiburg 1973

– Hierarchie der Wahrheiten: LkD 257ff.

Bischofssynode 1985, Schlußdokument. Kirche – unter dem Wort Gottes – feiert die Geheimnisse Christi – zum Heil der Welt. Bonn 1985

Bornkamm, G., Der Lohngedanke im NT. Göttingen 1961

– Jesus von Nazareth. Stuttgart ^{14}1988

Botschaft des Glaubens. Ein katholischer Katechismus. Hg von A. Baur und W. Plöger. Donauwörth/Essen 1978

Bultmann, R., Theologie des Neuen Testaments. Tübingen ^{9}1984

Confessio Augustana – Bekenntnis des einen Glaubens. Hg von H. Meyer und H. Schütte. Paderborn/Frankfurt 1980

Dahl, N. A., Das Volk Gottes. Eine Untersuchung zum Kirchenbewußtsein des Urchristentums. Oslo 1941

Degenhardt, J. J. / Lettmann, R. / Linnemann, H.-M., Glaube und Frömmigkeit. Bielefeld/Kevelaer 1986

Degenhardt, J. J. / Tenhumberg, H. / Thimme, H., Kirchen auf gemeinsamem Wege. Bielefeld/Kevelaer 1977

Deutsche Bischofskonferenz, Wort der Bischöfe zu Fragen der Stellung der Frau in Kirche und Gesellschaft. Bonn 1981

Döring, H., Rechtfertigung heute: Cath 37 (1983) 36-70

– Sakramente: ÖL 1058-1063

Eichholz, G., Die Theologie des Paulus im Umriß. Neukirchen ^{6}1988

– Jakobus und Paulus. Ein Beitrag zum Problem des Kanons. München 1953

Emilianos Timiades, Anthropologie: ÖL 69f.

Erni, R. / Papandreou, D., Eucharistiegemeinschaft. Freiburg 1974

Evangelisch-Katholischer Kommentar zum Neuen Testament (EKK), hg von N. Brox, R. Schnackenburg, E. Schweizer und U. Wilckens. Neukirchen/Einsiedeln 1980ff.

Fagerberg, H. / Jorissen, H., Buße und Beichte: Confessio Augustana – Bekenntnis des einen Glaubens. Hg von H. Meyer und H. Schütte. Paderborn/Frankfurt 1980, 228-255
Feiner, J., Kommentar zum Dekret über den Ökumenismus: LThK-ErgBd II, 40-126
Frieling, R., Kirche, evangelische Sicht: ÖL 627-630
Fries, H. (Hg), Handbuch theologischer Grundbegriffe, 2 Bde. München 1962f.

Galitis, G. / Mantzaridis, G. / Wiertz, P., Glauben aus dem Herzen. Eine Einführung in die Orthodoxie. München ²1988
Gemeinsam den einen Glauben bekennen. Eine ökumenische Auslegung des apostolischen Glaubens, wie er im Glaubensbekenntnis von Nizäa-Konstantinopel (381) bekannt wird. Studiendokument der Kommission für Glauben und Kirchenverfassung. Frankfurt/Paderborn 1991
Glaubensbekenntnis und Gotteslob der Kirche. Eine Handreichung zu den ökumenischen Neuübersetzungen. Hg von W. Beinert / K. Hoffmann / H. von Schade. Freiburg 1971
Gloege, G., Aller Tage Tag. Unsere Zeit im Neuen Testament. Stuttgart ²1960
Gnilka, J., Der Epheserbrief. Freiburg ²1977
Grosche, R., Et intra et extra. Düsseldorf 1958
Grundkonsens – Grunddifferenz. Studie des Straßburger Instituts für Ökumenische Forschung. Ergebnisse und Dokumente. Hg von A. Birmelé und H. Meyer, Frankfurt 1992
Grundriß des Glaubens. Katholischer Katechismus. Hg vom Deutschen Katecheten-Verein München, verfaßt von G. Bitter u. a. München 1980

Haarbeck, A., Reden vom Glauben. Neukirchen-Vluyn 1989
Handbuch der Ökumenik. Im Auftrag des J.-A.-Möhler-Instituts hg von H. J. Urban und H. Wagner. Paderborn I 1985; II 1986; III/1 und 2 1987
Hauck, F., koinos, koinonia: ThWNT III, 789-810
Hemmerle, K., Wegmarken der Einheit. München 1982
Hempelmann, R., Sakrament als Ort der Vermittlung des Heils. Sakramententheologie im evangelisch-katholischen Dialog. Göttingen 1992
Hilfen für die ökumenische Arbeit in den Gemeinden. Erarbeitet von der Bistumskommission für Ökumene im Erzbistum Paderborn. Paderborn ²1992

Iwand, H. J., Luthers Theologie. Hg von J. Haar. München 1974

Jacobs, P., Glaube: EKL I, 1584-1596
Joest, W., Gesetz und Evangelium: EKL I, 1555-1562

Käsemann, E., Exegetische Versuche und Besinnungen. Göttingen I 1960; II ^{3}1968
– Paulinische Perspektiven. Tübingen 1969
Kallis, A., Orthodoxie – was ist das? Mainz 1979
– Rechtfertigung, theosis, orthodoxe Sicht: ÖL 1005-1007
Karrer, O., Das Zweite Vatikanische Konzil. Reflexionen zu seiner geschichtlichen und geistlichen Wirklichkeit. München 1966
Kasper, W., Der Gott Jesu Christi. Mainz 1982
– Jesus der Christus. Mainz ^{2}1975
Kertelge, K., Grundthemen paulinischer Theologie. Freiburg 1991
Klein, A., Die Beziehungen zu den reformatorischen Kirchen und kirchlichen Gemeinschaften: W. Löser (Hg), Die römisch-katholische Kirche. Frankfurt 1986, 384-414
– Ökumene – Quo Vadis? In: MD Ök. Zentrale. Frankfurt 1990/II 24-31
– Verbindliches Lehren – gegenwärtige Bemühungen in den reformatorischen Kirchen: Cath 44 (1990) 119-130
Klinkhammer, C. (Hg), Auf dem Wege. Die Einheit im Gespräch der Kirchen. Essen 1965
– Erneuerung oder Restauration. Essen 1967
– Versöhnte Christenheit. Essen 1961
Knauer, P., Der Glaube kommt vom Hören. Ökumenische Fundamentaltheologie. Bamberg ^{4}1984
Krüger, H., Ökumenischer Katechismus. Kurze Einführung in Wesen, Werden und Wirken der Ökumene. Berlin ^{8}1985
Kühn U., Rechtfertigung und Kircheneinheit: Luther 63 (1992) 111-122
– Sakramente. Gütersloh ^{2}1990
Kühn, U. / Pesch, O. H., Rechtfertigung im Disput. Tübingen 1991
Küng, H., Rechtfertigung. Die Lehre Karl Barths und eine katholische Besinnung. Einsiedeln 1957

Lehmann, K. / Pannenberg, W. (Hg), Lehrverurteilungen – kirchentrennend? Freiburg/Göttingen 1986
Lehmann, K. / Schlink, E. (Hg), Evangelium, Sakrament, Amt und die Einheit der Kirche. Freiburg 1992
Link, H.-G. (Hg), Gemeinsam glauben und bekennen. Handbuch zum Apostolischen Glauben. Paderborn 1987
Lohmann, M. (Hg), Christliche Perspektiven. Bestandsaufnahme für eine Kirche von morgen. Paderborn 1990
Lohse, B., Martin Luther. Eine Einführung in sein Leben und sein Werk. München ^{2}1982
Lohse, E., Theologische Ethik des Neuen Testaments. Stuttgart 1988

Madey, J. (Hg), Die Kirche in der Sicht der Christenheit des Ostens und des Westens. Paderborn 1974
Maria, die Mutter unseres Herrn. Eine evangelische Handreichung. Erarbeitet und verantwortet vom Catholica-Arbeitskreis der VELKD und des DNK. Hg von M. Kießig, Lahr 1991

Maria im Neuen Testament. Eine ökumenische Untersuchung. Hg von R. E. Brown, K. P. Donfried, J. A. Fitzmyer u. J. Reumann. Stuttgart 1981
Marxsen, W., Einleitung in das Neue Testament. Eine Einführung in ihre Probleme. Gütersloh ^{4}1978
Meisner, J., Lex orandi – lex credendi. Köln 1989
Merklein, H., Jesu Botschaft von der Gottesherrschaft. Stuttgart ^{2}1984
Meyer, H., Rechtfertigung im ökumenischen Dialog. Eine Einführung. Frankfurt 1987
– Die Sieben-Zahl der Sakramente aus luth. Sicht: KNA-ÖKI 1979/36, 5ff.
Meyer, H. / Schütte, H., Abendmahl: ÖL 1-10
Michel, O., Der Brief an die Römer. Göttingen ^{12}1963
Mouroux, J., Ich glaube an Dich. Die personale Struktur des Glaubens. Einsiedeln 1951
Muschalek, H., Gottbekenntnisse moderner Naturforscher. Berlin 1952

Nikolaou, Th., Konzile: ÖL 715f.
Nordhues, Paul, Gemeinsame Gesänge als ökumenische Bausteine: Cath 38 (1984) 199-208

Ökumene-Lexikon. Hg von H. Krüger, W. Löser, W. Müller-Römheld u. a. Frankfurt ^{2}1987
Ökumenischer Taschenbuchkommentar zum Neuen Testament. Hg von E. Gräßer und K. Kertelge. Gütersloh/Würzburg 1977ff.

Pannenberg, W., Müssen sich die Kirchen immer noch gegenseitig verurteilen? KuD 38 (1992) 311-330
Papandreou, D., Eucharistie. Gemeinschaft der Glaubenden – Offenheit für die Welt: R. Erni / D. Papandreou, Eucharistiegemeinschaft. Freiburg 1974, 68-96
– Toleranz: von bloßer Duldung zur Wertschätzung: US 45 (1990) 80-83
Pesch, O. H., Rechtfertigung und Kirche. Die kriteriologische Bedeutung der Rechtfertigungslehre für die Ekklesiologie: ÖR 37 (1988) 22-46
Pfnür, V., Einig in der Rechtfertigungslehre? Wiesbaden 1970
Pöhlmann, H. G., Abriß der Dogmatik. Ein Kompendium. Gütersloh ^{5}1990
– Rechtfertigung. Die gegenwärtige kontroverstheologische Problematik der Rechtfertigungslehre zwischen der evangelisch-lutherischen und der römisch-katholischen Kirche. Gütersloh 1971
– Trennt die Rechtfertigungslehre wirklich noch die Konfessionen? In: Einig in der Lehre von der Rechtfertigung. Hg von H. Schütte. Paderborn 1990, 9-42
Pro Veritate. Ein theologischer Dialog. Festgabe für Erzbischof Lorenz Jaeger und Bischof Wilhelm Stählin. Hg von E. Schlink und H. Volk. Münster/Kassel 1963

Rad, G. von, Theologie des Alten Testaments, I und II. Göttingen 1957f.
Rahner, K., Fragen der Kontroverstheologie über die Rechtfertigung: Schriften zur Theologie IV. Einsiedeln 1960, 257-271

Raiser, K. (Hg), Katholizität und Apostolizität. Stuttgart 1971
Ratzinger, J., Einführung in das Christentum. Düsseldorf 1968
– Kirche, Ökumene und Politik. Einsiedeln 1987
– Theologische Prinzipienlehre. Bausteine zur Fundamentaltheologie. München 1982
Rechtfertigung im ökumenischen Dialog. Dokumente und Einführung. Hg von H. Meyer u. G. Gaßmann. Frankfurt 1987

Scheele, P.-W., Alle eins. Paderborn 1979
– Alles in Christus: Theologische Beiträge 1. Paderborn 1977
Schlemmer, K. (Hg), Gottesdienst – Weg zur Einheit. Impulse für die Ökumene. Freiburg 1989
Schlink, E., Der kommende Christus und die kirchlichen Traditionen. Göttingen 1961
– Nach dem Konzil. München 1966
Schmidt-Lauber, H.-Chr., Konvergenzen katholischer und evangelischer Agendenerneuerung: Gottesdienst – Weg zur Einheit. Impulse für die Ökumene. Hg von K. Schlemmer, Freiburg 1989, 34-61
Schnackenburg, R., Das Johannesevangelium, I.-III. Teil, Freiburg 1972ff.
Schürmann, H., Das Lukasevangelium. Freiburg 1969
Schütte, H. (Hg), Einig in der Lehre von der Rechtfertigung. Paderborn 1990
Schweizer, E., Das Evangelium nach Markus. Göttingen 1974
Slenczka, R., Kirchengemeinschaft und theologischer Konsens: KuD 23 (1983) 174-179
Stakemeier, A., Das Konzil von Trient über die Heilsgewißheit. Heidelberg 1947
Stauffer, E., theos: ThWNT III 95-122
Strack, H. / Billerbeck, P., Kommentar zum N. T. aus Talmud und Midrasch. München 1922/1928, Nachdruck 1961/1965
Suttner, E. Chr., Die ökumenische Dimension der Liturgie: Gottesdienst – Weg zur Einheit. Hg von K. Schlemmer. Freiburg 1989, 128-142

Theologisches Wörterbuch zum Alten Testament. Begründet von G. J. Botterweck und H. Ringgren. Hg von H.-J. Fabry und H. Ringgren. Stuttgart 1970

Unser Glaube. Wie wir ihn bekennen, feiern und leben. Das Glaubensbuch der belgischen Bischöfe. Freiburg ²1987

Vischer, L. (Hg), Reformiertes Zeugnis heute. Eine Sammlung neuerer Bekenntnistexte aus der reformierten Tradition. Neukirchen 1988

Waldenfels, H., Begegnung der Religionen. Bonn 1990
– Kontextuelle Fundamentaltheologie. Paderborn 1985
Wendland, H.-D., Die Briefe an die Korinther. Göttingen ¹³1972
Wenz, G., Einführung in die evangelische Sakramentenlehre. Darmstadt 1988
Willebrands, J., Mandatum Unitatis. Beiträge zur Ökumene. Paderborn 1989

Wilmanns, G., Zwei Stimmen – ein Gesang. Oekumenische Einheit im Lied. Wuppertal o. J.

Zweites Vatikanisches Konzil, Konstitution über die Kirche. Mit einer Einleitung von J. Ratzinger, Münster 1965

Personenregister

Sachregister

Aus den in der Einführung und im Literaturverzeichnis genannten Gründen ist im Folgenden an einigen Stellen auf KiöV (Kirche im ökumenischen Verständnis) hingewiesen.